SER EXTRAORDINÁRIO
É QUESTÃO DE ESCOLHA

Copyright© 2019 by Literare Books International.
Todos os direitos desta edição são reservados à Literare Books International.

Presidente:
Mauricio Sita

Vice-presidente:
Alessandra Ksenhuck

Capa:
Nathália Parente

Diagramação:
Paulo Gallian

Revisão:
Camila Oliveira

Diretora de projetos:
Gleide Santos

Diretora executiva:
Julyana Rosa

Relacionamento com o cliente:
Claudia Pires

Impressão:
Gráfica ANS

Dados Internacionais de Catalogação na Publicação (CIP)
(eDOC BRASIL, Belo Horizonte/MG)

S481 Ser extraordinário é questão de escolha / Coordenação editorial Helaine Rodrigues. – São Paulo, SP: Literare Books International, 2019.
16 x 23 cm

ISBN 978-85-9455-195-5

1. Metas (Psicologia). 2. Motivação (Psicologia). 3. Motivação no trabalho. I. Rodrigues, Helaine.

CDD 658.314

Elaborado por Maurício Amormino Júnior – CRB6/2422

Literare Books International Ltda.
Rua Antônio Augusto Covello, 472 – Vila Mariana – São Paulo, SP.
CEP 01550-060
Fone/fax: (0**11) 2659-0968
site: www.literarebooks.com.br
e-mail: contato@literarebooks.com.br

Prefácio

Não é interessante como coisas boas acontecem com aqueles que fazem a diferença? Algumas pessoas chamam isso de sorte.

Eu chamo isso de SER EXTRAORDINÁRIO!

Albert Einstein já dizia que "insanidade é continuar fazendo sempre a mesma coisa e esperar resultados diferentes".

Se você deseja obter resultados acima da média e se tornar um profissional ou empresário de alto desempenho, precisará fazer mais do que o necessário ou o comum.

Deseja obter um "extra"? Então, não faça apenas o "ordinário".

É preciso fazer e ser uma pessoa "extraordinária".

Pessoas extraordinárias realizam e fazem as coisas acontecer, são protagonistas de suas vidas e carreiras, logo, obtêm resultados superiores.

É como um semeador que saiu para semear, se ele plantar em solo rochoso ou entre espinhos, não terá bons resultados, mas se for diligente e plantar em terra fértil, verá os frutos do seu trabalho e colherá ótimos resultados.

"Ser um profissional extraordinário só depende de você"! Não coloque a culpa no governo, no seu chefe, na esposa ou em qualquer terceiro. Seja responsável e líder de si mesmo, assuma um compromisso consigo e fuja do "efeito manada". Busque ser diferente dos outros e fazer a diferença na vida das pessoas.

Quem ajuda o próximo a alcançar o sucesso está destinado a tê-lo também. Pense nisso!

Neste livro, você encontrará o caminho para impulsionar sua vida, carreira e negócios, transformando-se em sua melhor versão e extraindo o máximo de seu potencial.

Seja bem-vindo a bordo, aperte os cintos e viaje por esta maravilhosa obra que, certamente, fará a diferença na vida de muitas pessoas, inclusive na SUA!

Marcelo Simonato
Executivo, escritor e palestrante
Especialista em desenvolvimento profissional e alta *performance*.

Introdução

Ser extraordinário

Está satisfeito com a sua vida e com os seus resultados? Está levando a vida ou a vida está levando você? Quais são os sonhos que quer realizar? Quais são as metas que quer alcançar? Talvez não esteja satisfeito com a sua realidade, mas e se eu perguntar: qual vida deseja ter? Em detalhes, saberia me dizer?

Já parou para pensar que, se você não sai do lugar, pode ser que não saiba para onde quer ir? Ou talvez esteja tão acomodado e acostumado a reclamar, e a observar os obstáculos, que não consegue dar lugar aos seus sonhos?

Ser extraordinário é um alvo a ser alcançado, uma jornada! Quando você toma essa decisão, coisas incríveis podem acontecer! Começa a entender que não é vítima e muito menos escravo das circunstâncias! Abre-se um leque de possibilidades!

Você começa a traçar alvos. Descobre e redescobre suas habilidades, minimiza os pontos de melhoria, se reinventa! Você se transforma em quem precisa ser, para alcançar a vida extraordinária que tanto deseja. Nesse processo, o primeiro a mudar é você!

> Para criar os níveis de sucesso pessoal, profissional e financeiro que deseja, deve primeiro dedicar tempo, todos os dias, para se tornar a pessoa que precisa ser. Que seja qualificada e capaz de atrair, criar e sustentar consistentemente os níveis de sucesso que pretende alcançar.
> **O milagre da manhã**

Seja muito bem-vindo ao mundo dos extraordinários! Em cada capítulo, uma visão, uma inspiração, um conceito e muita ação!

Helaine Rodrigues

Sumário

Fortaleça sua mente e se transforme num profissional extraordinário! 11
Ademir de Souza

O caminho para um casamento extraordinário 19
Alex Sousa de Oliveira

Empreenda com propósito e conquiste uma vida extraordinária! 27
Ana Carolina Vaz

Para ser extraordinário: dependa de Deus, conheça a si mesmo e conquiste o sucesso 35
Audionor Miranda Neto

Ressignifique o conceito do impossível e inicie construções extraordinárias 41
Auxiliadora Leal

Saia da manada e seja um líder extraordinário! 49
Cibele Machado

O ser íntegro e a integridade corporativa 57
Cleber Izzo

Quem escolhe ser extraordinário tem sucesso garantido. Você tem? 65
Débora Madureira

***Coach* para casais** 73
Dolores Bordignon

Você realmente sabe quem é? Um caminho para o autoconhecimento e desenvolvimento 81
Edgar Amorim Junior

Campeão não nasce pronto: aprenda a ser extraordinário 89
Eduardo Cardoso Moraes

A extraordinária liberdade financeira 93
Erick Berbel De Luca

Ser extraordinário é uma questão de escolha 101
Erivelton Cândido

Excelência começa na mentalidade 109
Fabio Luiz C. Lima

Como ser um profissional extraordinário 117
Gilson Sena

Mudanças e escolhas 125
Gislene Sollar Rezende Moraes

Legado como estilo de vida 131
Giuliano Raimo

O segredo dos empreendedores extraordinários 139
Helaine Rodrigues

O segredo para uma vida financeira extraordinária 147
Janaine Pimentel

Ser extraordinário é uma questão de escolha. Que tal escolher ser um super-herói? 155
Jecer de Souza Brito

Autoconhecimento: a chave para a sua felicidade.....163
Julianna Gomes

Pessoas extraordinárias entendem a importância da imagem pessoal...171
Katarina Souza Corrêa

Mudando a direção da vida com o autodesenvolvimento extraordinário..........................179
Luciana Ramalho Denoni

Qual é o sabotador do seu sucesso? 185
Marcelo Simonato

O que torna uma pessoa bem-sucedida? 191
Marco César de Arruda

Voz: extraordinário instrumento de autoconhecimento..197
Maria Cecília de Oliveira

Conheça seus valores pessoais e seja extraordinário 205
Maria Elena Infante

Líder você já é. Seja extraordinário! 213
Marielly Duelli

A importância da gratidão para a saúde 221
Milena Xisto Bargieri

***Mindfulness* e a criação do sentido de vida das pessoas extraordinárias 227**
Miriam Vieira Santos Kronka

Mude o seu *mindset* e seja extraordinário..................233
Onofre Biceglia Filho

Seja extraordinário, transforme a realidade de seu negócio..241
Paulo Sérgio Moreira Brasil

Ikigai – o segredo das pessoas extraordinárias..........249
Rafael Takei

Como a águia: a escolha por uma virada extraordinária..257
Robson Luiz Lima

Gestão e liderança..265
Sueli Simões

Convivendo com as diferenças......................................273
Verena Langeani

O despertar do ser extraordinário por meio do processo de hipnoterapia..281
Wall Rocha

Como alcançar a plenitude contando uma nova história para a sua vida..289
Wanicleide Leite

Ser extraordinário

Capítulo 1

Fortaleça sua mente e se transforme num profissional extraordinário!

Em nossas vidas, o aprendizado e o autoconhecimento serão determinantes para que possamos alcançar nossos objetivos. É preciso extrair sempre das adversidades um grande ensinamento e este deve ser o grande pilar de sustentação, mostrando que é possível reverter toda situação difícil a sua volta, que existe uma lição importante para aprender a partir delas e que não existe um mal que não traga um bem.

Ademir de Souza

Ser extraordinário

Ademir de Souza

Administrador, especialista em Finanças e Gestão de Empresas. Consultor empresarial, *executive* e líder *coach*, mentor de negócios, palestrante e analista comportamental. Bacharel em Administração, pós-graduado em Contabilidade e Finanças. MBA em Gestão Empresarial. Atua no mercado há mais de 20 anos, ajudando profissionais e empresas a alcançarem a excelência por meio da transformação, organização, planejamento e criação de estratégias. A empresa AS Consultoria e Coaching Ltda. trabalha na busca de soluções, melhorias e resultados, por meio de assessorias, consultorias, treinamentos e palestras para o desenvolvimento de pequenas e médias empresas.

Contatos
www.gestaoespecializada.com.br
contato@gestaoespecializada.com.br
Linkedin: linkedin.com/in/ademirsouzas
Facebook: ademirsouzas
(47) 98883-7777

Ademir de Souza

Um desafio muito importante para todos os empreendedores é alcançar resultados extraordinários. Com os colaboradores conectados e em ritmo, será possível que gestores criem uma cultura empresarial fortalecida. Essa cultura determina o que é aceitável ou inaceitável, certo ou errado, dentro do contexto de cada organização. Por isso, criar o hábito de buscar e inovar cada vez mais é muito impactante em nossas vidas.

Os colaboradores gostam de viver em grupo, porém não gostam de ser apenas mais um número dentro da coletividade. As pessoas precisam ser medidas, independentemente de onde estão. Seja qual for o cargo que executam, criamos padrões de excelência e de satisfação para todos: desde a faxineira e o pedreiro, até os gerentes, pois todo ser humano almeja ser visto a partir do talento que atribui ao seu trabalho.

No que diz respeito à gestão, isso é explicar o que se vai fazer com a missão empresarial, que é manter o foco primordial em cada situação de negócio, em relação ao que será produzido, vendido e fornecido ao cliente.

Particularmente, eu, como consultor empresarial, faço a seguinte pergunta:

Você busca novas oportunidades, novas mudanças na sua visão de futuro?

Você, empresário, tem planos alternativos para buscar soluções e sabe quais atividades correm risco de ficar obsoletas rapidamente?

Escolher estratégias funcionais para atrair clientes dá segurança, longevidade e conexão com o mercado. Para ser extraordinário, tenha o máximo de excelência!

Quando se fala em administração de um negócio, a gestão da qualidade é um fator de grande relevância. Por esse motivo, os empresários perceberam o impacto que a falta de qualidade em todos os produtos e serviços pode gerar no progresso da relação com seus consumidores, porque a concorrência no mercado é muito forte e cada vez mais exigente.

Porém, será que a gestão da sua empresa está sendo executada de maneira certa? Reflita!

Inovar é fundamental

Não se pode pensar na inovação de maneira desordenada. Por isso, inovar é uma obrigatoriedade no mundo dos negócios.

Ser extraordinário

No entanto, faz-se necessário mudar a nós mesmos, bem como lideranças, instituições, organizações, enfim, a sociedade se obriga a se reorganizar e a fazer novas escolhas.

Seu poder é tão grande, mas, em determinadas situações, você se coloca como vítima e acha que não pode fazer nada. Não acha que pode também optar por entender que tudo isso é uma questão de escolha? Você é o único responsável e idealizador de tudo o que possa acontecer em sua vida. Se preferir escolher se empenhar mais e mudar coisas desagradáveis, obviamente terá um resultado muito mais satisfatório, mas isso você terá que fazer por si mesmo.

Essa escolha também ocorre nos negócios. O sucesso profissional não depende exatamente de ter grandes possibilidades devido a sua formação ou experiência, mas, sim, da energia, garra e determinação que você transmite no seu trabalho, no seu dia a dia.

Lembre-se: se você está bem consigo, o bem está com você!

Uma ferramenta muito importante e eficaz que pode ajudá-lo a mudar sua vida, tornando-o uma pessoa ainda mais eficiente, é o treinamento em *coaching*.

Se você deseja fazer algo a mais, é muito importante dar o primeiro passo, que é sair da sua zona de conforto. Se as pessoas não estão conscientes da necessidade de melhorar seu comportamento, é preciso buscar ajuda para encontrar o melhor caminho. O meu trabalho em *coaching* lhe oferece vários benefícios sobre fortalecimento de crenças, mudança de *mindset*, dentre outros recursos que podem ajudá-lo a consolidar seu objetivo de forma ainda mais eficaz.

Temos, por exemplo, a roda da vida. Dentro dela, você pode fazer uma autoanálise, observar todas as áreas de sua vida, pontuar cada uma delas e definir as áreas a serem tratadas. Uma competência altamente eficiente neste processo é o diálogo.

A partir do momento em que vivenciam os processos de *coaching*, as pessoas descobrem o autoconhecimento. E, claro, com o ganho de resultados concretos, você irá obter resultados gratificantes. Por esta razão, começar a celebrar estas conquistas é um fator indispensável para se dar conta de que você está ganhando cada vez mais experiências e aprendizado.

E você, o que pretende mudar?

Uma vez feita a escolha de mudar de atitude, você está pronto para permitir que as oportunidades a sua volta façam dessa decisão um sucesso. Por isso, precisamos uns dos outros, precisamos da cooperação de um amigo. Junte-se às pessoas certas, aprenda com seus erros, reconheça, revise, retome e, por fim, exponha-se a experiências de sucesso.

Reveja diariamente o que deve fazer:
- Encorajar-se na busca da mudança;

- Direcionar-se, para não perder o embalo;
- Dar-se a informação correta.

Mapa mental

O mapa mental representa uma jornada de pensamento pessoal no papel e, como qualquer jornada gratificante, requer certo planejamento para ser bem-sucedido. Ele é uma ferramenta visual e gráfica que pode ajudá-lo a canalizar e a expressar suas ideias e sua criatividade, que são capazes de levá-lo a melhorar sua prática empresarial, solucionar problemas, reconsiderar estratégias de vendas e melhorar a eficiência cotidiana da gestão da sua empresa.

No entanto, a memória e o aprendizado são elementos fundamentais do nosso pensamento criativo. Cuidamos do corpo, mas podemos dizer que fazemos o mesmo com relação ao cérebro?

A força propulsora por trás da criatividade é a imaginação.

O mapa mental também ativa as diferentes áreas do cérebro ligadas à visão, à cinestesia (sensação), ao tato e ao ritmo.

Não se esqueça de que o tempo e a mente são inseparáveis.

Nossa vida é o agora, o nosso tempo presente. O passado e o futuro não são tão reais quanto ele? Afinal, o passado determina quem somos e como agimos no presente, e nossos objetivos futuros determinam as atitudes que tomamos no presente.

Você teve uma breve visão de como a ausência do tempo pode transformar nossa percepção. O que é necessário, e o que nos interessa, é uma mudança definitiva na nossa consciência.

Os mapas mentais podem revolucionar a forma como você administra seu negócio no dia a dia, possibilitando-lhe pensar a respeito de uma situação a partir de todos os ângulos, de modo conciso, e, o que é muito importante, sem desperdiçar seu precioso tempo. Eles podem ser usados por qualquer pessoa – seja ela funcionária em uma empresa ou profissional liberal – e em qualquer situação na qual sejam feitas anotações para planejar o seu dia, semana ou o mês, usando uma agenda no formato de mapa mental.

A maneira como você administra seu conhecimento é um fator fundamental na criação de um negócio próspero, e isso acontece espontaneamente depois que você passa a controlar seu cérebro e seus processos de pensamento.

Responsabilidade e comportamento

Seu capital intelectual e conhecimento aplicados na organização em que você trabalha serão determinantes para a geração de resultados. Neste processo, surge o esforço adequado para inserir cada colaborador em seu cargo, levando-se em consideração todas

Ser extraordinário

as suas habilidades. Potencializar todo o seu conhecimento é uma forma de desenvolver diversas habilidades. A valorização da cultura organizacional, o estímulo para inovações e o respeito pelas opiniões de cada colaborador sobre assuntos de trabalho ajudarão sua tomada de decisão.

Portanto, não basta saber: é preciso saber fazer, agir e se comportar de acordo com os ideais da empresa, sempre adquirindo informações e produzindo conhecimento.

O que uma empresa recebe quando sua equipe entende que, para se ter o melhor, é preciso fazer melhor e contribuir para isso?

Visualizar um futuro promissor e desejado é primordial para constituir o agora e esperar pelo melhor, mesmo que tudo esteja bem. Pessoas de sucesso olham o profissionalismo de uma maneira diferente, aventuram-se, são ousadas e fogem da mesmice.

Com o processo de *coaching* empresarial, damos suporte para que você, juntamente com os membros da sua equipe, fortaleça seus objetivos, alinhe os interesses da empresa e gere dividendos.

Lembre-se de que um conjunto de informações bem estruturadas e adaptadas ao seu conhecimento proporciona um cenário favorável para a gestão do conhecimento, que é preciosa e muito relevante para o seu processo de aprendizagem.

Empreendedor e intraempreendedor é uma questão de escolha

O empreendedor e o intraempreendedor possuem características semelhantes: inovação, visão de futuro, coragem, ousadia e persistência. A única diferença entre os dois é que o empreendedor investe um dos seus maiores ativos, o capital, e o intraempreendedor investe a mão de obra, "a carreira". Ambos são fundamentais para o progresso da empresa.

Hoje não há mais espaço para pessoas que fazem apenas o básico: é necessário assumir riscos, inventar e motivar os colegas para otimizar seus resultados, colocar todos os nossos conhecimentos em prática e fazer acontecer. Também podemos incluir neste processo a liderança, um diferencial avançado em qualquer área de trabalho: desde o escritório até o chão de fábrica.

Vendas e clientes

Todo cliente tem sua maneira de ser e toda empresa tem sua maneira de vender. Bons profissionais se preparam para visitar seus clientes de forma mais comunicativa e empreendedora. Eles precisam estar bem posicionados para vender o seu produto, tendo flexibilidade para negociar abertamente seus preços, condições de pagamento, entregas e, assim, fazer com que o cliente se sinta satisfeito e compre seu produto. Esses profissionais devem perceber que o preço não é a única coisa em que os clientes estão interessados, mas, sim, em seu modo de abordagem; precisam ser competentes naquilo que fazem, e isso é uma questão de escolha.

Você pode, juntamente com seu gestor, criar um sistema de prospecção que vise a otimização dos esforços e do seu talento, além de lhe dar a chance de mostrar o seu melhor, que é saber vender. Busque aprimorar-se constantemente, pois você precisa mostrar que conhece como ninguém o mercado em que atua. Outro fator relevante para ser um bom vendedor é cuidar da aparência. Uma dica muito importante é entender o real sentido do ciclo de vendas e, principalmente, focar no cliente.

Não deixe nada para depois, faça agora, neste instante

O hábito de deixar tarefas e compromissos para depois, de deixar para amanhã o que se pode fazer hoje, é uma característica do procrastinador. Isso geralmente traz dificuldades para o desenvolvimento empresarial, pessoal e profissional de nossas vidas. Com tecnologia cada vez mais avançada, mercado de trabalho competitivo e demanda cada vez maior, devemos ter mais agilidade e velocidade para administrar qualquer tomada de decisão. Portanto, não devemos deixar nada para depois, temos que começar agora.

Às vezes, nos enganamos e não sabemos agir diante de várias situações. Inventamos desculpas que sabemos serem fracas e, muitas vezes, até falsas.

Como palestrante e *coach*, faço-lhe as seguintes perguntas:
- O que você é e o que realmente importa na sua vida?
- Qual seu estado atual e seu grau de satisfação?
- Quais são seus planos e metas, e de que forma está disposto a alcançá-las?

Para não criar o hábito de procrastinar, é preciso desenvolver uma lista de tarefas diárias, incluindo as urgentes, as mais importantes e as circunstanciais. Assim você conseguirá fazer tudo o que está ao seu alcance, sem gerar preocupações.

Obtive os maiores resultados na minha vida ao conhecer meu potencial e acreditar que minhas metas eram viáveis, com a busca pelos objetivos concretos.

Aprendi a praticar atividades que geram prazer, como o hábito de pedalar, o qual me faz sentir liberdade e muita energia, trazendo equilíbrio para uma vida mais saudável e feliz.

Percebi a importância de construir uma vida em torno de valores e pensamentos positivos.

Ser extraordinário

Quando uma pessoa passa pela nossa vida e a transformação pela convivência ocorre, há uma recompensa, e isso é impagável. Quando estamos com o propósito de vida ativo, não existe vazio existencial.

A minha maior missão é me preocupar em contribuir para o próximo, deixando um legado para as próximas gerações.

Seja grato a Deus todos os dias da sua vida. Assim será fácil vencer os desafios e conquistar o sucesso.

Obrigado!

Referências
GASPARETTO, Luiz A. *Prosperidade Profissional*. São Paulo: Vida & Consciência, 2007.
BUZAN, Tony. *Mapas Mentais para os negócios*. São Paulo: Cultrix, 2017.
KLARIC, Jürgen. *Venda a mente, não o cliente*. São Paulo: Planeta, 2017.
TOLLE, Eckhart. *O poder do agora*: um guia para a iluminação espiritual. Rio de Janeiro: Sextante, 2002.
MAXWELL, John C. *A atitude vencedora*. [s.l]. Rio de Janeiro: Thomas Nelson Brasil, 2012.
GOMES, Oséias. *Gestão fácil*. São Paulo: Gente, 2019.

Ser extraordinário

Capítulo 2

O caminho para um casamento extraordinário

Neste capítulo, os casais irão aprender conceitos básicos sobre a participação do indivíduo nas relações e, com essas informações, aplicar uma melhor configuração ao seu casamento, de modo que obtenham um resultado extraordinário, suplantando dores, ressentimentos e uma convivência indesejada.

Alex Sousa de Oliveira

Ser extraordinário

Alex Sousa de Oliveira

Pedagogo graduado pelo CESB; teólogo graduado pela FTCB – Faculdade teológica Cristã do Brasil; *coach* formado pela Sociedade Brasileira de Coaching – SBCoaching, instituto reconhecido pela International Coaching Council. *Practitioner* em PNL (Programação neurolinguística) formado pelo IBPNL – Instituto Brasileiro em PNL; terapeuta familiar – FTCB – Faculdade Teológica Cristã do Brasil. Terapeuta em Psicobioenergética pelo Instituto VAN DUNEM. Casado com Adriana Oliveira, e facilitador de relacionamentos há 20 anos.

Contatos
Ocoach.sbcoaching.com.br/alex_coach
alexsousa.coach@gmail.com
Instagram: alexsousa_coach
(61) 98446-6703

Alex Sousa de Oliveira

> "Só se pode alcançar um grande êxito quando nos mantemos fiéis a nós mesmos."
> **Friedrich Nietzsche**

O sociólogo e filósofo Zygmunt Bauman, em sua obra *Amor líquido*, expõe a sua ideia dizendo que hoje temos mais conexões do que relações, e não se fala apenas em relacionamento interpessoal, mas, principalmente, do relacionamento conosco. Se estamos perdendo o amor próprio, o que poderemos oferecer ao outro?

O ser humano é estritamente relacional, tendo em sua composição primária, segundo o psicólogo Abraham Maslow, a necessidade de pertencimento. Em outras palavras, fomos feitos com a capacidade de amar e sermos amados.

Neste capítulo, falarei sobre a nocividade da falta de interação humana básica, a desconexão conosco e, consequentemente, com o outro, e como os relacionamentos estão sendo configurados de modo a caminharem ao divórcio. Discorrerei sobre uma forma de reconfigurarmos os casamentos, tirando-os da inércia, ostracismo e falência.

Mostrarei que é possível ser feliz e ter um casamento extraordinário, ao contrário das soluções que têm se difundido hoje em dia, como configurações alternativas, separação e divórcio. Não perca a fé em você, no seu matrimônio, e no seu cônjuge, pois, se chegaram até aqui, é porque acreditam que ainda há esperança, e que este livro, mais especificamente este capítulo, servirá de abertura de possibilidades, para enfim viverem a vida que merecem.

Para entendermos como podemos ter um casamento extraordinário, em primeiro lugar, precisamos saber que, apesar de a Bíblia afirmar (e eu creio) que quando se casam os dois se tornam uma só carne, ela fala sobre conexão espiritual e propósito, não considerando as infinitas variáveis do indivíduo como ser único no mundo. E é exatamente pela individualidade que iniciarei a construção da ideia para mostrar o caminho do casamento ideal.

Ser extraordinário

Hoje, boa parte do sofrimento, tanto na vida pessoal quanto nos relacionamentos, se dá pela falta de autoconhecimento, lembrando-me da expressão *Scientia potentia est*, em latim, que significa "conhecimento é poder". É, muitas vezes, atribuída a Francis Bacon, porém não se confirma. Eu, porém, digo que se conhecimento é poder, autoconhecimento é libertador.

Dentro dos processos de *coaching* e terapias que conduzo, costumo dizer que quando o indivíduo chega, não tem ideia do quanto de potencial ele tem, e como, ao final dos dez atendimentos, ele sairá em um nível de autoconhecimento tão profundo quanto nunca imaginou que fosse possível.

As pessoas sofrem por não conhecer quais são suas crenças, programações mentais inseridas de forma inconsciente, e que são parte importante no processo de tomada de decisão, de posicionamento quanto à vida e, principalmente, dos seus resultados. Não têm entendimento sobre seus valores pessoais que determinam, por meio de um sistema de validação inconsciente, as nossas escolhas quanto às pessoas que iremos nos relacionar. E, por essa falta de conhecimento, não realizamos as avaliações corretas, iniciando relacionamentos que sequer deveriam ter acontecido.

Aprendemos que devemos procurar quem nos complete e nos faça feliz, sendo que deveríamos ser contentes e completos sozinhos, e a outra pessoa viria não para completar, mas, sim, para adicionar ao que já é, potencializando alegrias, felicidade, prazer e vida.

É com esse pensamento que as pessoas entram em relacionamentos que, como dito anteriormente, não deveriam ter começado, e no afã de agradar a todo custo, de forma voluntária ou não, começam a abrir mão, aos poucos, de sua individualidade, do que dá prazer, do que traz alegria, dos sonhos, dos objetivos, do círculo de amigos, dos lugares preferidos, do estilo de roupa, e até mesmo de parentes, chegando ao ponto de não se reconhecerem mais.

Isso é não se encontrar mais dentro de si. Hoje, sei que muitos que estão lendo estas linhas se sentem exatamente dessa forma, porém existe solução. Continue a sua leitura.

Para ter um casamento extraordinário é necessário, em primeiro lugar, entender a diferença entre individualidade e individualismo. Apesar de serem palavras foneticamente parecidas, o significado é extremamente diferente.

Individualidade fala de quem somos como seres únicos, nossas composições a partir da genética. A nossa visão de mundo em todos os sentidos, que foi moldada com a convivência social, por meio de valores pessoais e crenças. Quando abrimos mão de quem somos, nos perdemos nas relações.

Alex Sousa de Oliveira

Individualismo, por sua vez, se trata de egoísmo, achar que tudo deve ser no seu tempo, do seu jeito, com a sua autorização. É crer que possui o direito de ter acesso irrestrito a duas vidas, acessar as mensagens, ligações, *e-mails*, GPS. Pensar que pode estabelecer proibições, horários, com quem deve ou não falar e se relacionar.

Isso ocorre de forma sutil e gradativa, de modo que o casal nem percebe o que está acontecendo, e quando cai em si já está em um relacionamento tóxico e abusivo.

Os próximos passos são agressões em todos os níveis: psicológico, verbal e físico. Em suma, é se achar o centro de tudo, e a isso chamamos de egocentrismo.

A configuração do casamento, no modelo em que os indivíduos o compõem, segue pelo caminho da perda da individualidade, podendo-se manter certa privacidade com relação a preferências e escolhas, assume a configuração do molde do individualismo e egoísmo, e isso tem sido um dos grandes causadores de dores emocionais, doenças psicossomáticas, assim como de alguns casos de depressão, ansiedade e estresse. Chegando a extremos como o divórcio e o feminicídio.

Necessário entender que a prova de amor maior é se amar em primeiro lugar, pois não se pode dar ao outro o que não se tem. Só damos o que temos, e se não possuímos amor próprio, não será abrindo mão de nossa vida que conseguiremos provar amor à outra pessoa. Não se amar é uma autoagressão, porém entendo também que muitos se comportam dessa forma, pois se tornam vítimas de crenças familiares, sociais e individuais, tais como:

"O melhor é para as visitas"; "eu preciso fazer os outros felizes, então eu não serei rejeitada(o)"; "eu não posso ser feliz até que ele/ela mude"; "eu preciso ganhar a aprovação dos outros, para me sentir bem comigo(a)"; "se eu deixar as pessoas realmente me conhecerem, elas não vão gostar de mim"; "eu tenho que ficar no relacionamento, porque não consigo me virar sozinha(o)"; "eu sou responsável pela felicidade de outras pessoas, e elas são responsáveis pela minha"; "eu não devo colocar as minhas necessidades antes das dos outros".

Reconfigurando

Considerando o que já foi discorrido até o momento, irei apresentar uma solução para reconfigurar e restaurar o seu relacionamento, porém é necessário que os dois estejam em acordo, para que de fato tenham e vivam um relacionamento extraordinário. Uso e ensino esse modelo há alguns anos, e o retorno é muito positivo na vida e relacionamento daqueles que aplicam sem restrições.

Ser extraordinário

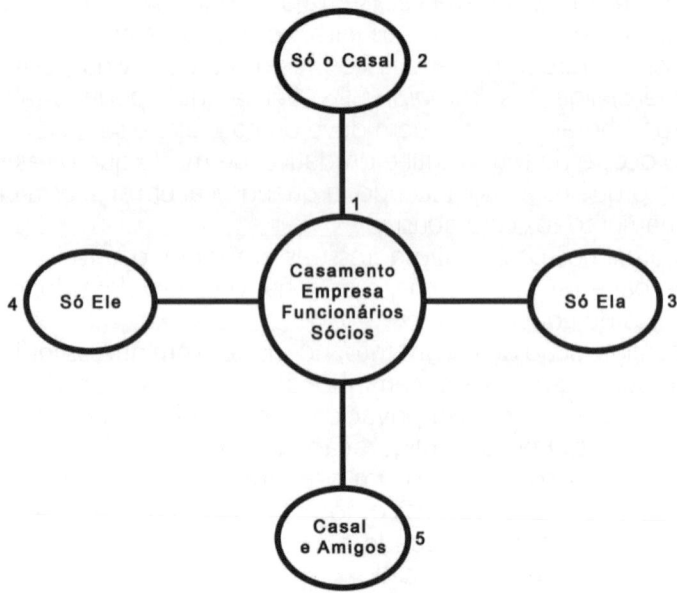

1. Trata-se do casamento, que aqui iremos usar uma analogia como se uma empresa fosse. Esse ambiente é composto por alguns personagens, que são:

- Os sócios igualitários (o casal);
- Os funcionários ou colaboradores (os filhos);
- A sede da empresa é em casa, e nela é tratado todo tipo de assunto, concernente ao bom andamento da empresa, como, por exemplo:
- Questões financeiras (economias, investimentos, fluxo financeiro familiar);
- Criação dos filhos (escola, educação religiosa, estabelecimento de valores);
- Moradia/reformas (onde morar, comprar, alugar, mudar, reformar);
- Viagens (quando, destino, reservas, período de estadia, quem levar...);
- Compras (o que comprar, quando comprar, quanto gastar);
- DR (quem fez o quê, por que, para que, e como iremos resolver?).

2. É o momento do casal, em que irão sair semanalmente, quinzenalmente ou mensalmente (a periodicidade é de acordo com a necessidade, e combinado previamente entre ambos). Nessa saída está proibido falar, ou tratar de qualquer assunto relacionado à empresa ou funcionários. É para entretenimento, namoro, para se reencontrarem como namorados, amantes, amigos, se admirarem, se elogiarem, se tocarem. E fica a dica: se faltar assunto, beija. Nessa saída, a boca, ou tem que estar mastigando, ou bebendo, ou falando, ou beijando. Nada de DR.

3. É um período para ela, para sair com as amigas, com o objetivo de entretenimento. Terá a possibilidade de falar de assuntos que não fala com o marido, de ver pessoas sem um olhar fiscalizador, de se sentir ela como pessoa novamente, sem preocupações da responsabilidade em ser mãe, esposa, dona de casa. Lembrando que a periodicidade também deverá ser previamente combinada e determinada pela necessidade. A minha sugestão é que, inicialmente, seja quinzenal. Observe que falei a-m-i-g-a-(s).

4. É um período para ele, para sair com os amigos, com o objetivo de entretenimento. Terá a possibilidade de falar de assuntos que não fala com a esposa, de ver pessoas sem um olhar fiscalizador, de se sentir alfa, sem as preocupações da responsabilidade em ser pai, marido. Lembrando que a periodicidade também deverá ser previamente combinada e determinada pela necessidade. A minha sugestão é que, inicialmente, seja quinzenal. No caso dos homens, o futebol semanal já conta como sendo o momento só dele, desde que a esposa não vá junto. Observe que falei a-m-i-g-o-(s).

5. Nesse ponto, sairão com o objetivo de entretenimento com casal ou grupo de amigos que seja comum aos dois. O objetivo é interação, *networking*, pois é desse grupo que vai/vão sair a amiga ou as amigas dela, o amigo ou os amigos dele. Essas saídas têm que ser programadas e acordadas entre ambos, para que não ocorra de um querer ir e o outro não, e estarem no meio das pessoas de bico virado, ou pior, se destratando na frente de quem não tem nada a ver com seus problemas.

Uma ressalva importante é dizer que as saídas, tanto dela quanto dele, são para entretenimento e não para fazer ou praticar coisas que vão contra a moral e ética de um relacionamento monogâmico. Isto é, essa saída não é para ser usada como pretexto para traições enganos, ou situações que possam prejudicar o relacionamento.

Comecem a colocar em prática esse esquema e, se ficarem mais confortáveis, façam um teste para ver se de fato funciona. Algumas

Ser extraordinário

pessoas podem pensar que é bom demais para ser verdade, e que o seu cônjuge jamais aceitaria isso. Se for o seu caso, quem sabe está em um relacionamento abusivo e ainda não se deu conta.

Essas dicas têm o objetivo de fazer com que os indivíduos que compõem o relacionamento voltem a se encontrar como pessoas únicas, e resgatem a sua individualidade, não deixando de lado o compromisso assumido em matrimônio ou acordo de união estável.

Temos entendido que um dos fatores causadores de problemas, tanto no indivíduo quanto nas relações, é a falta de conexão no nível pessoal e intrapessoal. A proposta é se reconectar, se amar, fazer o que gosta e o deixa feliz. É voltar o foco para si, parando de sufocar o outro e de se sentir cansado por tentar dar conta de duas vidas.

Um relacionamento feliz tem que ser leve. Se está pesado, é hora de tentar fazer algo diferente para obter um resultado diferente. Deem essa chance a vocês, pois quem sabe já sofreram tanto e há tempos estão cansados, e as palavras que estão ecoando dentro de sua casa são:

"Eu não aguento mais";
"Vou sumir";
"Acabou";
"Não suporto mais ouvir a sua voz";
"Vou me separar".

Já tentaram do jeito de vocês e chegaram até aqui, quem sabe com alguma dificuldade, e estão de parabéns, porém eu digo que podem ter um casamento extraordinário e viver a vida que sempre sonharam. Tentem do meu jeito agora, e depois me digam se funcionou. Tem dado certo para muita gente. Casais que estavam separados, à beira da separação, divorciados (e se casaram novamente), separados dentro da mesma casa, casados e infelizes...

Os seus pensamentos geram um estado emocional que vai guiar suas ações para os seus resultados. Você pode tanto ter excelentes resultados, como medíocres ou até mesmo insatisfatórios. Tudo depende de você, do que vai pensar e decidir fazer. Lembre-se de que insanidade é fazer sempre a mesma coisa repetidamente e esperar resultados diferentes.

Você não só pode como merece ter um casamento e um relacionamento extraordinários, e é exatamente isso que desejo. Estou aqui para ajudá-lo, grande abraço.

Referências

BAUMAN, Zygmunt. *Amor líquido: sobre a fragilidade dos laços humanos.* 1. ed. Editora Zahar, 2014.

Ser extraordinário

Capítulo 3

Empreenda com propósito e conquiste uma vida extraordinária!

Encontrar um propósito para empreender (e viver) pode ser a melhor escolha para uma vida plena, criativa e EXTRAORDINÁRIA. Sim, é possível virar a chave e integrar quem a gente é com o que a gente faz e não ficar esperando o final de semana ou as férias para ser feliz.

Ana Carolina Vaz

Ser extraordinário

Ana Carolina Vaz

Pisciana com ascendente em Gêmeos, mãe do João e da Maria, bacharel em Direito pela FMU, Pós-Graduada em Gestão Estratégica pela FGV-SP, participante do Programa 10.000 Mulheres da FGV/SP, cofundadora e CMO da empresa Dog's Care, onde criou a primeira fralda para cães do mundo a partir de uma necessidade pessoal, mentora na Rede B2Mamy, palestrante do TED, praticante e terapeuta de Thetahealing (terapia quântica integrativa), Mestre Reiki e Consteladora Sistêmica. Curiosa e criativa, se especializou em criar soluções e produtos, que resolvem os problemas comuns vividos no dia a dia, com o objetivo de tornar a vida mais prática, buscando, ao mesmo tempo, viver uma vida integrada mente-corpo-espírito para equilibrar a rotina empreendedora e inspirar outras pessoas a viverem de forma plena.

Contatos
www.dogscare.com.br
carolvaz@dogscare.com.br
Redes sociais: @dogscarebr / @carolvaz.thetahealer
(11) 98515-2147

Ana Carolina Vaz

"Quem olha para fora sonha, quem olha para dentro desperta."
Carl Jung

Na primeira vez que li essa frase, já beirando os 30 anos, ela me alcançou e ressoou dentro de mim. Estava montando minha palestra para o TED e o tema era empreender com propósito. Caiu em mim a ficha do quanto vivemos no automático sem tempo para nos perguntar muitas coisas: o que me interessa na vida? O que eu nasci pra fazer? O que me faz feliz? Passamos uma vida inteira sem questionar, só olhando para fora.

Nossas escolhas, na maioria das vezes, são feitas para agradar aos outros, já que essa é uma das formas de receber amor e reconhecimento. Adoecemos porque não ouvimos as nossas vontades mais internas, as necessidades do nosso corpo, da nossa alma, e aí, a única saída é somatizar e adoecer. Só assim paramos. As doenças são sinais que nosso corpo nos dá de que algo está errado, desequilibrado.

Comigo não foi diferente... Senta aí que vou contar... Era uma vez uma menina pisciana, muito sonhadora e que vivia doente. Eu fui uma criança psicossomática. Minhas angústias viravam horas de febre e visitas aos hospitais. Meus pais eram professores de escola pública e fui ensinada a estudar muito para conseguir um bom emprego, de preferência público e só assim eu teria a tal da felicidade. O sonho dos meus pais era a estabilidade. Eu sempre amei estudar, mas não fazia muito sentido para mim viver como eles viviam, com uma rotina louca e de forma automática, se matando de trabalhar para pagar o carnê da Sears e as prestações do carro financiado, esperando o final de semana ou as férias chegarem para serem felizes.

Vivemos sem perceber que as crenças e os valores dos nossos pais, avós e bisavós, interferem nas nossas escolhas. Aos 16 anos, saí do ensino médio e entrei na faculdade para fazer Direito. Meu sonho de criança era ser médica pediatra ou veterinária. Mas as condições financeiras da minha família não me permitiram. Bem-vinda à realidade, Alice! Escolhi uma formação que me desse possibilidades. Comecei a trabalhar cedo (aos 16 anos) e as duas faculdades que eu queria eram integrais. Quando percebi, estava no mesmo caminho dos meus pais. Fazendo escolhas inconscientes. E mirando nos concursos públicos.

Ser extraordinário

Eu vivia doente: amidalite, sinusite, gastrite. Aos 18 anos, tive depressão e fiquei afastada do trabalho, fazendo terapias mais intensas. A vida que eu levava me consumia. Uma vontade berrava dentro de mim. Eu engatava uma doença psicossomática seguida da outra. Trabalhava para pagar meus boletos.

Quantos de nós ainda vivem assim? Uma vida sem sentido, em busca de TER cada vez mais, acumulando prestações do carro novo, do apartamento com varanda *gourmet*, uma competição sem limites, sem sentido, que nos distancia cada vez mais da nossa essência, de apenas SER.

Aos 19 anos, sofri um sequestro e isso mudou radicalmente a minha vida. Quando passamos pelo famoso "vale da sombra da morte" somos obrigados a olhar a vida de frente e repensar nossas escolhas e a vida que estamos levando. É quase como uma segunda chance.

Tranquei a faculdade, mudei de emprego, fiz novas escolhas e, aos poucos, fui me descobrindo e me deixando viver de forma mais sintonizada com a minha verdade. Meu trabalho já não era só um emprego que pagava meus boletos, mas um lugar que me permitia evoluir e aprender coisas novas. Era acolhedor e inspirador. Um baita aprendizado.

Aos 23 anos me casei. Estava no último ano da faculdade. E não fazia mais sentido para mim os tais concursos públicos, definitivamente. O mundo dos litígios não fazia mais sentido. Eu me sentia cada dia mais alinhada com a minha verdadeira essência. Uma vontade crescia dentro de mim de realizar, criar. Queria viver algo diferente, sentir aquela sensação de borboletas no estômago, mas não fazia ideia de qual caminho seguir.

Eu e meu marido desejávamos empreender, juntos. Buscávamos algo que fizesse sentido para nós dois, pois nossos horários eram conflitantes e desejávamos passar mais tempo juntos.

Aqui começa a saga empreendedora

Assim que me casei, a primeira coisa que fiz foi arrumar um cachorro. Sou apaixonada por eles desde criança. Já tive doze cães no decorrer da minha vida e me lembro de cada um deles (Laica, Susi, Brisa, Peludo, Susi, Sacha, Puppy, Duque, Jully, Mel, Coockie e Valentim). Eles sempre foram minha melhor companhia e a minha cura. Por conta da rotina, fazia tempo que não tinha um peludo para chamar só de meu. Jully, nosso amuleto da sorte, uma Lhasa Apso geniosa e silenciosa, chegou antes do sofá novo, na casa nova.

Tudo ia muito bem até ela entrar no primeiro cio. Quase enlouqueci! Juro! Morávamos num apartamento de 50 metros quadrados e descobri, na prática, que ela tinha ovário policístico e sangrava torrencialmente. Poças e manchas de sangue por toda a casa. Xixi espalhado e aquele cheiro de banheiro público dentro de casa. Socorro!

Ana Carolina Vaz

Depois de 15 dias vivendo o caos, decidimos comprar fraldas de bebê e adaptar para ver se resolvia. Depois de alguns testes, conseguimos. Ufa! Casa limpa e nossa pequena viva! Foi um dos momentos mais felizes da minha vida, de verdade! JURO! Cheguei a pensar em doá-la para alguém que tivesse quintal, porque não conseguia mais conciliar aquilo tudo com a vida corrida que levava. O caos tinha se instalado! Quantos donos também desistem e doam seus pequenos por conta desse mesmo motivo? Quantos, como eu, vivem o caos por conta do cio ou do xixi fora do lugar? O inconformismo me tirou da zona de conforto.

Momento Eureca

A gente sempre imagina que esses momentos serão mágicos, diferente de tudo que vivemos, com trilha sonora e que só estão disponíveis para pessoas geniais e de muita sorte. Errado! Nós mortais também podemos ter esses momentos. VIVA!

Depois de três tesouras cegas, que usamos para fazer o furo na fralda para a passagem da cauda e saída do número 2 :), o momento eureca aconteceu. Por que ninguém fabrica essa fralda pronta, anatômica e com o furo, própria para os cachorros?

(pausa: anjos cantam no céu.... Ahhhhhhhhh)

Foi assim que criamos a primeira fralda descartável para cães do mundo. Sim, não existiam fraldas desse tipo em nenhum lugar do mundo. Sim, fomos os primeiros malucos a inventar esse produto.

Acredite se quiser, largamos nossos empregos para fabricar fraldas para cachorro. E as coisas foram acontecendo... Criamos a marca, aos poucos desenvolvemos os protótipos, demos entrada na patente junto ao INPI, as embalagens foram tomando forma e tudo foi fazendo muito sentido. Eu me sentia viva, feliz e estava disposta a viver aquela história com toda a minha coragem e fé, mesmo com toda a família e os amigos nos chamando de loucos.

Empreendendo com propósito

Propósito – definição: é o que dá sentido à vida, é a intenção de alcançar uma existência plena e não a de existir por inércia.

Meu sonho era trabalhar com algo que amasse fazer. Queria juntar o que eu sou com o que eu faço. Deixar de trabalhar apenas para ganhar dinheiro. E uma coisa eu já sabia: a inércia me adoece.

Juntar a minha paixão por cachorros com um novo projeto que fazia muito sentido, já que eu mesma necessitava do produto que acabava de criar, parecia um sonho. Mas quando desejamos com todo nosso coração, materializamos nossos sonhos. E ele foi acontecendo.

E sabemos que nem tudo são flores e eu preciso confessar: os primeiros anos não foram fáceis. Sou muito otimista e era pouco planejadora.

Ser extraordinário

O dinheiro que havíamos guardado acabou em seis meses. Criar um produto e desenvolver um novo mercado não é uma tarefa fácil, principalmente no Brasil. Mas, no final das contas, o que nos faz levantar da cama todos os dias com vontade de fazer e acontecer é o tal do propósito. Foi por causa dele que nunca desisti. Quase quebrei por três vezes, mas nunca (nem se quer!) eu pensei em parar e hoje estou aqui para contar e dividir essa história e inspirar você a viver e correr atrás dos seus sonhos.

E já são 13 anos de mercado, com distribuição em todo o território nacional, exportando para países como Panamá, Bolívia e Uruguai, alçando voos para alcançar outros países da América Latina e o mercado americano. O valor da empresa já ultrapassa os 7 dígitos.

Para ajudar você a entender como encontrar um propósito para chamar só de seu, listei algumas perguntas que me nortearam nessa busca:

1. O que você AMA fazer? Isso ajuda quando a jornada é longa.
2. O que eu nasci para fazer (e faço sem esforço)?
3. O que eu faria se eu não precisasse de dinheiro (essa é a minha preferida!)?
4. Qual o maior problema que eu gostaria de resolver?
5. Quais minhas habilidades: o que eu sei fazer?
6. Meu comportamento: como eu gosto de fazer? (a vida é feita de escolhas e se não souber o que deseja, qualquer coisa serve)
7. Minhas conexões: quem faria comigo? [não vá sozinho(a)! Escolha as pessoas que irão contigo nessa jornada. Fazer junto é mais divertido e você corre o risco de construir algo muito maior]
8. Qual o verdadeiro propósito disso? Qual o verdadeiro porquê?
9. Ambição: quanto de vida estou disposto(a) a trocar?
10. Planeje, planeje, planeje [se não for planejador(a), encontre um par para planejar]

A lição mais importante, para mim, foi sempre ouvir a minha voz interna. Em todos os momentos, mesmo os mais difíceis, sempre me voltei para dentro e perguntei: o que eu faço agora? A resposta está dentro e não fora.

Cocriando uma vida EXTRAORDINÁRIA

Somos cocriadores da nossa realidade e isso é fato. Engana-se quem pensa que tudo é obra do acaso e que podemos viver à deriva nesse marzão chamado VIDA. Definitivamente NÃO!

Ana Carolina Vaz

Aprendi, na marra, que toda escolha que fazemos, consciente ou inconsciente, determina nossa realidade. E se as coisas não estão da forma como deseja, é chegada a hora de despertar e encarar a autorresponsabilidade.

Após a última crise que vivemos, por pouco não quebramos. Tínhamos chegado longe, até mais longe de onde miramos lá no início. Mas tínhamos perdido o controle da empresa. É consequência do crescimento rápido. Gerir uma indústria no Brasil não é para qualquer um. Olhei paro o caos e me perguntei: "Por que cheguei aqui?" Essa pergunta mudou minha vida. Chorei por uma semana e senti muita culpa. Era só minha a responsabilidade de ter chegado àquele ponto. E foi por causa disso tudo que eu DESPERTEI!

Eu me acolhi, entendi o que a tal da culpa estava mostrando, tracei novos planos e saí fazendo. Não tinha dúvida de que algo iria acontecer e que eu só precisava estar focada e ganhar tempo.

No meio disso tudo, comecei a estudar física quântica. Eu queria entender o que havia me levado para o caos e como eu poderia sair dali. Foi o início de um caminho sem volta e de muito despertar. Aquilo tudo só era uma face do caos interno que eu carregava dentro de mim.

Aprofundei-me e, aos poucos, fui tomando consciência de muitas coisas e o cenário foi mudando. Não foi rápido! Não existem fórmulas mágicas. Por vezes foi doloroso, mas transformador. Foi um processo que ainda está sendo.

Somos cocriadores de tudo que vivemos. Não tenho dúvida disso! Vivemos o cenário que nossos pensamentos materializam. E a boa notícia é que podemos tomar as rédeas desses pensamentos, conscientes e inconscientes, e criar a vida que desejamos. Só é preciso estarmos mais alinhados com o lado de dentro. Sintonizar a frequência que emanamos muda o que recebemos de volta do lado de fora.

Saber exatamente aonde se quer chegar leva o nosso subconsciente a perseguir incansavelmente aquilo que vibra nosso coração. Conecte-se consigo mesmo(a), se alinhe com seu propósito de alma e viva de forma extraordinária.

E o sucesso vira consequência.

"Sucesso significa vida bem-sucedida. Quando se sente em paz, feliz, alegre, e fazendo o que adora fazer, você tem sucesso."

Joseph Murphy

Referência

MURPHY, Joseph. O poder do subconsciente. Editora Best Seller, 76. ed. p.172 e 173.

Ser extraordinário

Capítulo 4

Para ser extraordinário: dependa de Deus, conheça a si mesmo e conquiste o sucesso

Para ser extraordinário, tem que perseverar. Passo a passo, um dia após o outro, até chegar ao ponto desejado. Afinal, aonde quer chegar? Como já dizia o jornalista científico, escritor e psicólogo Daniel Goleman sobre inteligência emocional:

> "Quando eu digo 'controlar as emoções', me refiro às emoções realmente estressantes e incapacitantes. Sentir as emoções é o que torna a nossa vida rica."

Audionor Miranda Neto

Ser extraordinário

Audionor Miranda Neto

Pastor desde 1988. Ministro do evangelho filiado na CGADB: 42677 – COMADEMS (Convenção dos Ministros da Assembleia de Deus no Estado do Mato Grosso do Sul), 886. Bacharel em Teologia pela Faculdade de Teologia Hokemãh-fateh (2006), licenciado em Letras pela Anhanguera (2017). Pós-graduado em Psicopedagogia Clínica Institucional pela Faculdade de Teologia Hokemãh-Fateh (2015), pós em Gestão de Assistência e Projetos Sociais pela Anhanguera (2016). Pós em *Coach* Analista Comportamental pela Farpro-Line *Coaching* (2018), pós em MBA pela Farpro-Line Coaching (2018). *Life coach*, *coach* profissional, *coach* palestrante pela Line *Coaching* (2014). *Coach* analista educacional pelo Findline-Line *Coaching* (2018). Formação em Gestão Financeira do Controle de Decisão pelo SEBRAE (2011) e em Psicanálise Clínica pelo Instituto Teológico Gamaliel (2013).

Contatos
www.pcoachaudionor.online
pr.audionor@hotmail.com
Facebook: @coach.audionor
Instagram: pr.coach.audionor
Skype: pr.audionor
(67) 99216-6328

Audionor Miranda Neto

"Precisamos ser pacientes, mas não ao ponto de perder o desejo; devemos ser ansiosos, mas não ao ponto de não sabermos esperar."
Max Lucado

Na vida, espera-se ter tranquilidade, paz, amor e segurança. Porém, quando entendemos o que é viver, temos que nos colocar na posição de lutadores, de atletas, nos preparando a todo instante! Afinal, a vida é uma sequência de lutas e conquistas. Nenhum vencedor conseguiu chegar ao pódio sem antes ter seus dias de superação. *"Semelhantemente, nenhum atleta é coroado como vencedor, se não competir de acordo com as regras."* (2 Timóteo 2:5 NVI)

Quer ser extraordinário? Fixe agora na sua mente a mudança desejada, a necessidade em direção à aparência, o descanso no párpado, com encorpado excessivo nos sintomas de alerta do cérebro, com a ancoragem e o relaxamento mental, buscando seu ponto mais alto de equilíbrio, com sentimento de paz, resgatando sensações capacitadoras e despertando seu vencedor adormecido, com sentimento de alívio e satisfação.

Lembre-se sempre desse ponto inicial de contato e retorne a ele sempre que possível.

Augusto Cury, no livro O homem mais inteligente da História, cita os terremotos emocionais, segundo o qual, muitos têm sido cegos e surdos para esses alertas que são mais do que sintomas, são dispositivos que podem dar rumo ao esperado nas realizações, passando a ter sucesso na vida e nas negociações.

Entretanto, estando atento a esses sinais, eles serão indicadores para novas modelagens mentais. É importante entender o que os gestos corporais, como o franzir da fronte, a expressão facial, um mover dos olhos, a posição da cabeça, braços e pernas, estão dizendo, o que o corpo em geral está sinalizando. Esses sinais estão denunciando-o ou lhe apresentando seu estado emocional naquele exato momento. A expressão corporal e os sentimentos emocionais que se espalham e

Ser extraordinário

denunciam qualquer pessoa, segundo o médico Sigmund Freud, o pai da psicanálise, são:

> [...]um método de investigação do psiquismo e seu funcionamento;
> um sistema teórico sobre a vivência e o comportamento humano;
> um método de tratamento caracterizado pela aplicação da técnica da Associação Livre[3] [...] Em linguagem mais própria, no entanto, psicologia refere-se à ciência que estuda o comportamento e os processos mentais,[...] (WIKIPÉDIA, [s.d])

Sem gerir as emoções não dá pra ser extraordinário: a pessoa se torna miseravelmente dependente de outras para resolver os seus problemas, deixando a mente mal-acostumada; passa a precisar sempre de impulsos externos, sendo que Deus fez seres completos, com condições e capacidade para resolver os seus problemas.

> E disse Deus: façamos o homem à nossa imagem, conforme a nossa semelhança; e domine sobre os peixes do mar, e sobre as aves dos céus, e sobre o gado, e sobre toda a terra, e sobre todo o réptil que se move sobre a terra. (Gênesis 1.26 ACF)

O corpo fala e é importante entender os alertas:

> "[...]Segundo Eric Berne, são cinco as emoções básicas do ser humano:

Estímulo (causa)	Efeito (emoção)	Consequência (conduta)
Obstáculo	**raiva**	Agressão/superação/defesa
Perigo	**medo**	Fuga ou luta
Perda	**tristeza**	Paralisação/recuperação
Conquista	**alegria**	Aproximação
Contato	**afeto**	Conjugação

(adaptado do autor Eric Berne, do artigo *As emoções básicas do ser humano*)

Audionor Miranda Neto

> Diante de um estímulo, o nosso corpo reage de acordo com a circunstância e intensidade, desencadeando uma das cinco emoções básicas. Desde a detonação da carga emocional até o seu efeito corporal, podemos identificar três tempos da emoção:
> • O sentir
> • O expressar verbal;
> • O atuar corporal. [...]"

O psicólogo Marco Polo, no livro *O Homem mais inteligente da História*, de Augusto Cury, abordou o "GEEI - Gastos de Energia Emocional Inútil" e como desperdiçamos emoções não desligando ou organizando a nossa mente de maneira adequada, adoecendo com gastos irresponsáveis de energia emocional.

Somos diariamente levados à competição em todas as áreas: profissional, emocional, financeira e espiritual.

Esses são pontos previsíveis; é imprescindível: quanto mais desejo de sucesso, mais dificuldades e mais frustrações. É preciso ter mais equilíbrio emocional e gerir bem as conquistas e tolerar as frustrações da carreira: está lá no contrato da vida e nas conquistas do sucesso. Encontramos, na Bíblia Sagrada, textos muito claros, que não deixam nenhuma dúvida referente a ter sucesso na vida e à possibilidade de atingi-lo:

> Se vocês obedecerem fielmente ao Senhor, ao seu Deus, e seguirem cuidadosamente todos os seus mandamentos que hoje lhes dou, o Senhor, o seu Deus, os colocará muito acima de todas as nações da terra. Todas estas bênçãos virão sobre vocês e os acompanharão, se vocês obedecerem ao Senhor, ao seu Deus [...] (Deuteronômio 28.1,2)

Como a dopamina proporciona a sensação de prazer e de motivação ligada a estímulos externos:

> Os neurônios, células do sistema nervoso, têm a função de conduzir impulsos nervosos para o corpo. Para isso, tais células produzem os neurotransmissores, substâncias químicas responsáveis pelo envio de informações às demais células do organismo. Nesse conjunto de substâncias está a dopamina, que atua, especialmente, no controle do movimento, memória e sensação do prazer. (CARDOSO, [s.d])

Ser extraordinário

Fique atento aos sinais do corpo e do cérebro, bem como procure entender que, para alcançar o desejado **sucesso** para ser extraordinário, deve-se entender o que vem junto com o sucesso, o que está escrito nas entrelinhas do contrato, porque muitos não se atentam às letras minúsculas inseridas nas cláusulas:

CLÁUSULA 1 – OBJETO DO CONTRATO Tem como objetivo alertar os riscos para SER EXTRAORDINÁRIO e alcançar o SUCESSO, entendendo que é possível alcançá-lo; porém, você tem que estudar muito, tem que saber aonde quer chegar, ter paciência, ser resiliente. Você passará por algumas frustrações e decepções, e pode acontecer de você ficar muitas noites sem dormir, mas não deve perder o foco, superar os desânimos, superar as pessoas que não acreditarão em você, pode ser que dentro da sua casa você encontre pessoas dizendo "isso não vai dar certo", "vá procurar o que fazer", etc... Ultrapassando tudo isso e mais um pouco, você terá uma vida abundante e regalada...VOCÊ SERÁ UMA PESSOA EXTRAORDINÁRIA.

Para ser extraordinário, você precisa apreender sobre os aliados que temos para o desenvolvimento pessoal e profissional: eles são partes do nosso corpo, que são como dispositivos, termômetros, bússolas ou ainda um farol. Entre essas partes está o cérebro com suas divisões: o córtex cerebral identifica onde está a dor, o que ela significa e como agir; o sistema límbico atribui à dor o caráter desagradável e emocional. A medula espinhal é a fonte da dor e os nervos periféricos conectam o cérebro às várias partes do corpo. Fique atento a esses sinalizadores, pois eles o ajudarão a ter um posicionamento na hora certa. Um grande abraço.

Referências

BÍBLIA. Português. Bíblia online. Versão NVI. 2014. Disponível em: <https://www.bibliaonline.com.br/nvi/2tm/2>. Acesso em: 02 de jul. de 2019.
CARDOSO, Mayara. Dopamina. In: *Info Escola – Navegando e aprendendo*. [s.l] [s.d]. Diponível em: <https://www.infoescola.com/bioquimica/dopamina/>. Acesso em: 5 de nov. de 2018.
INSTITUTO LUZ. *As emoções básicas do ser humano*. [s.l] 9 jan. 2016. Disponível em: <https://www.institutoluz.com.br/artigos/as-emocoes-basicas-do-ser-humano/>. Acesso em: 5 de nov. de 2018.
MIRANDA NETO, Audionor. *Nutrientes da fé*, 2018.
WIKIPÉDIA. *Psicanálise*. Disponível em: <https://pt.wikipedia.org/wiki/Psican%C3%A1lise>. Acesso em: 5 de nov. de 2018.

Ser extraordinário

Capítulo 5

Ressignifique o conceito do impossível e inicie construções extraordinárias

Aos incansáveis lutadores, que não se intimidam nas adversidades. Ainda que desafiados à exaustão, têm a determinação como diferencial para realizar mudanças.

Auxiliadora Leal

Ser extraordinário

Auxiliadora Leal

Formação em Gestão de Recursos Humanos e em Psicanálise Clínica; pós-graduada em Psicologia do Trabalho; MBA em Gestão de Pessoas; pós-graduanda em Neuropsicologia Interdisciplinar. Acadêmica do curso de Psicologia; experiência na área de gestão de pessoas; idealizadora do Projeto Palavras e Ideias, voltado ao desenvolvimento literário infanto-juvenil.

Contatos
empresarialerh@gmail.com
Instagram: extraordinariapsique
(61) 98197-8125

Auxiliadora Leal

"Parece bobagem, mas não é. Temos de ser tudo, mas antes temos de ser nós, entendeu?"
João Ubaldo Ribeiro

"O grande sucesso não provém do sucesso. Ele provém da adversidade, do fracasso e da frustração, às vezes, da catástrofe, e do modo como lidamos com ela e damos a volta por cima."
Summer Redstone

Em algum momento da vida é possível que tenhamos enfrentado a frustrante sensação da derrota, em qualquer instância que seja; família, trabalho, amor, finanças, isso nos atinge, nos aflige e promove repercussões desastrosas, um pouco até mais sofridas para uns.

É como se fosse a invasão de um vento impetuoso em nosso tranquilo e equilibrado mundo, por meio do qual somos atirados cruelmente em um deserto árido, improdutivo. Tomados por forte sentimento de impotência, nos tornamos apáticos e desorientados.

Nesse momento, fazemos a interpretação da nossa atuação no processo e só conseguimos enxergar o fim da linha, como se tivéssemos assinado o atestado definitivo de nossa incompetência ou da genética do fracasso.

Imaginemos agora um plano hipotético de vida: pensado na juventude, por volta dos 18 anos, cuidadosamente traçado e cujo prazo para conclusão definida deveria ser concretizado até os 30 anos. Como premissas dessa fase estão as conquistas financeiras, casa própria, carro, casamento, formatura, viagens, uma vida de sorrisos e vitórias, enfim, um desenho linear e perfeito, digno do final feliz dos contos de fadas.

Embora considerando nesta hipótese, que tenham sido traçados e definidos cartesianamente os objetivos, bem como planos alternativos estrategicamente pensados. Ainda que cercado da máxima atenção e cuidados, a inevitável lei das surpresas da vida faz tudo mudar de lugar e sentido.

Ser extraordinário

Após dias, meses passados, inevitavelmente, tal curso fora modificado pela silenciosa adversidade, desmontando, destruindo e frustrando o que seria o curso natural do processo, até a sua efetiva perfeita conclusão.

Essa erva daninha que não avisa, não dá sinais, faz parte da vida e do viver. De uma forma ou de outra nos assusta ainda que esta situação hipotética seja a realidade de alguém, o impacto sentido, provoca o amargo dissabor da derrota, desorientação, sentimento de perda da identidade e valor diante de si mesmo e dos outros. E a apatia toma espaço.

Algumas pessoas, nesse contexto específico, têm uma dificuldade maior em entender que existe um caminho de volta e, enquanto vida houver, todas as mudanças e recomeços são possíveis.

É preciso voltar a prospectar mudanças, buscar conhecer mecanismos internos no presente assegurar a existência do futuro, e aprender a lidar com a situação adversa e a dor porque não temos controle sobre estas. Sendo nos momentos de crise e fragilidade emocional. Talvez não mais repetir a mesma jogada, ou trilhar o mesmo caminho e, então, buscar possibilidades diferentes. A experiência do traumático também será a grande aliada na volta ao jogo. Considerando que o traçado da vida não é linear e que estamos diariamente nesse carrossel em movimento, onde não é possível parar e descer.

Embora saibamos que as boas ideias podem nos assegurar conquistas, conforto, reconhecimento, fama ou que seja objetivado, para isso, é importante o aporte material, infraestrutura e, sobretudo, planejamento, além da disposição e talento para desenvolver tais projetos.

Esses são consideráveis pilares para desenvolver processos e projetos de vida, nos quais são depositadas expectativas de realização, porém não há como assegurar nem que todas as conquistas gerem felicidade, pois a pirâmide das necessidades está em constante movimentação...

Considerando uma intervenção tão simples e tão humana, a nossa psicofisiologia das emoções, tudo pode mudar, porém, não dando certo, é necessário reavaliar, voltar à página em branco e reescrever a história.

Viverei, não morrerei!

> "Se você acha que as mudanças acabaram, na verdade foi você que colocou um muro em sua vida."
> **Benjamin Franklin**

Face a um revés negativo, é importante observar não apenas suas consequências externas, pois o maior manifesta-se no campo psíquico, e só uma observação mais criteriosa pode levar ao diagnóstico, daí a necessidade de procurar auxílio profissional.

Auxiliadora Leal

Considere que sentimentos de tristeza profunda podem evoluir para uma depressão, se não devidamente cuidados, bem como suas inúmeras consequências fisiológicas, além de uma paralisia incapacitante.

Busque entendimento sobre o quanto é imprescindível cicatrizar as feridas, permitindo-se realizar a adequada introspecção na construção das bases da resiliência, que requer tempo, diferindo para cada um de nós. Então, aptos novamente a avançar, assumir novas perspectivas e percorrer caminhos desafiadores, com a segurança emocional, minimamente guiados pelo impulso da resiliência, para a reconstrução das realizações na vida.

É admirável o esforço ou facilidade que uns possuem para conseguirem realizar o seu recomeço mais brevemente. Libertam-se da comodidade, das relações de apego, dos círculos viciosos de queixa, sofrimento e infelicidade. Consideram com clareza que o fato de estarmos de pé e juntando forças a todo momento, equilibrando energia, é um motivo para sermos gratos à vida.

Ao longo da caminhada da vida, nascemos, crescemos, amadurecemos envelhecemos e morreremos um dia. É natural muitas coisas serem perdidas, embora tenham uma relativa importância; é necessário permanecer firme, sem desistir.

Somos um milagre em nossa vida, e só o fato de acordarmos pela manhã e observarmos todo o mecanismo autônomo que nos mantém vivos e de pé ao longo do dia, realizando tudo, já nos obriga a refletir sobre a gratidão pela vida.

Questione a verdade sobre o impossível e o quanto está relacionado a nossa vontade firme e de querer, sem falar das ações insistentes, persistentes e fortes. Onde existem objetivos, metas e sonhos renovados constantemente, existe o extraordinário.

Muitas vezes, buscamos o exemplo fora de nós, como se tivéssemos que viver uma vida mediana, com planos óbvios pelo medo de errar, nos frustrar, paralisar, perder. Delegamos aos outros a alegria da superação dos limites; a nós caberão apenas a plateia, aplausos ou críticas, apenas isso.

Algumas ações para tornar possível a realização de sonhos incríveis, impossíveis, na categoria do extraordinário, envolvem, principalmente, ignorar muitas falas que, às vezes, costumamos ouvir e impregnam os nossos pensamentos com a negatividade e destrutividade alheia. Alguns conselhos que ouvimos tentarão, falaciosamente, nos ajudar, porém são apenas para descredenciar, desqualificar a nossa força, fé, trabalho, decisões, por meio de comparações, considerações maldosas.

Vale aplicar a historinha do sapo, que só chegou à festa no céu pelo fato de ser surdo. Permito-me completar que ele também deveria

Ser extraordinário

ser cego, para não perceber os olhares de afronta, o deboche sarcástico. Certamente era mudo, pelo fato de não ter parado para lamúrias ou debates. Evitava perder tempo e energia com bate-boca inoperante com quem está morto e apenas olheiro na vida.

A vida é um jogo de oponentes, e o desafio é manter o foco, pois do contrário somos engolidos. A questão não é vencer ou perder, mas entender a dinâmica da trajetória da vida que envolve aprendizagens, autoconhecimento e posicionamento.

Jamais abdicar do precioso direito de sonhar alto, além do alcance dos olhos, onde as mãos não consigam tocar. Deixe o óbvio sair do quadrado, que ficou para trás com todos os seus problemas, cansaço e desencanto.

Tome um novo rumo, como a semente que abre caminho no concreto, para achar o luminoso sol que a fará crescer. Siga para o caminho do impossível, desconstrua, desmonte, ache a loucura, ria muito, jogue-se sem medo de perder, mas com uma certeza de que quando o achar e conquistar, se apropriará do extraordinário. Nada nem ninguém poderá deter a sua capacidade de criar, sorrir, viver e realizar.

Agindo contra as condições impossíveis

Superamos, crescemos e vencemos quando desistimos do diálogo interno negativo, impregnado de pensamento de reprovação, fatalidade, impedimentos, carência, medos. Mesmo que pareça loucura, provoca um turbilhão destrutivo e que nos engessa por completo, obviamente ninguém conseguirá ir muito longe, o que acha?

De nada adianta pensar sem realizar, viver imerso em indecisão pelo insucesso anterior, incerteza quanto aos próprios desejos, o que torna a vida penosa, mais do que de fato é. Não há como caminhar levando fardos pesados nas costas, resíduos de épocas, de momentos que jamais voltarão e que, compulsoriamente, nos impelem a continuar, por força da escolha pessoal.

É certo que há dias em que acordamos e nos damos conta de tantas coisas ainda por realizar, do tempo já desperdiçado, muitos feitos, mas poucas conquistas. Enumeramos ainda alguns que foram sofridos para conquistar, porém perderam o sentido, deixando uma impressão de que não haverá mais nada a fazer.

É ainda pior quando vem uma pessoa qualquer acompanhada da difícil tarefa de levantar da cama, e o sentimento de tristeza, ou irritabilidade sem precedentes. É o medo do amanhã, o futuro tornou-se um inimigo temido.

O que pareceu um tsunami antes do amanhecer representa um novo amanhã e recomeço. Não ceda à investida de nossos humores humanos, viver será uma dificuldade superável. De fato, o passado é imutável, mas ninguém pode andar olhando para trás, sob risco de se acidentar, contudo não se fica condenado a esse por seus grilhões, no presente, ou no futuro em construção.

Sobre as sombras que cultivamos e nos impedem de seguir adiante: "Só aquilo que somos realmente tem o poder de curar-nos" (Carl Gustav Jung).

Este artigo é uma homenagem à memória do saudoso primo, admirável pensador e renomado imortal da ABL - João Ubaldo Pimentel Ribeiro.

Referências
HALL, C.S.; NORDBY, VERNON, J. *Introdução à psicologia analítica*. São Paulo: Editora Cultrix, 1972.
JUNG, C. G. Aion. *Estudo sobre o simbolismo do si-mesmo*. 8. ed Petrópolis: Vozes, 2011.

Ser extraordinário

Capítulo 6

Saia da manada e seja um líder extraordinário!

Neste capítulo, os leitores encontrarão estratégias para a promoção do desenvolvimento de liderança dentro do *Marketing* Multinível. Praticar o desenvolvimento de liderança significa abrir as portas para o relacionamento e a humanização, buscando sempre o propósito dentro do MMN, pois buscar se aperfeiçoar é ter uma visão de raio-x, sempre enxergando mais além.

Cibele Machado

Ser extraordinário

Cibele Machado

Funcionária pública, graduanda de Processos Gerenciais pela FACULDADE ESTÁCIO (2019), *Life Coach* (2017), *Coach* Analista Comportamental (2018), *Business Coach* (2018), *Coach* Analista Educacional (2019) pela Line Coaching, *Master Agile Coaching RH* pelo ProcoRH, instituto reconhecido pela IACT ALLIANCE (2019). Gerente de Venda Direta por dez anos. Principais atividades: gerenciamento de equipe comercial para cumprir metas, seleção, treinamento e desenvolvimento de pessoas e criação de estratégias para o crescimento das vendas. Ministro palestras, técnicas de vendas. Especialista e mentora no desenvolvimento de carreira.

Contatos
cibelembm@gmail.com
Facebook: gestoradenegocios
(86) 99539-0862

Cibele Machado

Ser um líder extraordinário é questão de escolha, mas, para ter uma escolha eficiente, precisamos buscar a metodologia do sucesso dentro do *marketing* de relacionamento, tendo como foco o desejo profundo de fazer a diferença nas vidas das pessoas, de dar a elas o que elas precisam, pois quando conseguimos ajudá-las a obter o que desejam, estamos evoluindo espiritualmente e, consequentemente, no lado profissional.

Existem apenas 20% de pessoas tendo sucesso efetivo no multinível. Esse grupo seleto possui ganhos acima de 10 mil reais, sendo que 5% dessas pessoas são milionárias.

Mas e os 80%, por que não possuem sucesso efetivo? Porque foram vítimas do patrocínio irresponsável. Foram alcançadas por pessoas que decidiram fazer multinível apenas com o componente emocional (governo da alma), mas que não tinham seu capital intelectual devidamente calibrado para esse sistema e, o pior, não se conscientizaram ainda da importância de aprender a desenvolver o sistema de forma profissional.

Mas, afinal de contas, o que é *Marketing* Multinível (MMN)?

O *Marketing* Multinível é um sistema de distribuição de um produto ou serviço ao consumidor final, sendo que essa distribuição ocorre a partir de uma rede de distribuidores, presencial ou pela internet: família, amigos e conhecidos tornam-se clientes, tanto para comprar quanto para convidar outras pessoas.

Aqui vale um alerta!

É muito comum que pirâmides e esquemas de correntes tentem se passar por programas de multinível. Existem muitas diferenças entre pirâmides e MMN, sendo a principal delas o fato de que as pirâmides não trabalham com produtos tangíveis.

Mas quando falamos especificamente de *Marketing* de Rede, é preciso que você tenha algo muito claro em mente.

As pessoas não se associam a um negócio, elas se associam a VOCÊ. Você é o principal atrativo, mas como assim, Cibele?

Vou citar um exemplo da cidade de Las Vegas. Todos sabem que lá é uma cidade noturna, é famosa pelas deslumbrantes luzes e atrações,

Ser extraordinário

mas o seu produto quase ninguém vê comentar, o cassino, ou seja Las Vegas se tornou atraente pelas suas características e não pelo seu produto.

Assim é você como líder extraordinário, tem que ter atração por suas características, seus ideais, sempre buscando a alta *performance* e tendo o seu propósito bem definido, pois o contrário, ir atrás dos prospectos, esmaga qualquer sentimento de poder, e apaga a sua luz como líder.

Existem três tipos de perfil comportamental de liderança: os Betas, os Pré-Líderes e os Líderes Extraordinários.

Os Betas possuem dinamismo nas relações interpessoais, tomada de decisões rápidas, assume postura de comando, tem mais pulso e dominância. Expõem-se mais a riscos, gostam de mudanças, ou seja, estão sempre propensos a trocar de empresas. Prefere dar ordem a recebê-las. Geralmente exerce um tipo de liderança por comando, tendo pulso para determinar aonde deseja chegar e passando mais ordens do que instruções. Não são muito abertos a sugestões. Aqui estamos de frente com um profissional iniciante, ou profissional com bastante tempo no mercado, mas que não conseguiu se desenvolver, geralmente eles focam apenas no plano da empresa e menos no desenvolvimento pessoal dele, por isso agem mais por comando do que dando instruções.

Os Pré-Líderes têm desprendimento de regras e padrões preestabelecidos, são mais alegres e descontraídos, mais voltados para pessoas do que para coisas e preferem alcançar seus objetivos por meio de diálogo e relacionamentos. O destaque nesse ponto indica um líder mais franco e aberto. Agregador, esse líder é geralmente mais informal nos relacionamentos pessoais.

Aqui estamos de frente com aquele profissional que está sempre em busca de conhecimento, o que acaba não criando foco na empresa que já está, pois é aquele líder que pode quebrar as regras facilmente, ou seja, ele gosta de se sentir livre, não tem medo de arriscar e ir para outra.

Os Líderes Extraordinários são pessoas mais introspectivas, não gostam de se expor a riscos e têm muito foco. Eles têm atenção às metas da empresa e gostam de cumpri-las.

Preferem não emitir ordens imperativas e geralmente adotam uma liderança mais aberta a opiniões e sugestões. São mais abertos às críticas e tendem a absorvê-las. Exercem liderança, passando instruções e direcionando sua equipe para atingir os valores cujas necessidades foram explicadas.

Aqui você está de frente com um profissional que já buscou todas as formas de se aperfeiçoar e está exercendo na prática aquilo que estudou, passando a desenvolver o seu *downline* para que busque resultados extraordinários.

Cibele Machado

Para ser um Líder Extraordinário, você precisa saber estes três princípios básicos:

1. O primeiro princípio é o mais importante, e esse é você. Você é a única variável. Todos têm o mesmo produto e o mesmo plano de compensação, mas você será a diferença entre o sucesso e o fracasso. Se algumas pessoas têm sucesso em divulgar esses produtos e você não, então não é culpa do produto. Em outras palavras, todos na sua empresa têm os mesmos produtos para oferecer. A sua mentalidade determina o sucesso ou o fracasso do seu negócio, a sua mentalidade depende do quanto você está preparado para os vários "nãos" e as frustrações dentro do mercado multinível, você sabe que isso tem uma rejeição alta e precisa lidar com isso diariamente.
Aqui cabe uma reflexão:
Aquilo que você acredita está enfraquecendo o seu negócio ou fortalecendo?
O quanto você fica do seu lado mesmo quando ninguém o apoia? A sua mentalidade é o que faz com que continue acreditando no seu projeto e consequentemente atraia pessoas, por ser você a resposta para o que elas precisam?
O que tem feito para que as pessoas possam ter interesse em estar perto de você? Que estilo de vida você tem?
Você já parou para pensar que as pessoas gostam de estar ao lado de indivíduos extraordinários?
Basta seguirmos por esse raciocínio, se hoje você trabalha numa empresa multinível é porque foi fisgado por um *up-line*, certo? Então, como você vê esse indivíduo?
O que essa pessoa faz que chame ou chamou a sua atenção? As pessoas seguem exemplos, elas querem se agarrar a outra que está lá em cima.
Se você sempre viaja, provavelmente vai atrair pessoas que gostam de viajar, se está palestrando, irá criar autoridade sobre o assunto abordado, se é um leitor assíduo e gosta de demonstrar o que gosta de ler, vai atrair aqueles que gostam de conhecimento e que, muito provavelmente, leem também.

2. Segundo princípio, a *Internet* é uma ferramenta importantíssima e muito poderosa na conquista de grandes e importantes resultados, só que existem pessoas que se utilizam da *Internet*, e há pessoas que trabalham nela, muito embora possa parecer a mesma coisa e não seja. Quem se utiliza da *Internet* são pessoas que es-

Ser extraordinário

tão transitando nesse ambiente e que criam anúncios de maneira rasa, se apresentam de maneira simples para as outras, mas sem nenhum tipo de profundidade e visão, sem se atentar para aspectos importantes que são a questão da atração ou da rejeição.
Há aqueles que se posicionam gerando repulsa, atraindo o fundamento da rejeição, e isso acaba atrapalhando até quem trabalha de maneira correta na *Internet*.
Agora, há quem se utilize da *web* a seu favor e faça com que ela seja também um mecanismo importante para aqueles que estão buscando aquilo que tanto desejam.
Precisamos trabalhar em harmonia, com indivíduos que querem aquilo que nós temos para oferecer, sempre visando o respeito das pessoas, e é nesse ambiente de interação que surge a questão do *marketing* de atração.
O próprio nome está falando, *marketing*, propaganda, só que é uma propaganda que gera atração, não é algo que gera repulsa, então quais são os recursos que um líder extraordinário utiliza na *Internet*?

• **Mídias sociais:** a melhor forma de humanizar a sua marca é ter uma página em uma rede social, compartilhar conteúdos relevantes e interagir com o seu público. Afinal, é aqui que os seus futuros *downlines* passam boa parte do seu tempo. Para atraí-los, é preciso estar onde eles estão.
Facebook e Instagram são ótimas sugestões.

• **Call-to-action:** são botões e *links* que estimulam o usuário a fazer alguma coisa, como realizar um *download* ou participar de um *webinar*. É preciso gerar esses estímulos para criar *leads* e convertê-los em potenciais clientes.

• **Formulários:** é uma forma de você verificar o perfil dos seus *downlines*, identificando as dores deles e observando se são as pessoas ideais a quem possa investir o seu tempo. Afinal, o aliado mais importante é o tempo.

3. Terceiro princípio, o plano de compensação da empresa. Se algumas pessoas ganham muito dinheiro e você não, então a culpa não é do plano de compensação.
Não existe um plano para homens e outro para mulheres.
Os planos de compensação são um conjunto de regras e requisitos que determinam como uma empresa de *Marketing* Multinível (MMN) recompensa a produção dos seus distribuidores ou afiliados.
A maioria dos planos de compensação de MMN pode parecer

Cibele Machado

um tanto complicada à primeira vista, pois todas as empresas tentam montar um plano que incentive seus distribuidores a venderem a maior quantidade possível de produtos de acordo com suas características específicas.

O desafio dos planos de compensações

Um dos maiores desafios ao criar um plano de compensação de *marketing* multinível é pagar comissões demais, o que causaria a falência da empresa. Em contrapartida, se a empresa não pagar comissões suficientes, ela terá dificuldades em manter seus distribuidores ou em criar ou atrair líderes.

A solução que as empresas de *Marketing* de Rede de Sucesso encontraram para esse difícil desafio é de tornar as diferentes oportunidades difíceis de serem atingidas, mas, com certeza, atingíveis para todos aqueles dispostos a preencher os requisitos de desempenho necessários.

A outra opção seria de fazer as oportunidades fáceis de serem alcançadas por qualquer um. Mas assim, todos teriam teto na sua renda, pois as comissões seriam distribuídas entre muitos. Empresas que usam esse tipo de plano de bonificação, em geral, não crescem muito para serem notadas, são incapazes de atrair líderes e pagam pouco para motivar alguém a desenvolver as características necessárias para se tornar um líder.

Portanto, é melhor fazer com que um plano de compensação seja razoavelmente difícil de ser atingido. Mas ninguém precisa chegar ao topo da estrutura de comissionamento para ganhar uma bela renda mensal. A maioria dos planos de sucesso é estruturada de maneira que uma pessoa possa substituir seu salário como empregada, atingindo apenas metade ou até um terço das oportunidades disponíveis.

Se você se dedicar e for capaz de fazer muito, então o que fez pela empresa de *Marketing* de Rede é um serviço incrível e ela o recompensará.

Cada pessoa que começa a desenvolver um negócio de *Marketing* de Rede escolhe que nível ela quer atingir, baseada não só numa decisão mental, mas em resultados. Não existe um sistema mais justo do que um que recompensa de acordo com os resultados obtidos. O sistema mais injusto é o que recompensa de acordo com o currículo, habilidades de conversação, relações familiares ou beleza.

Para simplesmente participar de um negócio de *Marketing* Multinível, basta comprar o *kit* inicial de cadastro (que custa no máximo algumas dezenas ou poucas centenas de reais), isso é o mesmo que dizer que você joga de vez em quando. É preciso praticamente nada para se atingir esse nível.

Ser extraordinário

E aqui vem uma das grandes belezas do *Marketing* de Rede: não existe limite para o número de pessoas que pode atingir o topo. Diferentemente do esporte ou outros negócios, onde apenas o melhor chega ao topo e ganha a medalha de ouro, no MMN todos que cumprirem os requisitos serão reconhecidos como tal.

É atingindo ou superando esses padrões de desempenho que alguém alcança o sucesso no *Marketing* de Rede.

Aprendendo a ser um líder extraordinário!

Antes de qualquer coisa, saiba o nome da pessoa, pergunte coisas interessantes, há quanto tempo está no MMN, em qual empresa atua no momento, crie conexão e a deixe mais à vontade durante o processo, escute-a com a atenção, ouvir é muito importante.

Faça a transição para a etapa do levantamento de necessidades, perguntando quais os maiores desafios nessa área do MMN, quais os sonhos, metas, desejos, planos, e quais as maiores frustrações em relação a esses sonhos, e, por último, o que impede essa pessoa de realizá-los.

Diante de tudo o que você ouviu, apresente-se, falando o que faz, qual solução tem para a vida dessas pessoas, e observe, seja verdadeiro, só fale aquilo que realmente pode cumprir, do contrário, a sua credibilidade vai cair por terra.

"Conheça todas as teorias, domine todas as técnicas, mas ao tocar alma humana, seja apenas outra alma humana." (Jung)

Referências

E-book Recrutador Alpha, 2019. Disponível em: <http://bit.ly/portalmethode>. Acesso em: 26 de set. de 2019.

O que é Marketing Multinível (MMN)? Disponível em: <http://m.negocioslucrativos.webnode.com.br/mmn/>. Acesso em: 26 de set. de 2019.

Ser extraordinário

Capítulo 7

O ser íntegro e a integridade corporativa

Neste capítulo, abordaremos o tema integridade comparando o aspecto pessoal com o corporativo. A grande vilã, a corrupção, está incrustada nos governos, empresas e igrejas, gera bilhões de prejuízos. Fazer nada não é uma opção! A integridade começa em casa, devemos ser e estar inteiros, cuidar dos sentimentos, treinar nossos pensamentos e agir honestamente.

Cleber Izzo

Ser extraordinário

Cleber Izzo

Advogado, escritor e palestrante. Pós-graduado em Direito do Trabalho. Especialista em Liderança Sindical & Empresarial – FGV e MBA em Gestão de Pessoas – FIA-USP. Possui 25 anos de experiência em RH & Integridade em empresas como Sky (AT&T Group), Jaguar Land Rover, Grupo Ecorodovias e Ford Motor Company, na qual coordenou a área de Investigações especiais na América do Sul por seis anos. Técnico em segurança do trabalho, foi professor no SENAC por 12 anos. Coordenador de investigações de fraude & *compliance* na Comissão Acadêmico de Direito na OAB-SP (2017-2018). Diretor do Grupo de RTS na ABPRH (2017-2018). Membro das comissões de *compliance* da OAB e IASP. Atualmente, é diretor de relações do trabalho na Secretaria de Gestão e Desempenho de Pessoal do Governo Federal.

Contatos
izzo.cleber@gmail.com
LinkedIn: https://bit.ly/2IlSiF8
(11) 98367-9893

Cleber Izzo

Corrupção – a grande vilã

Estamos diante de uma verdadeira vilã, à primeira vista, invisível no mundo corporativo. Ela está incrustada nos governos, nas empresas e igrejas e é até aceita de maneira cordial pela sociedade. Um grande problema mundial que gera bilhões de prejuízos financeiros tem destituído presidentes e executivos de empresas e causado falências e mortes ao redor do globo.

Ocorre que desde que o mundo é mundo esse tema nos assola, como podemos ver no exemplo ocorrido no ano VI a.C., o estadista ateniense Sólon da Grécia estava disposto a perdoar todas as dívidas das pessoas com entes públicos e privados.

O nobre propósito era evitar que elas se tornassem escravas caso não honrassem a dívida, como era costume na época. No entanto, antes de aprovar a lei, contou a amigos que, se aproveitando da informação privilegiada, pegaram grandes empréstimos e compraram terras. Após a promulgação da lei perdoando as dívidas, seus amigos enriqueceram e o esqueceram.

Ao longo dos últimos anos, temos vivido e discutido muito o tema integridade, suas questões éticas e morais, seu papel na sociedade e até aprendemos uma palavra nova no vocabulário empresarial brasileiro, que veremos mais detalhadamente adiante, que é o tal do *compliance*.

Fazer nada não é uma opção!

A corrupção tem preocupado o mundo e temos visto isso em inúmeras ações na área do esporte, nas corporações, nos governos, partidos políticos, igrejas etc. O Brasil está sofrendo forte influência internacional, haja vista a quantidade de operações deflagradas pela Polícia Federal e pelas polícias em todos os estados brasileiros.

Um país corrupto vive em constante retrocesso econômico, traz a necessidade de firmar novos acordos de colaboração internacionais e não atrai investidores, o que gera uma verdadeira roda viva viciosa, ou seja, é uma questão de sobrevivência, pois, por outro lado, um país ou organização saudável atrai os melhores talentos, mantém sua imagem fortalecida e, por consequência, gera lucros.

Ser extraordinário

Atualizando as informações
A transparência internacional tem como objetivo abolir a corrupção e, nesse sentido, divulgou em 29.01.19, o Índice de Percepção de Corrupção – IPC de 2018, *ranking* que avalia o setor público em 180 países. A lista toma como base a percepção de executivos e especialistas que estudam o tema. Desde a vigência da lei anticorrupção brasileira, Lei nº 12.846/13, em vigor desde janeiro de 2014, inúmeras ações têm sido implementadas pelas empresas, porém, em um levantamento recente da Transparência Internacional, identificou que as ações estão contrariando as percepções, ou seja, os dados de 2018 indicaram que o Brasil teria piorado e ficado na posição de 105º lugar, dezessete a menos do que o ano anterior e a Dinamarca teria mais transparência em relação aos controles e informações.

Integridade, atitude que começa em casa!
Quando falamos em integridade, estamos muito além de ser íntegro, no sentido amplo da palavra, estamos falando em ser e estar inteiro, ou seja, cuidar dos nossos sentimentos, treinar nossos pensamentos e partir para ações que serão realizadas cotidianamente e que irão definir nossa essência de integridade no dia a dia.

Integridade é aquilo que buscamos acertar em todos os sentidos da vida, desde nossa infância, nossa criação, nossos exemplos na família, escola, trabalho enfim, viver de maneira plena e saudável em todas as áreas da vida, fazer sempre o bem e melhor.

Sem querer abordar temas religiosos, porém apenas citando o exemplo bíblico de Jó (1:8), "Homem íntegro, reto, temente a Deus e que se desviava do mal", isso pode ser uma analogia ao que estamos vivendo hoje em nossas organizações e relacionamentos.

Tudo começa pelo respeito, pois temos que ter a consciência de que as pessoas possuem perfis diferentes e nós precisamos respeitar suas características.

Tudo está se transformando...
Costumo dizer que estamos vivendo na "Era do In", que significa, dentro, inserido..., ao mesmo tempo, essa era é a fase da informação, inovação, instabilidade, incerteza, e acabamos levando essa conduta para dentro de nossas organizações. Agora, tudo está se transformando e muito rápido, os jovens estão insatisfeitos, inconformados e até mesmo mais infelizes, mesmo com tantas facilidades, tecnologias e com um custo cada vez mais baixo.

Na realidade, o mundo vive uma crise de ansiedade, muitos profissionais recém-formados, ao passo que demonstram estar animados para fazer parte da média liderança das empresas, apresentam deficiên-

Cleber Izzo

cias básicas de formação e relacionamento interpessoal, que podem estar, de certa maneira, relacionadas aos aspectos líquidos desses atuais tempos dinâmicos, conforme já apontou o sociólogo polonês Zygmunt Bauman.

Cerca de 300 milhões de pessoas no mundo foram identificadas com depressão, sendo que muitas delas acometidas pela chamada síndrome de *burnout*, que é o esgotamento físico e mental diretamente ligado às questões ao trabalho. Isso está diretamente ligado à gestão do programa de *compliance*, não basta implementá-lo se a gestão não for eficaz.

Antigamente, o trabalho era um dever, mera obrigação para você ganhar o seu sustento. Hoje, a coisa mudou, as pessoas querem ser felizes também no ambiente laboral, desejam aprender, acertar e errar e, mais do que isso, querem estar num ambiente ético e saudável.

E como estamos? Segundo o Instituto Brasileiro de Geografia e Estatística – IBGE, o Brasil possui cerca de 12,3 milhões de desempregados e aproximadamente cinco milhões de desalentados, estes que deixaram de procuram emprego por falta de recursos. Por outro lado, em dezembro/18, o *e-commerce* representou 35% das vendas feitas por inteligência artificial no Brasil e esse número tende a crescer exponencialmente de forma global.

Governança, riscos e *compliance* versus integridade

Governança é a gestão dos processos pelos quais as organizações são dirigidas e monitoradas. A finalidade das boas práticas de governança é assegurar que os recursos disponíveis sejam utilizados e alocados racionalmente, de modo que organização atinja suas metas.

Gestão dos riscos são todas as cautelas a fim de antecipar-se a fatos ou eventos que possam prejudicar ou frustrar seus objetivos. Os riscos devem ser, sempre que possível, identificados, administrados adequadamente ou, preferencialmente, eliminados.

Compliance é o termo derivado do verbo Inglês "*to comply*", e significa agir em conformidade com as leis e regulamentos organizacionais, inclusive no que se refere a padrões éticos e de conduta. Usualmente, utiliza-se essa expressão para mensurar o nível de cumprimento dessas determinações por parte dos empregados e colaboradores. Atingir níveis ótimos de conformidade depende da implantação de um sistema de controles eficiente e permanente.

Agora, assegurar que a empresa cumpra e faça cumprir todas as regras e leis existentes é, de fato, o grande desafio imposto pela Lei anticorrupção brasileira.

Gestão da integridade

Tenho visto empresas, de vários setores e tamanhos, criar seus programas de *compliance* (integridade), porém ainda de forma

Ser extraordinário

tímida, muitas vezes tentando copiar modelos existentes no mercado e até mesmo substituindo o nome da área, por exemplo, Dep. Jurídico, no outro dia, *compliance office*, mas mantendo os mesmos profissionais sem nenhum treinamento ou qualificação.

Na verdade, o que falta para essas empresas é a visão estratégica, pois ao promover a cultura da ética, honestidade e transparência, terão o objetivo verdadeiro de desestimular as condutas contrárias aos seus princípios, assegurar o cumprimento de leis e regulamentos, fortalecer os sistemas de monitoramento e controles, identificar, reduzir e fortalecer a gestão dos riscos do negócio. Assim, conseguirão difundir a imagem positiva perante a sociedade e seus *stakeholders*, melhorar o ambiente de trabalho, o clima organizacional, o engajamento dos colaboradores e parceiros, aumentando os lucros e a participação no mercado e, com certeza, reduzirão o passivo trabalhista, tributário e fiscal.

O profissional de *compliance*

Na prática, a coisa é diferente, pois o chamado *compliance officer*, pessoa responsável nas empresas pela gestão dos programas de integridade, jamais pode ser equiparado às grandes polícias do mundo, tampouco à Polícia Federal ou à Justiça.

Esse profissional possui a responsabilidade, dentre outras:

- Mapear e efetuar a gestão de riscos e auditorias;
- Suportar nas questões relacionadas ao *compliance*;
- Implantar, revisar e treinar normas e código de conduta;
- Receber e apurar as denúncias, recomendando medidas preventivas e/ou punitivas que respaldem a gestão de riscos;
- Manter a confidencialidade, comprometimento, ética, bom relacionamento interpessoal e educação;
- Atuar de maneira multidisciplinar, interagindo com diferentes áreas, tais como: contabilidade, controles internos, RH, auditoria, ouvidoria, jurídico, comunicação etc.

Comunicação versus comunica + ação

Medidas preventivas, como canal de ética, ouvidoria e programa de integridade eficazes podem atenuar eventuais punições, sejam na esfera cível ou administrativa.

As comunicações devem ser inclusivas, ou seja, envolver todos da organização, capacitar empregados e terceiros, pois isso aumenta a confiança e cria um ambiente de trabalho mais saudável no que tange às questões éticas e de integridade.

Há a necessidade de ser impactante, ou seja, criar ou revisar

Cleber Izzo

normas, contratos individuais de trabalho e até os acordos coletivos, demonstram a vontade de se adaptar à nova legislação e, dessa forma, melhoram a imagem e a reputação da empresa.

O *compliance* deve fazer parte da cultura da empresa, ou seja, a parte mais difícil em todo processo é a mudança comportamental, pois não depende de papel ou título, está na mente e no coração das pessoas. O *compliance* é mais do que um simples programa, mas atitude!

Normalmente, as empresas estabelecem em seus códigos de conduta a proibição de retaliação, mas, na prática, não possuem mecanismo para evitá-la. Há situações que podem comprometer significativamente o programa de *compliance*, tais como:

a) Desligamento (voluntário ou demissão) do denunciante ou testemunha na investigação;

b) Promoção ou transferência (novos cargos, outras cidades ou países) às vésperas da aplicação da medida disciplinar.

O que não pode em compliance

Todo programa de integridade deve seguir preceitos preestabelecidos visando evitar alguns fatores que prejudicam o programa como um todo, quais sejam:

- Demorar em iniciar as investigações;
- Iniciar a apuração e não concluir ou monitorar;
- Divulgar dados confidenciais a pessoas não autorizadas;
- Não aplicar sanções disciplinares e perder fulgor na sanção;
- Tratar de forma diferente em razão da posição ou influência.

Para finalizar, cito outra estória que nos ajuda a compreender como a integridade deve ser entendida, na famosa perspectiva do estadista romano Júlio César: "À mulher de César não basta ser honesta, deve parecer honesta".

Agora, o *show* é com você! Sucesso!

Referências

DEL DEBBIO, Alessandra; MAEDA, Bruno Carneiro; AYRES; Carlos Henrique da Silva. *Temas de Anticorrupção & Compliance*. RJ: Elsevier, 2013.
FERREIRA DE HOLANDA, AURÉLIO BUARQUE, *Dicionário*. 16. ed. Editora Positivo: 2016.
GIOVANINI, Wagner. *Compliance: a excelência na prática*. São Paulo: 2014.
LEC News - Legal Ethics, Compliance. www.lecnews.com. Site e Revista especializada nos assuntos jurídicos sobre ética e Compliance, 2018.

Ser extraordinário

Capítulo 8

Quem escolhe ser extraordinário tem sucesso garantido. Você tem?

Torço para que você tenha escolhido ser uma pessoa extraordinária, com flexibilidade para mudanças. A habilidade para provocar transformações rapidamente durante uma jornada, em qualquer área de sua vida, pode ajudá-lo a alcançar resultados extraordinários.

Débora Madureira

Ser extraordinário

Débora Madureira

Formada em Letras e especializada em *Marketing* Direto. Realizou vários cursos complementares, entre eles, os de Motivação e Liderança Eficaz, Como se Tornar um Líder Mais Inovador, Competências Gerenciais, Técnicas de Negociação, Gestão de Pessoas e Gestão de Negócios, todos concluídos na Saint Paul Escola de Negócios. Participou de diversos seminários voltados para o mundo do *marketing* direto. Foi gestora de equipes em grandes empresas do ramo de comunicação, treinando-as com técnicas de vendas e de produtos. Foi professora de português no Colégio Bernardino de Campos – São Paulo. Realizou os cursos de Inteligência Emocional e O Mundo das Palestras. Formou-se também em *life, executive & leader coach*; analista comportamental e palestrante *coach*, todos pela Line Coaching. Atualmente, é *coach*, palestrante e escritora. Autora do livro *Virei gerente e agora? – Dicas para a primeira gerência*. Coautora dos livros *O poder do óbvio* e *O poder do otimismo*.

Contatos
www.deboramadureira.com.br
www.palestrantesdobrasil.com/deboramadureira
dmadureira@uol.com.br
Linkedin: https://bit.ly/2nsgGpb
Facebook: Débora Madureira Palestrante e Coach
Instagram: dmadureirapalestranteecoach
YouTube: Débora Madureira Palestrante e Coach
(11) 99913-7528

Débora Madureira

Ser hábil para inovar, transformar, ter disposição para correr risco (calculado) e dar foco necessário às ações planejadas, tudo isso traz vantagens espetaculares, pois gera um distanciamento significativo entre conquistar o desejado com excelência e simplesmente conquistar.

Além da habilidade, é preciso também ter coragem, pois ela ajuda a ultrapassar as etapas necessárias que provocam as mudanças. É normal ter medo do desconhecido, mas o desafio é enfrentar as dúvidas que serão encontradas ao longo do caminho e buscar respostas.

Não tenha dúvidas ou medos, pois eles produzem o que deseja. É necessário eliminá-los. Para isso, é importante reconhecer se são dúvidas ou crenças limitantes que seguram você. Se forem dúvidas, é mais tranquilo, pois é possível pesquisar sobre elas ou até mesmo trocar ideias com alguém.

Se identificar que são crenças limitantes, você precisa de uma atenção maior, pois existe uma diferença fundamental entre as pessoas, no que elas decidem acreditar, em suas crenças limitantes ou em sua capacidade de mudar o estado das coisas. Procure reprogramá-las para transformá-las em algo positivo, em aprendizado que o impulsionará para um futuro diferente e, com certeza, bem melhor.

Busque as palavras certas, elas podem dar a você a motivação e energia necessárias para acreditar em seu potencial. Exerça a autoridade que você tem sobre seus pensamentos, creia que é merecedor ou merecedora do melhor, do considerado extraordinário.

Nos meus processos de *coaching*, achei impressionante o quanto as crenças limitantes realmente influenciam na realização de grandes sonhos, ou em simples desejos pessoais que foram abandonados. Isso confirma que, realmente, temos que identificar e transformar as crenças negativas que sabotam ou que fazem a pessoa procrastinar, dia após dia. Mas, reprogramando as crendices, o caminho ficará aberto para prosseguir rumo ao objetivo.

A maioria das crenças é adquirida na infância e na adolescência, por meio dos pais, irmãos, professores, avós, colegas etc. Por isso, é fundamental nos policiarmos antes de dirigir uma frase ou simplesmente uma palavra para as crianças e adolescentes, pois eles estão em fase de crescimento, autoconhecimento e descobrindo suas capacidades e habilidades.

Ser extraordinário

É muito empolgante para o *coach* e para o *coachee* quando as crenças limitantes são descobertas e a pessoa se esforça para reprogramá-las, pois reconhece que elas travam e impedem o extraordinário em todas as áreas de sua vida.

Quando ocorre a reprogramação dessas crenças, acontece uma reviravolta na vida pessoal ou profissional do indivíduo. Esse estágio é fundamental para atingir o ponto do "eu posso", "eu consigo", "eu quero" e "eu faço". A pessoa realmente faz acontecer, porque adquire confiança em si, passa a acreditar que é possível e toma atitudes que antes não tomava. Começa a atingir os seus objetivos e sonhos deixados de lado, na zona de conforto.

Essa atitude vem da consciência da necessidade de mudança, quando se depara com o seu interior, ou seja, o autoconhecimento, a autopercepção. Então, passa a se comprometer e começa a atingir as suas metas, tornando-se uma pessoa mais feliz e, por consequência, fazendo a diferença na vida dos outros. Ser extraordinário é não aceitar o "mais ou menos" em sua vida pessoal, emocional, profissional e espiritual.

Você já toma uma atitude extraordinária quando decide buscar ajuda, quando busca aumentar os seus conhecimentos, quando aumenta o seu desejo de ajudar o próximo, quando aprende a administrar o seu tempo, quando começa a enxergar a vida como passageira e se dá conta de que tem uma missão a cumprir na Terra.

Seja persistente, não desista de você, saia da zona de conforto e faça acontecer. A persistência o qualifica a receber o que a vida tem reservado, então persista, busque mudanças que favorecerão o alcance de suas vitórias, pequenas ou grandes, não importa, o que importa é se dar conta do quanto precisa agir para alcançar os seus desejos.

Cada área de sua vida ganha ou perde, de acordo com o nível de importância dado a ela. Tudo o que vale a pena exige trabalho, determinação, comprometimento, responsabilidade e investimento pessoal, inclusive, e sobretudo, o emocional.

Seja também resiliente, procure recuperar-se rapidamente dos contratempos. Eles fazem parte de nossa caminhada e, realmente, acontecem em todas as áreas de nossas vidas. A maneira como nos deparamos com eles e como enfrentamos e resolvemos as adversidades fará toda a diferença.

Ser resiliente tem peso altamente significativo em nossas vidas. No profissional, é uma das características até exigida nos dias de hoje, pois a resiliência fará com que o colaborador atue diferente e rapidamente, não deixando os contratempos da organização perdurarem e nem custarem muito.

O profissional resiliente tem um comportamento totalmente

Débora Madureira

diferente do resistente, tem mais capacidade de aceitar mudanças, de ser flexível e de se adaptar a elas, agindo com mais facilidade e rapidez em várias situações dentro da organização.

As organizações precisam de líderes dispostos a mudar, inclusive, a maneira de agir, de pensar, de transformar o seu modelo de gestão, aliás, precisam ser os agentes de mudança e transformação, com adaptação rápida.

Seja resiliente também em sua vida pessoal. Aceite as mudanças necessárias e lute para realizá-las. Seja perseverante consigo, seja o seu melhor amigo ou amiga, deseje o seu melhor. Os problemas existem para serem resolvidos e não para controlarem você.

Atente-se as suas ocupações.

Você tem se importado com o seu bem-estar?
Qual tem sido o seu foco?
Tem se comprometido?
Tem se respeitado?
Você anda murmurando?
Tem sido o líder de sua vida?
Tem se automotivado?
Tem prestado atenção em suas habilidades?
Quais são as suas prioridades?
O quanto tem conseguido realizá-las?
Tem sido grato?

Mais uma pergunta...
Com quem você tem andado?

Faça uma reflexão e não negligencie. Fuja das lembranças negativas do passado. Tome o controle de sua mente.

A atitude é a ação que você mais precisa para sair da área do conformismo. É a sua primeira resposta. Preciso ter atitude e reagir, porque me importo comigo.

Quando nos importamos conosco, nos tornamos mais realizadores. A partir dessa decisão, passamos a enxergar em que precisamos dar foco para agir, o que queremos e não estamos conseguindo realizar. Precisamos de ajuda ou conseguimos realizar sozinhos?

Depois que identificamos de que forma caminharemos no processo de melhoria pessoal, tomamos as ações necessárias para atingirmos as nossas metas.

Dentro de uma empresa, como identificamos se um líder é extraordinário? Por meio de suas atitudes. Veja a seguir alguns exemplos que mencionei em meu livro Virei gerente e agora?

Ser extraordinário

Um líder extraordinário:
- Se importa com a equipe;
- Respeita a equipe e seus colegas de trabalho;
- Motiva e reconhece um colaborador ou a equipe;
- Elogia em público, mas corrige no particular;
- Ensina com clareza, mas não deixa de acompanhar;
- Delega funções, mas continua acompanhando;
- Comunica-se diariamente com a equipe;
- Tem atitudes positivas;
- Tem disciplina;
- Faz reunião produtiva;
- Dá *feedback* com respeito;
- É bem-humorado;
- Demonstra segurança e gera confiança aos colaboradores;
- Conquista e inspira a equipe em vez de liderar por medo;
- Gera um ambiente prazeroso de se trabalhar;
- É resiliente e se adapta às mudanças;
- Tem habilidade para resolver conflitos;
- Tem iniciativa;
- Treina um sucessor.

Dificilmente um líder extraordinário não será extraordinário em outras áreas de sua vida. Creio que seja uma extensão de quem ele é, independentemente de onde esteja. Normalmente, ele demonstra um apurado senso de oportunidade para identificar circunstâncias favoráveis ao crescimento de sua carreira, e desembaraça oportunidades para a organização em que trabalha.

Ser extraordinário não significa necessariamente ser uma pessoa detentora de riquezas materiais (nada contra), mas volto ao ponto em que precisamos fazer "algo" por nós, para atingirmos os objetivos pessoais e profissionais, não procrastinando, não adiando o que proporcionará a sensação gostosa do realizar. Ficamos felizes quando atingimos as nossas metas, não é mesmo?

Então, precisamos descobrir as coisas que nos motivam, que geram desejo de realizar e que nos levarão ao destino, à meta, ao objetivo, ao sonho, não importa a palavra, o que importa é alcançar, realizar o que nos torna uma pessoa melhor, que nos transforma e nos faz sentir realizado.

Se você não sabe o que quer, então pare e concentre-se. Dedique um bom tempo em sua companhia, isso é fundamental. Descubra o que realmente importa para você, e que diferença vai fazer quando alcançar.

Débora Madureira

Seja sincero ou sincera contigo. Faça o melhor e sempre tenha sonhos atingíveis. Quando atingir um sonho, crie outro, não pare!

Gosto muito de uma frase do autor Augusto Cury, em seu livro Não desista de seus sonhos, que diz: "A presença dos sonhos transforma os miseráveis em reis, e a ausência deles transforma os milionários em mendigos". E diz também: "A presença de sonhos faz de idosos, jovens, e a ausência de sonhos faz de jovens, idosos". E diz mais: "Os sonhos não determinam o lugar aonde vamos, mas produzem a força necessária para nos tirar de onde estamos".

Não enterre os seus sonhos, não se frustre, tenha garra e realize, extraordinariamente, o que planejou, porque, como ainda diz o autor Augusto Cury, "quem é escravo dos seus pensamentos não é livre para sonhar".

Comemore os seus avanços, por menor que sejam, porque, se você não souber comemorar os pequenos objetivos atingidos, dificilmente comemorará quando atingir os grandes e nem dará o peso adequado aos seus sonhos alcançados. Reconheça-se e premie-se.

Deixo aqui reflexões extraídas dos livros 365 dias extraordinários, Diário extraordinário e Somos todos extraordinários:

— "Carregamos dentro de nós as coisas extraordinárias que procuramos a nossa volta."

— "Coragem, bondade, amizade, caráter. Essas são as qualidades que nos definem como seres humanos e acabam por nos conduzir à grandeza".

— "Palavras gentis não custam muito, e ainda assim conquistam muito".

— "O futuro pertence àqueles que acreditam na beleza de seus sonhos".

— "A vida está diante de nós. Se perdemos muito tempo olhando para trás, não vemos aonde estamos indo".

— "Um sonho é como um desenho em sua mente que vai ganhando vida".

— "Suas ações são o reflexo da sua vida".

— "É engraçado como, às vezes, nos preocupamos muito com uma coisa e ela acaba não sendo nem um pouco importante".

— "A grandeza não está em ser forte, mas no uso correto da força".

Gosto muito de uma frase escrita por John Addison, publicado em *Success*, com a qual termino este capítulo, que diz:

"Você não pode passar pela vida fazendo o que é necessário. Você tem que fazer o que é além do necessário. Se um nível de esforço o levará à frente, o próximo nível de esforço o levará a uma vida extraordinária".

Obrigada por ficar comigo até aqui!
Um forte abraço!

Ser extraordinário

Capítulo 9

Coach para casais

Este capítulo abordará o processo de *coaching* para casais. Primeiro, os afetos positivos estão escondidos, aparecendo claramente a raiva, as mágoas, as dores que mostram as feridas abertas no estado atual. Então, com respeito e profissionalismo, é hora do *coach* mexer em sua caixa de ferramentas e possibilitar que as emoções positivas surjam e tragam o estado desejado.

Dolores Bordignon

Ser extraordinário

Dolores Bordignon

Pedagogia e Psicopedagogia (PUC-RS); Psicopedagogia Clínica na E.Psi.BA, Buenos Aires – Argentina. Formada em Terapia de Família e Casal no Centro de Estudos da Família e do Indivíduo; em Hipnose Ericksoniana no Instituto Ericksoniano Brasil – Sul. *Master* em Neurolinguística, no Centro Dinâmico de Programação Neurolinguística; *Coach, Behavioral Analyst & Leader Coach* pelo Instituto Brasileiro de Coaching. Formada em Terapia Narrativa no Centro de Estudos e Práticas Narrativas – Adelaide/Austrália. Certificada em Psicologia Positiva pelo SynapsyEaD; diretora de ensino na Escola Menthes – Poa, de 2015 a 2019. Prática clínica em consultório particular desde 1996.

Contatos
www.doloresbordignon.com.br
dolores.bordignon@terra.com.br
Facebook: Dolores Bordignon
Instagram: dolores_bordignon
(51) 9991-9298

Dolores Bordignon

> Um encontro de dois: olho no olho, cara a cara. E quando estiveres próximo, tomarei teus olhos e os porei no lugar dos meus. E tu tomarás meus olhos, e os porás no lugar dos teus. E então, te olharei com teus olhos e me olharás com os meus.
> **(Jacobo L. Moreno**,1987)

Coach para casais

Foi com muito interesse que recebi o convite para escrever sobre como funciona o *coaching* para casais. Quando entra um casal em meu consultório, nesse momento eu mudo o contrato e combino com eles que, a partir dali, serão meus *co-coaches*, tendo a relação deles como a nossa *coachee*.

Quase sempre eles não têm clareza do que querem fazer e para onde ir, pois as informações estão misturadas com as dores e, em geral, para um deles a solução é a separação. Começo o meu trabalho, objetivando que a meta seja melhorar a saúde da relação.

Eles batem à nossa porta

> "Para crescer e mudar, para transformar, temos que estar dispostos a revisar nossos sistemas de crenças; 'estar na mente do aprendiz'".
> **Leonardo Wolk**

Quando batem à porta de um profissional *coach*, trazem o problema e suas várias tentativas frustradas de resolvê-lo. O *coach* sensível perceberá movimentos no corpo, nas pernas que se agitam e trocam da esquerda para a direita, para cima e para baixo; os olhos parados, distantes um do outro e as lágrimas.

Um comportamento comum é o silêncio de um deles enquanto o outro fala sem parar, trazendo a raiva das soluções frustradas, das resistências e rigidez. Sim, já se distanciaram e sentiram que não era isso que queriam fazer, tiveram DR's, discutiram a relação, gritaram e não conseguiram progredir.

Ser extraordinário

O que temos é um território minado de dores, de projetos que estão paralisados, de raivas e acusações, e precisamos nos manter na terceira posição, a meta é uma posição com recursos, preservados para garantir a nossa qualidade de trabalho e profissionalismo.

Ligando os motores - contrato

Bem, nos procuram antes de desistirem deles por completo. Lembrando que, hoje, no Brasil, de cada três casamentos um acaba em divórcio.

Tudo começa pelo *rapport*, calibrando ambos, temos o nosso espaço psicogeográfico organizado e definido, pois precisamos vê-los/ouvi-los com tranquilidade e dentro de uma distância regulamentar. Não podemos nos colocar nem tão próximo e nem tão longe; iniciamos o nosso processo de calibragem, começando pela respiração.

Devagar, sem pressa, semeamos que teremos que diminuir a tensão, respirando um fôlego novo conforme Dra. Sofia Bauer, mantendo o mesmo ritmo de um deles tanto a respiração quanto o olhar, confirmando que só com a calma obteremos um ambiente de confiança necessário para construirmos ou reconstruirmos uma conexão mais saudável.

"Se você não está atraindo o bem que deseja em sua vida, aprenda a expressar o amor; quando o seu coração está cheio de amor, você não será crítico ou irritável; será divinamente irresistível."
May Rowland – *Poder próspero do amor*

Apresento-me e, depois, esclareço o que sabem sobre *coaching*, momento importante para eliminar confusões do que possam estar esperando de mim. Destaco que o *coaching* tem vários objetivos que nos ajudarão a construir uma vida com qualidade, como liberar o potencial criativo, maximizar o desempenho, levantar e aprimorar os recursos, para alcançar resultados. Explico que será um trabalho breve, reitero a importância da frequência, ressalto que é focado em soluções, portanto, exigirá que se comprometam e que terão tarefas.

"Em tempos de mudança, os aprendizes sobreviverão, enquanto que aqueles que tudo sabem estarão bem equipados para um mundo que já não existe mais."
Eric Hoffer

Em seguida, provoco-os para que se apresentem, e peço que falem sobre si, que tragam suas qualidades, seus talentos, recursos. Dou espaço para que inventariem o que têm de bom e, em geral, o outro que escuta, colabora e reforça com exemplos os pontos positivos do seu parceiro. Trocam de posição.

Uma das crenças do *coaching* é: cada pessoa tem todos os recursos de que precisa dentro de si. Começamos uma "batalha" contra o que está prejudicando e conto com a ajuda deles. Notem que os ressignifico de incompetentes, para muito competentes. Logo em seguida, reforço com a técnica do comprometimento, perguntando se estão 100% comigo.

Dou espaço para aquele que estiver mais incomodado, ansioso, falar, e oriento sobre o "bastão da fala". Ofereço para o que for ouvir lápis e papel, para que anote o que quiser e não tema esquecimentos. Essas regras são necessárias, porque os casais geralmente, nessa hora, falam juntos, se interrompem, se agitam, e não raro tornam-se agressivos e constroem um campo difícil de se trabalhar.

Coaching é foco! Eu dou o exemplo ao ouvir na essência. Construo perguntas poderosas no papel e procuro me manter atenta aos movimentos do outro que escuta, observando a fisiologia. Posso perceber a testa franzida, a respiração ofegante, os movimentos mais rápidos, agitados ou indiferentes, como escreve. Muitas vezes, cito o conhecimento das múltiplas realidades do Dr. Mony Elkaim: "lembrem-se de que para um estar certo, o outro não necessariamente precisará estar errado. São pontos de vista que precisam ser refletidos e respeitados".

Dentro do *coaching* aprendemos que podemos ter e respeitar pontos de vista diferentes, e que é preciso suspender todo o tipo de crítica ou julgamento. Augusto Cury, em seu livro as *Regras de ouro de um casal saudável* (2014), coloca que: "a relação desinteligente é instável, enquanto a relação saudável tem estabilidade. Na relação desinteligente, um é perito em reclamar do outro enquanto, na relação saudável, os dois são especialistas em agradecer".

O mapa não é o território!

Com essas expressões, vou abrindo espaço para se olharem com as naturais diferenças, apontando que não existe certo ou errado, mas, sim, aprendizados, que não são os eventos que nos afetam, mas a nossa percepção deles.

Agora, trocamos as posições, e quem falou se cala e ouve. Pergunto sobre os sentimentos até aqui e não raro corrijo quando respondem com ideias ou outra coisa. O sentido de levantar o sentimento é ajudá-los a perceber o sofrimento que tem dentro de cada um, pois a maioria dos casais está fechada em seu sofrimento e não tem aquilo que o Dr. Augusto Cury chama de visão empática. Precisamos reconhecer que o que fazemos impacta no outro negativa ou positivamente.

O *coach* tem as perguntas e o *coachee* as respostas. Encontraremos

Ser extraordinário

fragilidades e forças, o que se repete e o que desorganiza o sistema conjugal, os gatilhos, os ruídos na comunicação, as crenças limitantes, o uso do poder dentro do sistema, relação com o dinheiro e com o sexo.
O discípulo falou:
— Eu gostaria de aprender, você me ensina?
— Não acredito que você saiba como aprender – disse o mestre.
— Você pode me ensinar a aprender?
— Você pode aprender a deixar que eu o ensine?
"O ensinar só é possível quando também é possível aprender.
O mestre não é o que guia, mas aquele que ajuda no autodescobrimento."

Anthony de Mello – A oração da Rã

Não será incomum encontrar os mesmos sentimentos de insegurança, desconfiança, medo, raivas, empilhamento de mágoas, mas também encontro esperança, vontade de voltarem a ser felizes juntos, pedido de reconciliação, entendimento. Calibrando-os, falo com a voz pausada e diminuo o tom, para que se esforcem a ouvir:
"O *coaching* nos ensina que três são as necessidades básicas do ser humano: ser amado, reconhecido, notado, ser ouvido na essência e ter o direito de errar e ser perdoado (perdoar a si e aos outros)."

Foco no estado desejado

Questiono se concordam com esses ensinamentos, para dar o próximo passo e ir na direção do estado desejado. Questiono se apreciam ser notados, respeitados, ouvidos, se sabem o significado de ouvir-se na essência, que experiências anteriores eles têm sobre perdão.

Quero levantar o estado desejado e traçar com eles como construir a rota, o caminho para se chegar. Baseio-me em perguntas, quase como a construção dos níveis lógicos. Utilizarei daqui para frente a expressão "a briga", como se ela tivesse uma identidade própria. Lembrando Michael White, externalizo o problema, vendo-o separado da pessoa.

Começo por: lembra de como a primeira briga começou? Onde estavam? Tem horário para brigar mais? O motivo da briga é sempre o mesmo? Quem mais está presente? Quem busca fazer as pazes? É sempre o mesmo que faz esse papel? Você crê que fazer as pazes é o papel dele(a)? Por quê? Quanto tempo dura a briga até fazerem as pazes? Vocês já tinham percebido que a briga tem essa força?

O que acontece, normalmente, no período em que a briga está entre vocês? Tem alguém com quem confidenciam e buscam soluções? Essa pessoa já obteve algum sucesso? A briga tira vocês da cama? Quem sai? O que mais ela os obriga a fazer? Ela pode ocorrer por uma "bobagem"? Às vezes, usam metáforas.

Dolores Bordignon

"A transformação é o caminho, não é o destino final."
Leonardo Wolk

Todo comportamento tem uma intenção positiva

Vou construindo a sessão, lembrando que as "perguntas são as respostas", que todo o comportamento tem intenções positivas e que temos que descobrir quando a briga aparece, o que ela quer de nós. Questiono: o que acredita que a briga pode ter de bom? Se ela desaparecer, o que irá acontecer? Como ficará a relação? Sentirão falta? Creem que colocarão algo no lugar? Quem mais irá ficar feliz e satisfeito/a? De zero a dez, quem? O que estarão fazendo de diferente que não estão fazendo agora? O que os amigos estarão dizendo?

Como diz Leonardo Wolk, em seu livro *Coaching: a arte do soprar brasas em ação*, "nada ocorrerá sem transformação pessoal". Incluo tarefas de autoconhecimento e autorreflexão, como temas de casa.

Dentro do que funciona num sistema conjugal, chegou a hora de falar sobre carinhos e sexo. De qual carinho vocês gostam mais? O que não existe mais e era bom? Risos? Beijos? Abraços? Como se divertem? Amigos, sonhos, medos, projetos, a contribuição de cada um para o outro.

"O amor é imortal! Você pode negá-lo sufocá-lo, encerrá-lo, mas ele nunca morre."
Augusto Cury

O sexo representa 50% da matéria-prima mais importante que terei para chegar no estado desejado. Pergunto, sem passar uma mensagem pejorativa, naturalmente. Questiono a frequência, como identificam: namorar, fazer amor, fazer sexo? Quem procura; quem está na cama; gostos de carinhos, fantasias; preparação para o sexo com mensagens picantes durante o dia, declarações de amor; presentes; elogios; atos de serviço, colaborações.

Fechando a sessão

Estamos chegando ao final e é hora de baixar os *flaps* e usar o *flow*. O seu criador, Mihaly Csikszentmihalyi, disse que é como abrir uma porta e se permitir mergulhar no que existe adiante. Assim, uso a linguagem hipnótica, eles me acompanham fechando os olhos e demonstrando que estão confiantes. Ancoro o que trouxeram de bom; recapitulo informações; aponto que talvez muitos aprendizados dessa sessão fizeram sentido para eles e outros não, que cada um tem um jeito certo e que quando esse jeito não for certo, apenas mudem saudavelmente.

Ser extraordinário

Referências
BORDIGNON, Dolores. *TCC Módulo II de Professional & Self Coach*. São Paulo: Instituto Brasileiro de Coaching, 2013.
CURY, Augusto. *As regras de ouro dos casais saudáveis*. 1.ed. São Paulo: Editora Academia de Inteligência, 2014.
PONDER, Catherine. *O poder próspero do amor*. São Paulo: Editora Novo Século, 2012.
WOLK, Leonardo. *Coaching: a arte de soprar brasas em ação*. Rio de Janeiro: Editora Qualitymark, 2012.

Ser extraordinário

Capítulo 10

Você realmente sabe quem é? Um caminho para o autoconhecimento e desenvolvimento

Nas páginas que seguem, vamos tratar de como é formada a identidade das pessoas e conhecer o modelo dos quatro estilos comportamentais e como eles influenciam as nossas relações interpessoais. Com essas informações, pretendemos propiciar uma reflexão que possa ajudar no autoconhecimento e que permita criar um plano de ação para alinhar a sua carreira e até para a sua vida pessoal.

Edgar Amorim Junior

Ser extraordinário

Edgar Amorim Junior

Coach executivo e analista comportamental formado pela Sociedade Latino-Americana de Coaching (SLAC), associada à International Association of Coaching (IAC). Instrutor Certificado Everything DiSC® pela empresa norte-americana Wiley; pós-graduado em Sócio-Psicologia pela Fundação Escola de Sociologia e Política de São Paulo. MBA em Administração de Negócios pelo Instituto Mauá de Tecnologia e Engenheiro Eletrônico pela Faculdade de Engenharia São Paulo. Sócio da Amorim & Pimentel Consultoria e Treinamento.

Contatos
www.amorimepimentel.com.br
edgar@amorimepimentel.com.br
LinkedIn: https://bit.ly/2mM4uzd

Edgar Amorim Junior

Você realmente sabe quem é? Acredita que tudo o que você é realmente veio de suas decisões? Vamos refletir um pouco. Antes de nascer, o seu nome já tinha sido escolhido. Provavelmente já havia um quarto prontinho a sua espera. Suas roupas também não eram escolhas suas. Você já recebia carinho e afeto e iniciava a sua relação com os sons que, muitas vezes, agradavam e complementavam o aconchego na barriga da sua mãe, mas não eram suas escolhas.

Depois de nascer, o processo de formação da identidade da criança passa, como mostra Piaget, por observar, copiar, admirar e repetir. Isso significa que a criança não aprende com "ordens" ou "conversas", mas, sim, com exemplos. A criança vai ser o que as pessoas ao seu redor são, praticam e como se comportam.

Mesmo quando adultos, continuamos a copiar e imitar o que está ao nosso redor. Isso acontece porque o ser humano é um ser social e, para sentir-se pertencente a um grupo que admira, ele copia, inconscientemente, os hábitos desse grupo – e isso é muito mais intenso na infância.

À medida que a criança vai crescendo, ela vai adotando os valores, necessidades e crenças dos indivíduos que estão ao seu redor, e quando adulta, vai agir de acordo com eles. Então, volto à pergunta inicial, será que sabemos realmente quem somos, se o que somos veio de outras pessoas?

A primeira iniciativa para o desenvolvimento pessoal, que propicie um melhor desempenho na vida profissional e pessoal, é tomar ciência de que muita coisa do que fazemos é simplesmente cópia do comportamento de pessoas com as quais convivemos e que observamos quando criança, porém tudo isso está em nosso inconsciente e, na maioria das vezes, não percebemos. É na infância, também, em torno dos sete ou oito anos de idade, que o caráter do indivíduo é formado.

É até essa idade que o indivíduo fixa os valores, crenças e necessidades que levará para a vida toda. Porém, tudo isso fica em nosso inconsciente, que ainda contém nossos receios, emoções, competências, angústias, dúvidas, traumas etc. Em contraponto ao inconsciente, temos o consciente, que é onde temos percepção e controle.

Ser extraordinário

O consciente se manifesta em nossos comportamentos observáveis — e são influenciados por características e emoções presentes em nosso inconsciente — e é por meio desses comportamentos que podemos iniciar um trabalho de tomada de consciência para melhoria das nossas competências interpessoais, também conhecidas como *soft skills*, em contraponto aos *hard skills*, que são as competências técnicas.

Com tanta informação que a nossa mente tem que processar, ela acaba trabalhando no que chamo de "modo automático" - que também é conhecido como "zona de conforto". Esse "modo automático" economiza energia e nos torna mais competentes. No entanto, o mundo ao nosso redor muda constantemente e, na maioria das vezes, continuar agindo da mesma forma, no "modo automático", não traz os mesmos resultados como anteriormente.

Aí o jeito é trabalhar para trazer mais competências para o "modo automático". Então, ouve-se dizer que temos que "sair da zona de conforto". Como isso dá um trabalho enorme — muitas vezes, por não saber exatamente o que é preciso fazer diferente, as pessoas preferem continuar fazendo as coisas da mesma forma que sempre fizeram. Aí tenho uma notícia meio ruim: na vida, toda mudança e todo novo aprendizado dá muito trabalho, mas também tem a notícia boa: depois do "muito trabalho", a nossa mente coloca a nova atividade no "modo automático" — e aí é o momento de colher os frutos do esforço consumido na mudança, no novo aprendizado.

A chave essencial para contribuir para essa mudança está na motivação — e somente uma pessoa pode motivar alguém: ela mesma. Um exemplo bem simples, que ilustra o que foi dito até aqui, é o processo para tirar a carteira de habilitação. Dá um trabalho enorme, mas o indivíduo está muito motivado para dirigir sozinho, então ele enfrenta o "muito trabalho" no aprendizado de dirigir.

No início, se acha que é muita informação junta: liga o carro, põe o pé na embreagem, acelera, solta o pé da embreagem... tum.... o motor apaga... ok, liga o carro de novo, opa, tinha que desengatar a marcha antes, tenta de novo... e assim vai. Muito trabalho e muita motivação, então obtém-se a energia necessária para ter a nova competência (dirigir automóveis). Depois de alguns anos dirigindo, nem percebemos que mudamos de marcha. A mulher, em particular, com toda a sua competência multitarefa, dirige o carro, seca o cabelo no ventilador, maquia-se e ouve o rádio – tudo isso no automático.

Essa é a nossa mente extraordinária. Ao invés de deixá-la nos controlar, vamos tomar posse dela e direcioná-la para nos ajudar hoje e sempre, mas como fazer isso? Tomando posse do que está no seu inconsciente, utilizando uma ou várias técnicas ou ferramentas disponíveis para tal. Podemos começar por entender como nos comportamos no dia a dia e como isso influencia as nossas relações no trabalho e na vida pessoal – muitas vezes de forma positiva e tantas outras de forma negativa. Conhecer o próprio comportamento natural e também o das outras pessoas permite direcionar as energias do indivíduo para as mudanças que se façam necessárias.

A nossa mente é moldável e, quando tomamos consciência disso, percebemos que podemos trabalhar para moldá-la, para que traga os melhores resultados em várias situações. A PNL (programação neurolinguística) mostra que um novo hábito ou uma nova habilidade passa a fazer parte do nosso repertório do "modo automático", após 21 dias de repetição, portanto, um esforço sincero de mudança vai custar um grande sacrifício até cerca de 21 dias. Depois disso, o novo hábito ou habilidade começa a funcionar no "modo automático".

Dessa forma, quando se fala em melhoria de desempenho profissional e pessoal, primeiro é preciso tomar posse de qual questão deve ser trabalhada, provavelmente a parte mais difícil do processo, em seguida deve-se definir um plano de ação, pôr o plano em prática, fazer ajustes necessários e, finalmente, claro, colher os frutos. Para seguir esse roteiro, existem vários recursos de apoio e, na sequência, apresentamos alguns deles – e propomos algumas reflexões.

Segundo frase atribuída a Peter Drucker, considerado o pai da administração moderna, as pessoas são contratadas pelas suas competências técnicas, mas são demitidas por seus comportamentos – ou falta de competências comportamentais e de relacionamentos interpessoais, os *soft skills*.

Segundo uma pesquisa das universidades norte-americanas de Harvard e Stanford e da Fundação Carnegie, uma carreira de sucesso é motivada por apenas 15% de competências técnicas (*hard skills*), os outros 85% vêm de habilidades interpessoais – de comunicação e relacionamento (*soft skills* ou *power skills*, como já ouvi menção). No entanto, as atenções e investimentos são direcionados quase em sua totalidade para o desenvolvimento das competências técnicas – enquanto os 85% ligados às competências comportamentais e de relacionamentos interpessoais são praticamente esquecidos. Isso se deve ao fato de não ser facilmente perceptível o peso e a influência do comportamento e relacionamento profissional (não aquele do *happy hour*) nos resultados de uma empresa.

Espero ter sensibilizado você para a questão de desenvolver *soft skills* – e isso começa por conhecer um pouco sobre o perfil comportamental das pessoas. É um tema muito interessante – e até científico.

Você já deve ter se perguntado o porquê de certas pessoas serem tão falantes ou o porquê de serem tão calmas. Muitas vezes, pode ter se sentido desconfortável com o jeito de agir de uma ou

Ser extraordinário

outra pessoa – ou por ser muito detalhista ou por não se importar com detalhe algum. Será que existe uma explicação para essas diferenças? Existe sim – e até com diferentes abordagens.

Vamos fazer um teste rápido: aponte dois dos itens abaixo que contêm características que o identificam:

1. Ativo, rápido, assertivo, dinâmico, extrovertido;
2. Pensativo, ritmo moderado, calmo, metódico, cauteloso;
3. Receptivo, focado nas pessoas, empático, aceitador, agradável;
4. Questionador, centrado na lógica, objetivo, cético, gosta de desafios.

Esses quatro conjuntos de características comportamentais ajudam a entender em qual estilo você se encaixa. Um estilo comportamental é a forma natural de uma pessoa agir, é a resposta automática do indivíduo numa dada situação. Existe um modelo, conhecido como DISC, que demonstra que existem quatro estilos comportamentais e cada um deles é uma combinação de dois dos conjuntos de características mencionadas nos itens acima.

Se escolheu os itens um e quatro, significa que você tem o estilo "dominância" ou "D". Nesse estilo, o indivíduo é direto, orientado a resultados, firme, obstinado, vigoroso e adora mudanças. Adora resolver problemas, tem imenso prazer em concluir uma tarefa. Muitas vezes, pode ser percebido como rude, devido a sua forma direta e franca de falar.

Se as suas escolhas foram os itens um e três, isso indica que você tem o estilo "influência" ou "I". Esse estilo indica pessoas muito extrovertidas, entusiastas, otimistas, de espírito elevado, que agem com base em relacionamentos, falam muito e adoram mudanças. São sempre os mais animados de uma festa – e adoram promovê-las. Gostam de falar e, algumas vezes, não dão chance às outras pessoas para se expressarem.

Quem escolheu os itens dois e três tem o estilo "eStabilidade" ou "S" (de estabilidade em inglês). Nesse estilo, o indivíduo é paciente, calmo, tranquilo, cuidadoso, humilde e não gosta de mudanças bruscas. Busca regras e processos claros. Preocupa-se com a opinião dos outros e busca agradar a todos. Aprecia um ambiente tranquilo e procura amenizar discussões acaloradas.

Finalmente, a escolha dos itens dois e quatro indica uma pessoa com estilo "cautela", "conformidade" ou "C". O indivíduo desse estilo é analítico, reservado, preciso, privado, sistemático e não gosta de mudanças bruscas. Aprecia e busca qualidade e reconhecimento pelo seu trabalho. Também pode ser considerado rude por sua forma direta de se comunicar.

Edgar Amorim Junior

O modelo DISC foi desenvolvido a partir de pesquisas do psicólogo norte-americano William Moulton Marston e foi apresentada em seu livro *As emoções das pessoas normais*, lançado em 1928. Segundo Marston, existem quatro estilos comportamentais que se destacam na população mundial e cada pessoa é uma mistura dos quatro. Não existe estilo melhor ou pior, todos têm seus pontos fortes e fracos e podem ser mais ou menos eficazes.

A partir da pesquisa de Marston, outros psicólogos desenvolveram testes que determinam qual é o estilo comportamental natural das pessoas e que apresentam uma série de informações muito importantes para o desenvolvimento pessoal: pontos fortes, motivações, medos, reações em conflitos etc.

O modelo DISC contribui muito para o indivíduo entender se a atividade que quer exercer exigirá um maior ou menor esforço de desenvolvimento pessoal. Os estilos podem indicar uma tendência natural a essa determinada atividade específica, porém não são os únicos fatores a serem considerados para exercer uma determinada atividade.

Vale ressaltar que não se quer dizer que uma pessoa somente pode atuar nas áreas com afinidades com o seu estilo comportamental. Ao contrário, significa que você passa a compreender que precisa desenvolver novas competências para obter sucesso numa área com atividades diferentes do seu estilo natural de agir.

Diz-se que uma pessoa com autoconhecimento baixo e pouco conhecimento sobre os outros terá poucas chances de níveis altos de sucesso. Já as com autoconhecimento alto, mas baixo conhecimento sobre os outros podem ter níveis medianos de sucesso. E aquelas com autoconhecimento elevado e alto conhecimento sobre os outros têm maiores chances de grandes níveis de sucesso.

Conhecer o seu perfil comportamental é o primeiro passo para se desenvolver e conquistar sucesso profissional e pessoal, seja atuando individualmente, em equipe, na gestão de conflitos, no relacionamento em vendas, em liderança e até mesmo nos relacionamentos pessoais. Faça uma avaliação DISC – existem opções gratuitas na *Internet*, porém as com maior profundidade e exatidão são pagas e valem cada centavo, pois foram validadas por pesquisa e você recebe uma devolutiva bem detalhada dos pontos fortes e pontos a serem desenvolvidos e aí é só definir os meios para o desenvolvimento, que pode ser um *coaching* (real – existem técnicas que chamam de *coaching*, mas não são), treinamentos comportamentais específicos ou até psicoterapia.

Agora que conhece um pouco mais sobre como funciona a sua mente, a bola está com você. Conheça o seu perfil DISC e monte o seu plano de ação para o seu desenvolvimento pessoal e profissional. Mãos à obra! Sucesso!

Ser extraordinário

Capítulo 11

Campeão não nasce pronto: aprenda a ser extraordinário

Este capítulo aborda elementos essenciais para o sucesso, a descoberta de seus talentos e a diferença entre alta *performance* e *autoperformance*. Mudar é necessário, reprogramar uma nova mentalidade de sucesso é importante para todos que almejam viver e não apenas sobreviver, como diz o velho ditado: "Só não muda quem já está morto".

Eduardo Cardoso Moraes

Ser extraordinário

Eduardo Cardoso Moraes

Doutor em Engenharia Industrial pela Universidade Federal da Bahia, fez doutorado sanduíche na Alemanha no Institute for Industrial Informatics, Automation and Robotics (I2AR) da Universidade de Emden-Leer, mestre em Ciências da Computação pela Universidade Federal de Pernambuco (CIn/UFPE), MBA em Gestão e Planejamento Estratégico pela FACINTER. *Life* e *Professional* pela IBC, escritor de dois livros, além de revisor de revistas científicas. Atualmente é professor efetivo do Instituto Federal de Alagoas (IFAL). Orientador do Programa de Agentes Locais de Inovação (ALI) no Sebrae, ciclo 3.

Contatos
www.ibusylifestyle.com
ecmoraes@gmail.com
Instagram: dr.edumoraes

Eduardo Cardoso Moraes

Todos desejam a vitória e todos desejam ser campeões, porém nem todos estão preparados para pagar o preço para chegar lá. Acredito fortemente que o sucesso é treinável, porém você não pode treinar tudo ao mesmo tempo. Tudo se pode adquirir, mas é uma escala gradativa e muitos não têm paciência e clareza para entender que é necessário tempo para que uma obra-prima seja criada, na vida você é a obra-prima viva, e que está em constante aprimoramento.

Neste livro, quero fornecer a você a clareza das etapas necessárias para que crie seu projeto de VIDA e encontre primeiro a sua *autoperformance*, ou seja, você deve performar (executar suas atividades) no melhor do que você pode, de onde você está e com os recursos que você tem, sejam eles quais forem, ou seja, fazer o melhor com o que está disponível a você. Para depois, com a sua evolução, você vai buscar a alta *performance*, que é você performar em alto nível comparado com aqueles que são destaque.

Mudar é necessário, reprogramar uma nova mentalidade de sucesso é importante para todos que almejam viver e não apenas sobreviver, como diz o velho ditado: "Só não muda quem já está morto".

Você já pensou por que algumas pessoas têm facilidades e até mesmo aquela sorte na vida? Bem, vou falar algo agora que talvez você não saiba ainda. Você é responsável pela sua sorte, meu caro, só não sabe ainda como fazer isso.

Sorte é o encontro do preparo com a oportunidade, e quanto mais você se desenvolver, se capacitar, buscar aplicar conhecimentos, maior a clareza do seu propósito e talento, você irá tirar uma venda de seus olhos, e se permitirá enxergar um mundo de oportunidades diárias que antes passariam despercebidas. Permita-se conectar com pessoas, aceite desafios, faça *networking*.

Um estudo realizado por Stanley Milgram, um pesquisador da Harvard, defende que todas as pessoas no mundo – inclusive você – estão separadas de qualquer um – seja o Papa ou o presidente dos Estados Unidos – por apenas 6 pessoas, ou seja a pessoa que vai transformar sua vida pode estar bem próxima de você, se permitir ampliar o *networking*.

Atualmente, muito se fala sobre sucesso, e todos almejam o sucesso, apesar dos diferentes significados de sucesso para cada pessoa.

Descubra seu ponto forte (talento), habilidade natural ou predisposição genética, com esforço deliberado, expanda com foco, trabalho e disciplina, teste, aprenda/evolua, avalie seus resultados e aplique.

Ser extraordinário

Talento = Desejo (se apresentou rápido) + Aprendizado Rápido + Paixão/Paixão (faz você feliz) e tem curiosidade. Chamamos isso de tripla convergência. (Desejo + Aprendizado Rápido + Paixão).

Imagine uma família que tem dois filhos gêmeos: Mário e Vítor, e o pai incentiva os filhos a aprender tocar piano. Os dois estudam em uma mesma escola e com o mesmo professor, tendo acesso ao mesmo material didático. Porém, Mário adora música, com poucas aulas já consegue extrair som do piano, mesmo não estudando fora da escola. Por outro lado, Vitor passa a maior parte da tarde em seu tempo livre estudando e tentando tocar, mas não consegue uma boa sonoridade musical. Vitor é muito focado e disciplinado, e, ao ver seu irmão tocando belas músicas, se esforça mais para poder realizar o mesmo que o irmão.

Mário – tem talento natural para o piano, não se esforça muito para se desenvolver, aprende com facilidade e tem um dom natural para ouvir e facilidade em reproduzir músicas.

Vítor – é mais focado e disciplinado, quando tem uma meta se esforça ao máximo em realizar. E para poder tocar piano no mesmo nível que seu irmão, uma energia imensa e tempo precisam ser gastos, para atingir um patamar semelhante ao irmão.

Quem já não viu casos como esses acima? Um aluno que estuda pouco e tira boas notas, pois é, isso existe e a ciência explica.

Acrescente ao seu talento esforço deliberado com disciplina ao longo do tempo, auxiliado pelos melhores mentores, melhorando suas competências, buscando melhorias, refinando, não há como não dar certo.

Cuidado com a pressão social (conselhos desmotivadores), por exemplo, se você ama dançar e tem um talento nato, mas você, ou a pressão financeira, o fazem não investir em seu talento. Sejam vendas, falar em público, jogar futebol, cozinhar, ouvir os outros, ter empatia, dançar, todos temos talentos. Ponto forte (talento) não trabalhado. Talento + Esforço = MAESTRIA.

Se você está com dificuldade em encontrar seus talentos, faça a você mesmo estas três perguntas: o que eu faço com facilidade? O que as pessoas reconhecem em mim, quais suas habilidades? Se tivesse R$ 10 milhões no banco, o que eu iria fazer da vida? (além de viajar e lazer).

Ser útil é mais importante do que ser famoso. Não se permita contagiar por ego ou vaidade. Busque microevoluções diárias. Esse é o caminho, sem atalhos com disciplina, é esforço deliberado, com controle emocional, buscando evoluir suas habilidades.

Estar preparado para derrotas e entender que isso faz parte do processo é normal. O que não é normal é você se contentar com seu status atual, que causa sofrimento, e não ter brio, ou força interior, para buscar sair dessa situação e fazer um esforço deliberado e temporário por um tempo de sua vida. O sucesso é um caminho simples, porém não é fácil e exige abdicação e força de vontade.

Uma incrível MUDANÇA EM SUA VIDA irá acontecer quando você unir TALENTO e DISCIPLINA. Acredite, você é capaz. Você pode. O campeão não nasce pronto, se descubra, evolua e seja extraordinário. Tem poder quem age.

Ser extraordinário

Capítulo 12

A extraordinária liberdade financeira

Neste capítulo, você encontrará os cinco passos para a sua nova relação com as finanças. Iniciará com a mudança de sua mentalidade, passará pelo planejamento dos gastos, a melhor forma de acumulação de ativos, como formar a sua reserva de emergência e, por fim, como realizar investimentos inteligentes estando apto a atingir a tão almejada liberdade financeira.

Erick Berbel De Luca

Ser extraordinário

Erick Berbel De Luca

Executivo na área de gestão de riscos e *compliance*. Economista graduado pela PUC-SP com MBA em Gestão Estratégica e Econômica de Negócios pela FGV. Especialista em finanças pessoais, *executive, professional, self, life & palestrante coach*. Analista comportamental, analista educacional e líder *coach* certificado pela Line Coaching, instituto reconhecido internacionalmente pela Internacional Alliance Coaching & Training (IACT).

Contatos
www.erickberbel.com.br
contato@erickberbel.com.br
Instagram: erickberbel
(11) 97553-2392

Erick Berbel De Luca

Você já imaginou não depender de um trabalho para pagar suas contas no final do mês? Certamente esse é o sonho de milhares de pessoas. Imagine-se neste momento vivendo essa realidade e podendo escolher o que fará hoje. Poderá escolher no que trabalhar, planejar o seu próprio horário, ter mais tempo para conviver com a sua família, estudar ou até mesmo realizar a viagem de seus sonhos. Seria fantástico, não é? E é exatamente isso que chamamos de extraordinária liberdade financeira!

Chegar ao estágio da liberdade financeira não é difícil, no entanto, é um processo que ocorre em longo prazo e que dispende dedicação e disciplina. A grande mágica desse processo é adquirir ativos que propiciem uma renda passiva, ou seja, proporcionada do rendimento de um valor investido até que esse valor mensal seja igual ou maior que todos os seus gastos mensais. Agora, convido você à leitura e ao início do passo a passo nessa jornada rumo a sua liberdade financeira!

Passo 1: mentalidade de crescimento

Atualmente, ouve-se muito falar em *mindset*, ou mentalidade, mas você sabe o que significa? O *mindset* é a soma de tudo o que a gente viu, ouviu e viveu ao longo de nossa vida. É o resultado de todas as nossas experiências. É a explicação do porquê de sermos otimistas ou pessimistas, motivados ou desmotivados, bem-sucedidos ou não. Que define a nossa relação com o trabalho, com as pessoas ao nosso redor e todas as atitudes perante a vida.

Em outras palavras, as experiências que vivenciamos criam a nossa mentalidade, nos orientam em todas as tomadas de decisões ao longo de nossa vida, sem a gente nem perceber.

Segundo a pesquisadora Carol S. Dweck (2017), o nosso *mindset* é o responsável pelo nosso sucesso. Em suas pesquisas nessa área, chegou à conclusão de que existem dois tipos de mentalidades distintas: a fixa e a de crescimento.

A mentalidade fixa é aquela em que os indivíduos acreditam que se não nasceram com determinadas capacidades e dons, também não terão capacidade para desenvolvê-los ao longo do tempo.

Ser extraordinário

Acreditam que suas inteligências estão a todo momento sendo avaliadas e julgadas, demonstrando constante insegurança.

Indivíduos com essa mentalidade apresentam pensamentos mais negativos, são mais introspectivos e dependentes da avaliação externa positiva para sentirem-se aceitos. Tendem a ficar mais estagnados, resistentes a mudanças, avessos aos riscos, e desmotivam-se facilmente em situações que fogem de sua rotina. Possuem constante medo de não conseguir lidar bem com novas responsabilidades ou de ter uma avaliação negativa.

A mentalidade de crescimento é oposta à fixa. Os indivíduos com esse tipo de pensamento acreditam que seus talentos e habilidades podem ser constantemente desenvolvidos. Para tanto, basta serem pacientes, focados e dedicados. Acreditam que podem transformar as dificuldades em oportunidades de aprendizado e, com isso, crescer constantemente. O erro para esses indivíduos é um mero meio de aprendizado. São indivíduos destinados ao sucesso, pois buscam vencer suas limitações e aprimorar seus conhecimentos diariamente, voltados ao autoconhecimento e à constante evolução. Tendem a possuir maior apetite a riscos, automotivação, liderança e resultados.

Certamente, as pessoas não se encaixam em somente um perfil comportamental na mentalidade fixa ou progressiva, mas dentro de uma escala com maior tendência a uma ou outra. Quanto maior a tendência à mentalidade fixa, o perfil será mais conservador, passando por moderado e chegando à outra ponta, mais tendente à mentalidade progressiva, no arrojado.

Para conseguirmos atingir nossos objetivos, é sempre preciso ter como foco pensar e agir a cada momento com a mentalidade de crescimento. Ter mais autoestima e autoconfiança em nossas ações, além de constantemente se aprimorar realizando cursos, pesquisas e aprender com os nossos erros.

Passo 2: planeje seus gastos

O que impede que você realize seus sonhos? Você pode dizer que é a falta de tempo, dinheiro ou, o que é mais comum, os dois. Há cerca de um ano, uma publicação da revista Época apresentou uma pesquisa realizada pelo Serviço de Proteção ao Crédito (SPC Brasil) e pela Confederação Nacional de Dirigentes Lojistas (CNDL), que diz que 58% dos brasileiros não se dedicam as suas finanças (Época, 2018). Dizem que nunca, ou somente às vezes, dedicam parte de seu tempo para seus planejamentos financeiros. Mais do que isso, 17% sempre ou frequentemente precisam usar alguma forma de crédito para que consigam pagar suas contas até o final do mês.

Erick Berbel De Luca

Ainda nessa pesquisa, verificou-se que parte expressiva dos entrevistados revelou que compra por impulso. Quando estão fazendo compras, um terço (33%) dos brasileiros nunca, ou apenas às vezes, avalia se realmente precisa do produto e 45% nunca, ou somente às vezes, conseguem resistir às promoções.

Portanto, é muito provável que o que impede os brasileiros de realizarem seus sonhos é a falta de uma boa gestão de seus gastos. Por isso, o próximo passo será analisar e entender como você gasta o seu dinheiro. Para tanto, apresentaremos a seguir uma ferramenta bastante objetiva. Pegue papel e caneta e preencha o quadro abaixo com as informações de receitas, gastos essenciais e não essenciais.

Planilha básica de orçamento

+ Suas receitas
- Salário;
- Horas extras;
- *Freelance.*

− Gastos essenciais
- Aluguel;
- Supermercado;
- Transporte;
- Aplicações em investimentos.

− Gastos não essenciais
- Roupas novas;
- Academia;
- Diarista;
- Pizza semanalmente;
- Dívidas e empréstimos.

Se estiver muito endividado, planeje, pague as dívidas atuais e não faça novas, ou seja, a primeira medida que deve ser tomada por quem está se afundando dia após dia é parar de fazer novas dívidas. Esse é o principal estágio da pessoa que não consegue guardar nada do que recebe.

O gasto essencial é aquele necessário e que, dificilmente, pode ser reduzido de um mês para o outro. Isso não significa que, com a avaliação correta, não pode ser reavaliado e reduzido como, por exemplo, rever o que é essencial em sua lista de compras e pesquisar os preços em outros estabelecimentos.

A sua realidade financeira é a consequência de uma gestão eficiente de seus gastos. Isso porque o mais importante não é quanto dinheiro você ganha, mas como gasta, administra e valoriza.

Ser extraordinário

Volte a sua planilha de orçamento preenchida e coloque em ação as mudanças necessárias para uma boa gestão de seu dinheiro, cortando em parte ou o total dos gastos não essenciais. Sacrificar gastos no presente, preocupando-se com o futuro, é fundamental. A consistência leva ao hábito e o impulsiona a atingir os seus objetivos.

Você até pode estar pensando que é mais fácil falar do que fazer, mas verá que mudar os seus hábitos financeiros e valorizar mais o seu dinheiro é bem mais simples do que imagina. É preciso persistência para ter bons resultados. E é aí que muitos abandonam o barco.

Passo 3: poupe para investir

Após a revisão de seus gastos na planilha de orçamento, caso esteja endividado, planeje para quitar suas dívidas. Quando finalizadas, o próximo passo é planejar para que sejam realizadas aplicações em investimentos de forma recorrente.

Nesse momento é que você começará a nova fase que irá direcionar o dinheiro economizado para realizar investimentos. Defina metas de valores que serão poupados mensalmente e crie o hábito de automatizar depósitos para aplicá-los.

Primeiramente, pague-se! Não existe liberdade financeira sem poupar, e é imprescindível passar por esse passo antes de começar a investir.

Uma boa prática é estabelecer um percentual da sua renda que será poupado. Comece separando cerca de 10% de sua renda líquida e, aos poucos, vá ampliando até que atinja pelo menos 30%. Esses valores deverão ser, inicialmente, destinados a montar a sua reserva de emergência e, em seguida, fazer investimentos a longo prazo.

Entretanto, se ainda estiver gastando mais do que o planejado, pense em algo que pode ocorrer com você ou com as pessoas que mais ama e na dificuldade em atuar devido às restrições financeiras. Em seguida, pense em algo que poderia fazer agora, que depende somente de você, para que consiga controlar e gastar menos. Sempre que necessário, faça esse exercício e ressignifique seus hábitos destrutivos para tomar a ação de gastar menos e poupar mais.

Passo 4: crie a sua reserva de emergência

Quando você começa a ver que suas finanças estão saudáveis e o dinheiro começa a sobrar em sua conta, mês a mês, é uma sensação de alegria e tranquilidade. Afinal, não tem mais aquela angústia do fim do mês em que suas finanças estão no vermelho e não sabe mais o que fazer para que volte ao azul e, principalmente, como irá pagar todas as contas no próximo mês.

A reserva de emergência é o valor destinado a uma aplicação mais segura, mais conhecida como renda fixa, com possibilidade de resgate imediato e sem perda de rentabilidade. O seu objetivo é disponibilizar recursos emergenciais para gastos imprevistos e que podem ser resgatados de forma a não desequilibrar o nosso orçamento financeiro no curto prazo. Lembrando que, após ser utilizado, esse valor deve ser reposto o mais breve possível.

Quanto ao valor, recomenda-se que sejam mantidos aplicados pelo menos seis meses do nosso custo de vida, nossos gastos essenciais, quando somos profissionais assalariados. No caso de profissionais autônomos ou empresários, tendo em vista que os ganhos são mais imprevisíveis, recomenda-se uma aplicação de pelo menos 12 meses do custo de vida.

A aplicação mais utilizada para a destinação dos recursos para esse caso é o Tesouro Selic, título de renda fixa emitido pelo Tesouro Nacional, com liquidez diária, pois é o tipo de aplicação de menor risco existente no Brasil.

Passo 5: investir com inteligência

Assim que formarmos a nossa reserva de emergência, é que se começa a investir. Investimento não é somente poupar dinheiro, mas aplicá-lo para que haja uma remuneração futura. Para começar a investir, deve-se avaliar qual o seu perfil como investidor, se é conservador, moderado ou arrojado. Com base nessa informação é estabelecida uma carteira de investimentos com percentuais de alocação em renda fixa ou variável. As carteiras mais sugeridas são compostas por:

- Títulos públicos do Tesouro Nacional: Tesouro Selic, Tesouro Prefixado ou Tesouro Pós-fixado IPCA +;
- Ações;
- Fundos de investimentos imobiliários, FIIs.

Os títulos públicos do Tesouro Nacional, CDBs, LCIs e LCAs são as aplicações de renda fixa que apresentam menores riscos e um rendimento certo no futuro, ou seja, sempre apresentarão o valor do montante inicial investido, acrescido do valor rentabilizado dos juros contratados.

Já as ações e FIIs são títulos de renda variável. Para definir quais ações ou fundos imobiliários investir, é importante buscar informações na *Internet*, com assessores e em corretoras de valor mobiliário.

Para a escolha de ações, recomenda-se pensar sempre a longo prazo e realizar uma análise dos fundamentos da empresa escolhida, como lucro, rentabilidade, posição da empresa no setor em que atua.

Além do ganho com a valorização da ação, é possível receber partes dos lucros distribuídos pelas empresas, chamados dividendos

Ser extraordinário

e juros sobre capital próprio. Cada empresa realiza a distribuição de uma forma como mensal, trimestral ou irregular.

Os ganhos sobre as ações possuem incidência do imposto de renda sobre o lucro, que são de 15% para compra e venda da mesma ação em dias diferentes (*swing trade*) ou 20% para compra e venda de uma mesma ação em um mesmo dia (*day trade*). Para operações de *swing trade*, há isenção para as vendas de até R$ 20 mil mensais no total das ações. Os dividendos e os juros sobre capital próprio não possuem incidência de imposto de renda.

Os Fundos de Investimentos Imobiliários (FIIs) são carteiras que possuem imóveis físicos ou ativos do setor. A composição varia conforme os objetivos da gestão e são vendidos da mesma forma, como as ações na Bolsa de Valores, B3. O ganho mais interessante dos FIIs é o provento distribuído aos cotistas, realizado mensalmente e que não possui incidência do imposto de renda.

O grande ganho sobre os investimentos acontece a longo prazo, pois, mês a mês, são recebidos ganhos que, ao serem reinvestidos, geram novos ganhos, a que chamamos juros compostos. Nesse quesito, o tempo é o seu maior aliado, pois o valor vai se reaplicando e crescendo exponencialmente. Por isso, quanto antes começar a poupar e aplicar o seu dinheiro, mais rápido você estará do momento da liberdade financeira. Mantenha-se perseverante e atinja ótimos resultados!

Referências

AGÊNCIA BRASIL. *Pesquisa revela que 58% dos brasileiros não se dedicam às próprias finanças.* Revista Época Negócios. 23 mar. 2018. Disponível em: <https://epocanegocios.globo.com/Dinheiro/noticia/2018/03/pesquisa-revela-que-58-dos-brasileiros-nao-se-dedicam-proprias-financas.html>. Acesso em: 17 de mar. de 2019.

DWECK, Carol S. *Mindset: a nova psicologia do sucesso.* Editora Objetiva, São Paulo, 2017.

Ser extraordinário

Capítulo 13

Ser extraordinário é uma questão de escolha

"Se queres vencer o mundo, vence-te a ti mesmo."
Fiódor Dostoiévski

Este capítulo propõe a você, leitor, fazer uma reflexão sobre sua vida hoje, por meio do autoconhecimento e, assim, assumir uma nova mentalidade, poder galgar os degraus de uma vida plena e extraordinária, facilitando o entendimento de que não somos apenas expectadores, mas protagonistas da nossa vida. Tome o leme desta embarcação chamada vida e saia do "piloto automático". Vamos lá?

Erivelton Cândido

Ser extraordinário

Erivelton Cândido

Pastor pela Assembleia de Deus - Madureira, filiado à Conamad, *master coach* em gestão de tempo e alta produtividade e palestrante pelo Line Coaching, instituto reconhecido pela International Alliance – Coaching & Training (2018), analista comportamental pela Coaching Assessment, *Professional & Life Coach* e palestrante nas áreas de liderança, motivação, inteligência emocional e empreendedorismo. Filiado à Convenção de Palestrantes do Brasil. Sua missão é transformar vidas por meio de uma nova metodologia, auxiliando pessoas e organizações a alcançarem todo o seu potencial.

Contatos
https://eriveltoncandido.com/
erivelton@eriveltoncandido.com
Facebook: @CoachEriveltonCandido
Instagram: coacheriveltoncandido
LinkedIn: Erivelton Cândido
YouTube: Erivelton Cândido

Erivelton Cândido

Ser extraordinário não é apenas um conceito, ou um modismo passageiro. Ser extraordinário é um estilo de vida que precisa ser incorporado aos seus hábitos, ao seu modo de vida, ao seu cotidiano. Afinal, fomos criados para isto: para viver uma vida extraordinária.

Se você ainda não está vivendo esse estilo de vida, então pare por um momento, reflita sobre a vida que leva, reflita sobre a vida que realmente deseja viver e prepare-se para a mudança.

Vem comigo?

Reprogramando a nossa mente

A mudança começa na mente.

Toda e qualquer mudança realizada na vida de uma pessoa teve início em sua mente.

Deixe-me contar-lhe uma história. Quando eu tinha meus 19 anos, no auge da juventude, com muitas expectativas e anseios sobre o que me tornaria na vida, eu cumpria meu dever de jovem cidadão servindo ao Exército Brasileiro e sendo levado aos mais difíceis obstáculos da época – seja por meio de exercícios físicos ou psicológicos a que os soldados são submetidos para suportarem o rigor de uma possível guerra, e era justamente para isso que éramos treinados, e também para sermos cidadãos de comportamento exemplar, pois aprendíamos disciplina e hierarquia. Lembro-me de após termos passado uma semana em um acampamento, enfrentando o frio, a fome e noites sem dormir, sendo colocados à prova a todo momento, afadigados pelos exercícios físicos constantes, durante o dia ou madrugadas adentro, depois de uma sessão de flexões de braço, um dos soldados de minha bateria exclamou a um dos sargentos que não suportava mais tantos exercícios e treinamentos. Lembro-me, como se fosse ontem da resposta do sargento, que disse em alto e bom som para todos nós ouvirmos:

— Soldado, você não utilizou ainda nem 30% do que seu corpo pode aguentar.

Isso me trouxe uma verdadeira lição de vida. Desconhecemos toda a nossa capacidade de desenvolvimento e nosso potencial de crescimento em todas as áreas de nossa vida.

Ser extraordinário

Após passar por essa experiência, e tendo servido ao meu país, dei baixa do serviço militar obrigatório como soldado de 1ª categoria, com diploma de honra ao mérito.

O fato é que muitas pessoas, ao passarem por obstáculos na vida, desistem no primeiro momento. Você deve conhecer gente assim: pessoas que iniciaram um projeto e pararam no meio do caminho; que passaram no vestibular, iniciaram seus estudos e pararam no meio do caminho; que prestaram concursos públicos e desistiram das vagas por acharem que não conseguiriam, colocando a culpa em tudo e em todos. São histórias de fracasso e derrota de pessoas que não conheciam e não conhecem todo o potencial que possuem, se deixando levar pelas dificuldades. Entenda uma coisa: as dificuldades que vêm ao nosso encontro, na nossa caminhada, devem servir como degrau para a nossa escalada ao sucesso. Muitos enxergam os problemas como barreiras intransponíveis, que aparecem para atrapalhar suas vidas e torná-los infelizes. Tudo isso depende da forma como você enxerga a vida. Depende do seu *mindset*. *Mindset*, no seu sentido literal, significa "mente formatada", "mente configurada" ou, ainda, "configuração da mente". Quando falo em *mindset*, lembro-me do ditado latino que diz *"mens sana in corpore sano"*, que quer dizer "mente sã, corpo são".

Se você tem uma mentalidade negativa, pessimista e duvidosa, provavelmente atrairá coisas negativas e pessimistas para sua vida. Se seus pensamentos são bons e positivos em relação à vida que leva e aos objetivos que pretende alcançar, então sua mente está programada ao sucesso e coisas extraordinárias acontecerão. Isso acontece porque quando desejamos muito algo, programamos uma parte do nosso cérebro denominada SARA (Sistema Ativador Reticular Ascendente). Não se tratam apenas de pensamentos positivos ou de autoajuda, mas de fatos comprovados pela neurociência. Veja este artigo retirado de uma pesquisa feita por estudantes de psicologia:

> Primeira Unidade Funcional – Sistema Reticular Ativador Ascendente (SARA): 'O ano de 1949 iniciou um novo período no nosso conhecimento da organização funcional do cérebro. Naquele ano, dois investigadores, Magoun e Moruzzi, mostraram que há uma formação nervosa particular no tronco cerebral que é especialmente adaptada, tanto por sua estrutura morfológica como por suas propriedades funcionais, para desempenhar o papel de um mecanismo que regula o estado do córtex

Erivelton Cândido

cerebral, alterando seu tono e mantendo o seu estado de vigília. A excitação espraia-se pela rede dessa estrutura nervosa, conhecida como formação reticular, não como impulsos isolados, individuais, e não de acordo com a lei do "tudo ou nada", mas, sim, gradualmente, modificando seu nível pouco a pouco e modulando, assim, todo o estado do sistema.

(http://fisio2.icb.usp.br:4882/wp-content/uploads/2016/02/Psicologia-Aula2-2016-2do.pdf).

Todos nós temos o potencial e a capacidade de nos tornarmos pessoas extraordinárias.

Podemos chegar a um outro nível se colocarmos em prática alguns conceitos que todas as pessoas de sucesso colocaram em suas vidas, alcançando um patamar elevado.

Quer alcançar o que poucos conseguem?

Reprograme sua mente.

Fiódor Mikhailovitch Dostoiévski, escritor, filósofo e jornalista do império russo, disse uma frase que me chama muito a atenção: "Se queres vencer o mundo, vence-te a ti mesmo".

Alguém um dia disse que nós somos a média das cinco pessoas com as quais convivemos.

Nosso caráter e nossa personalidade vão sendo formados e moldados ao longo do tempo.

Mas são nos primeiros anos de vida, ou seja, na nossa infância, que nossa mentalidade vai sendo moldada. Nossos valores vão sendo formados por nossos pais, professores, avós e pelas pessoas que nos cercam. Muitas palavras que ouvimos quando criança ficam arraigadas em nosso cérebro, no nosso subconsciente, e acabam se tornando crenças limitantes, traumas vividos ou situações vexatórias, verdadeiras barreiras, quando em fase adulta, que impedem o nosso crescimento e desenvolvimento. Muitos pais, sem saber, acabam por destruir os sonhos de seus filhos com palavras negativas como, por exemplo: "Você não nasceu para isso", "Isto não é para você", "Você não pode", "Não vai dar certo" e tantas outras mais. Essas palavras acabam por se instalar na mente de quem as ouve e se tornam crenças tão limitantes que impedem o desenvolvimento de muitas pessoas.

Certo menino, americano, de origem negra e sobrenome árabe, chegou próximo de sua avó, e disse:

— Quando crescer, serei presidente dos Estados Unidos.

Ao que sua avó respondeu:

— Sim, você vai.

Ser extraordinário

Tratava-se de Barack Hussein Obama.

Há um versículo bíblico de que eu gosto bastante e que diz muito a respeito da mudança de mentalidade: "E não vos CONFORMEIS com este mundo, mas transformai-vos pela RENOVAÇÃO do vosso ENTENDIMENTO" (Rm. 12, 2., destaque nosso).

Se existe algo que precisamos renovar, é a nossa mente. O mundo vive em constante transformação; sendo assim, não podemos nos manter na inércia. Podemos fazer isso utilizando crenças fortalecedoras, criando um mapa mental de sucesso na nossa mente. Por exemplo, ao invés de dizer palavras como "não posso", "não consigo" e "não tem jeito", utilizamos palavras poderosas como "eu posso", "eu consigo", "eu vou", "sou capaz", "tenho potencial", etc.

As palavras têm poder. Por isso, devemos e podemos utilizá-las da melhor forma possível, criando um novo mapa mental, um mapa mental vencedor. Além disso, precisamos criar o hábito de estabelecer objetivos em nossa vida, eles que nos darão um norte a seguir. Não tenha receios. Ouse sonhar e vá em busca de seus sonhos. Nunca abra mão de um sonho. Persista, insista e seja resiliente.

O nosso cérebro aprende por repetição. Algo que é repetido diversas vezes se torna um hábito nas nossas vidas. E, por mais que pareça que não, muitas pessoas se habituaram a viver uma vida mediana (na média), e acabam achando que estão dentro da normalidade. Não estão. Podem ser, ter e viver uma vida melhor. Agora, seja sincero consigo mesmo e responda a estas perguntas:

Para alcançar uma vida extraordinária, você depende de quem?

Quem, e somente quem, pode dar o primeiro passo em direção ao extraordinário?

Você está satisfeito com a vida que leva hoje?

Já parou para pensar como você estará daqui a dois anos?

E daqui a cinco anos?

Já parou para pensar como estará daqui a dez anos?

Qual é o legado que você vai deixar para seus filhos e netos?

Coloque-se em movimento

Se existe algo que pode nos impedir de sermos pessoas incríveis e viver o extraordinário é o ato de procrastinar.

Somos procrastinadores por natureza. E o que é procrastinar? Procrastinar é o ato de deixar para amanhã tudo o que você pode fazer hoje. Sabe aquele projeto que você disse que faria e que prometeu a si mesmo que faria assim que o ano começasse e que deixou de lado? E o de emagrecer e se matricular na academia que também esqueceu?

Erivelton Cândido

Aquele curso que faria no qual ainda não se matriculou? Pois é. PARE de procrastinar e aja!

Para identificar a situação em que você se encontra hoje (seu estado atual), responda a estas perguntas abaixo:

Qual sua opinião sobre a vida?
_____
_____
_____

Qual sua opinião sobre si mesmo(a)?
_____
_____
_____

O que é realmente importante para você na vida?
_____
_____
_____

Qual é o seu maior sonho?
_____
_____
_____

O que está impedindo você de realizá-los?
_____
_____
_____

Isso depende de quem?
_____
_____
_____

Ser extraordinário

Coloque-se em movimento. Não espere os anos passarem e as coisas caírem do céu, porque isso não acontecerá. Nós somos os protagonistas da nossa vida. Não somos apenas parte da paisagem. Precisamos fazer acontecer e não ficar esperando o tempo passar. Não podemos levar a vida no "deixa a vida me levar...", como cantaria um famoso pagodeiro.

Levante-se do seu lugar, tome uma atitude. Crie e desenvolva novos hábitos. MEXA-SE.

Ser extraordinário é uma questão de escolha.

Referências
BARBOSA, Christian. *A tríade do tempo*. Rio de Janeiro: Sextante, 2012.
DUHIGG, Charles. *O poder do hábito*. Rio de Janeiro: Objetiva, 2012.
HILL, Napoleon. *A lei do triunfo*. 36. ed. Rio de Janeiro: José Olímpio, 2014.

Ser extraordinário

Capítulo 14

Excelência começa na mentalidade

Neste capítulo, trago exemplos vivenciados por mim, durante minha trajetória pessoal e profissional, que mostram alguns pensamentos, sentimentos e percepções de eventos que podem levar a uma mentalidade de excelência e tornar algo natural a busca pelo nível superior em todas as áreas da vida, e demonstrar a sequência de ações que comprovam que ser extraordinário é uma escolha e decisão, não uma condição.

Fabio Luiz C. Lima

Ser extraordinário

Fabio Luiz C. Lima

Master Coach Integral Sistêmico, empreendedor, executivo com vasta experiência em Gestão Financeira, Controladoria, Contabilidade, Custos, Planejamento Financeiro e Tributário e processos, em empresas nacionais e multinacionais de grande porte de diversos setores. Com expertise em diagnóstico para identificação de oportunidades e realização de parcerias internas e externas ao negócio para montar plano de ação, visando atingir o resultado esperado. Capacidade de visualizar a empresa de forma holística e sistêmica, pensar de maneira analítica, focado em resultado e cumprimento de metas, com liderança, habilidade de negociação, comunicação e efetividade. Formado em Ciências Contábeis-FEA-USP, MBA Gestão em Tributos – Confeb/Febracorp, Especialização em Formação Gerencial – FDC, MBA – Gestão em Finanças-FIA-USP, Pós-Graduação em Controladoria – Saint Paul Institute. *Master Coaching* Integral Sistêmico da Febracis e *Golden Belt*, complementam bagagem para impulsionar empresas e profissionais para *performance* superior e sustentável.

Contatos
www.lightconsulting.com.br
www.oseucoach.com/fabio.lima.228.02946027406293/
fabiolima@lightconsulting.com.br
+55 (11) 99883-7530

Fabio Luiz C. Lima

Ser o melhor é uma questão de escolha, decisão e ação.
Correlacionar o nível de indignação e inconformidade com o estado atual se percebido como estado mediano.
Elementos adicionais a serem considerados para busca da excelência são os valores, motivadores pessoais e a segurança. Buscar satisfação, evitar sofrimentos, ter reconhecimento, liberdade são itens básicos de satisfação humana, mas não vamos falar de básico e, sim, de ótimo.

O bom é inimigo do ótimo: citação de Jim Collins que afirma que esta seria umas das razões-chave para explicar por que existem poucas coisas que se tornam excelentes: "Não temos ótimas escolas, principalmente porque temos boas escolas(...) Poucas pessoas levam vidas ótimas, em grande parte porque não é tão difícil construir uma vida boa(...) e é esse seu principal problema".

Muito comum nos depararmos com conhecidos e perguntarmos como vai a vida nos responderem: "Está boa! tudo bem!", e o trabalho como está? "pelo menos estou empregado!", ou ainda: "Ah, correria!" um conformismo com o bom, com o médio, é notório que poderia ser melhor, ser um nível acima, mas a falta de entusiasmo, paixão, e encantamento são comuns.

Diversos fatores externos poderiam ser usados para justificar essas situações, necessidades, busca por conforto, estabilidade, porém fatores internos são muito mais impactantes quando há a escolha por uma vida ou resultados bons ou medianos.

Fatores internos relacionados a não capacidade, não merecimento ou mesmo não conhecimento de suas aptidões e habilidades acabam ajudando na limitação, também há a lei da inércia, para poder sair de um estado a outro é preciso força, energia e, muitas vezes, as pessoas não estão dispostas a despender de energia para esse movimento.

Considerando a mentalidade, programação mental, crença como sendo gerada e alimentada por sentimentos e pensamentos, e estes originados da comunicação verbal e não verbal, recebida e emitida, repetidamente durante a vida e principalmente na infância, ou sob forte impacto emocional, fica ainda mais explícito que as escolhas e ações determinam os resultados.

Ser extraordinário

Mesmo em uma infância de privações, comecei a perceber que eu tinha algumas características, que mais tarde seriam fundamentais para buscar excelência em minhas realizações, e que algumas características e atitudes poderiam mudar a minha vida e a de meus pais e irmãos.

Separei alguns itens que uso para alcançar excelência e mudar resultados, e assim contribuir com você leitor, a buscar seu extraordinário por meio de suas escolhas:

1-Saiba onde está

Talvez até mais importante que saber onde quer chegar, é saber onde está, até para programar o gps, a primeira coisa que precisa saber não é onde quer ir e, sim, onde está, a partir do entendimento do estado atual, dos recursos atuais, adicionando ao querer intimamente ir para o próximo patamar é um passo importante para a excelência.

Ter real consciência e entendimento de si, pontos fortes, oportunidades, fraquezas, ameaças, competências, traz clareza. Identificados de forma muito honesta e sincera, ajudam nas ações a ser tomadas para potencializar as suas fortalezas, e identificar o que tem impedido ou de potencial latente que pode ser usado para alavancar sua vida e resultados.

Eu era uma criança que sabia de minhas condições, privações, e das minhas potencialidades, aos nove anos quando começaram provas na escola, percebi que se estudasse, ia bem, se me dedicasse pouco, ia mal, parece óbvio, mas alguns colegas atribuíam os resultados ruins por se considerarem não tão inteligentes. Eu não me achava mais nem menos inteligente e, sim, ter estudado mais ou menos, quando um colega dizia: "Nossa você é inteligente!" Eu dizia: "apenas estudei o que a professora nos passou". Não agia com arrogância, pois já havia testado que naquele modelo tradicional de ensino era assim que funcionava, assistir as aulas, prestar atenção ao que a professora explicou, fazer lição de casa, rever o que foi estudado para a prova. Usei em muitas situações esta estratégia, entender as regras do jogo, saber o que era esperado de mim, identificar como outros entregavam, ver quais ações para eu entregar melhor e fazer.

2-Visualize resultado futuro positivo

Saber exatamente onde quer chegar é um dos princípios da excelência, aquele ditado que afirma que quem não sabe onde quer chegar, qualquer caminho serve é bem aplicado a quem quer definir ações para mudar de patamar.

Muitas obras relatam a importância da visão positiva de futuro, de quanto é fundamental para ajudar no foco e na superação de adversidades momentâneas quando se tem resultado, o motivo é maior do que qualquer obstáculo.

Viktor Frankl, no livro *Em busca de sentido*, menciona a importância de dar sentido à vida para poder prolongá-la, na afirmação de que "quem tem um porquê de viver, suporta quase qualquer coisa", conclusões após conviver com prisioneiros em campo de concentração e suas reações e resultados quando perdem propósito, perdem energia de viver e os que têm um propósito, mantêm energia.

No início de minha adolescência, meus pais ficaram desempregados, foi bem na época de famosos planos econômicos, juntando com a abertura de mercado e modernização de serviços, a mão de obra não qualificada e não preparada foi a mais rapidamente afetada. Nesse cenário, a família, já com privações, passou a ter ainda mais dificuldades, os pais começaram a aceitar trabalhos quaisquer que surgissem, e eu via como uma fase e momento, porém eu tinha que fazer o melhor, continuar me dedicando aos estudos e ajudar no que fosse preciso.

Algumas tarefas em paralelo surgiam para contribuir com a renda da família, aos 12 anos poderia ser algo até vergonhoso pegar alimentos no final da feira ou limpar terrenos por uns trocados, porém eu tinha propósito, estudar para garantir, ainda sem saber exatamente como, um melhor futuro, e que poderia mudar meu estado atual e de minha família, as adversidades não me tirariam do foco.

3-Busque referências

Ter referências é importante, pois se alguém pode algo, eu também posso. Seguir o caminho e rastros da realização, pessoas ou empresas que já estão onde se quer chegar ou que já foram, ajuda a entender o que precisa ser feito, como arrumar as bagagens para uma viagem, quanto de combustível colocar, e demais itens de preparação.

O desafio era achar alguém para modelar, não havia alguém de meu convívio, então eu busquei pessoas para espelhar, como professores, pais, apresentadores de rádio e TV. Posteriormente, outras pessoas foram usadas, e foi modelando elas, que se consideravam de sucesso, usando o que deu certo e o que não deu certo, que fui moldando minhas referências.

Na adolescência, eu já sabia o que queria e o que não queria pra minha vida, o que para meus pais era algo muito fora da nossa realidade. Eles não desmereciam, mas também não encorajavam, pois viam dificuldades onde eu via oportunidades, como eu estudar em um bairro melhor. Na realidade daquele bairro, eu sobrevivendo, não me envolvendo em drogas e criminalidade, e conseguindo um trabalho no comércio local já seria bom, entrar no exército seria o máximo.

Ser extraordinário

Escolhi ser diferente do que era esperado ou até determinado para mim, eu tinha convicção de que teria futuro muito melhor e que alinhando valores e exemplos recebidos, com a minha indignação com aquela situação, me fariam desenvolver e fortalecer a mentalidade de sucesso e vencedor.

Usei esse modelo na vida escolar e profissional, referências para me inspirar e saber como eu poderia ser melhor a cada dia, ser melhor aluno, atleta, profissional, líder e na vida pessoal.

4-Explore potencialidades

Saber os pontos fortes e de destaques, importante saber utilizá-los a seu favor para partir para o ponto desejado, usá-los na viagem ao ponto desejado. Grande erro e que atrasa a excelência é não saber usar bem seus atributos e habilidades para atingir o esperado.

Eu sempre tive satisfação em entregar resultado e qualidade, fazer algo sempre bem feito, e usei esse ponto em minha vida como diferenciação; autocobrança por melhor desempenho, notas, resultados.

Até o ensino médio, eu considerava notas abaixo de 10 como baixas, afinal, na minha cabeça, não fazia nada além de estudar. Outro ponto que tinha como forte era gostar de desafios. Lembro-me de que no terceiro ano do colégio, atual ensino médio, um professor de Língua Portuguesa, no primeiro dia de aula falou sobre como abordava as questões e fazia avaliação, disse que em 20 anos lecionando ele tinha alguns parâmetros de notas: de 0 a 10 ele dava notas 7 a 8 para os alunos gênios que ele encontrou na vida, nota 9 e 10 só dava para Deus, e notas 6 e abaixo para os alunos dele, e ele não esperava usar notas diferente com nossa sala.

Não sei se foi estratégia justamente para motivar os alunos, comigo funcionou, a matéria era difícil, ele pedia leituras e exercícios semanais, redações surpresa, mas me ajudou a entender bem meu combustível interno de autocobrança e que eu poderia utilizar isso mais vezes e utilizei no futuro, me desafiando. Resultado, tirei 8,5 na primeira prova e 10 nos outros três bimestres.

5-Seja a melhor versão de si a cada dia

Para que a autocobrança não pareça algo negativo, eu não fazia comparações com colegas, ou com gênios, minha missão era e ainda é ser melhor do que fui ontem. Aprender algo novo a cada dia, assim foi para saber idiomas, de finanças, gestão, comportamento humano, cada dia um item novo, cada dia um aprendizado, e assim eu me tornaria diariamente alguém melhor do que eu era ontem.

Fabio Luiz C. Lima

Ser melhor do que eu mesmo a cada dia, passou a ser uma missão, tirar lições dos erros e dos acertos também, aproveitando todas as situações para evoluir, e uma atitude que me ajudou a moldar a mentalidade de excelência e vencedora, o que no futuro percebi que estava em um grupo de pessoas que dão resultados e não desculpas. Eu não sabia de perfil comportamental, valores, motivadores, mas sentia que quando eu realizava algo, concluía algo, sentia uma enorme satisfação interna, a ponto de transformar aquela minha ânsia por notas altas em aprendizado, passava a estudar mais os itens que eu não tinha ido bem nas provas, por querer aprender.

Essa postura me fez melhorar e ser bem-sucedido no vestibular, aproveitar bem a universidade e os trabalhos. Aquele melhor que eu me cobrava passou a ter novo significado, não existia resultado bom ou ruim, apenas resultado e, a partir desse resultado, pensar em o que fazer para ser melhor, diferente.

Foi desafiador, pois ser diferente da massa é um desafio, e se há algo que posso dizer a você leitor é que ter desafios ajudam no desenvolvimento. Identificar internamente seus limites (se é que existem) e ampliá-los, pois quem delimita nossos limites somos nós.

6-Encontre seu ritmo e intensidade para a ação

Todos temos características de comunicação, relacionamento, aprendizados distintas, perfil comportamental e tipos psicológicos que, combinados com suas experiências, vivências e valores, podem potencializar ou reprimir suas competências. Saber seu estilo, entender seu momento, ter consciência plena de seu estado atual em todas as áreas de sua vida o ajudará a usar melhor suas potencialidades e recursos, e, consequentemente, ser melhor e extrair o melhor de si e dos outros.

A atitude de agir é fundamental – muitos não agem, sonham pequeno ou nem sonham, ou possuem sonhos tão grandes que não transformam em plano nem em meta para realizar, ou vivem o sonho distante sem pensar em como dar o primeiro passo em direção a este sonho. Agir de forma certa e consistente, ter um planejamento correto é fundamental, e a persistência e preocupação com qualidade imprescindíveis, fazer com excelência o ordinário irá aproximar mais do extraordinário.

7-Conclusão

Fuja do morno! Ou se é medíocre ou extraordinário! Fortaleça pensamentos, sentimentos, emoções, ações ordinárias, não se contente com a média, com o mais ou menos, com o bom, buscar o melhor o aproximará do extraordinário, em todas as áreas da vida! Quer

Ser extraordinário

saber se está indo bem? Veja seus resultados, estão extraordinários? Você diz: UAU para eles? Saúde, finanças, família, relacionamentos, profissional, espiritual, emocional. Veja se está alcançando ou vivendo e até ultrapassando os resultados esperados, se não tiver, perceba o que precisa, como tem se dedicado, como tem priorizado ou focado a coisa mais importante para essa área da vida, quais competências precisa desenvolver para buscar o excelente nela. Comece a agir já para aprimorar, desenvolver, e viver intensamente o extraordinário que é o que foi preparado e reservado para você e você merece, não aceite nada menos do que O MELHOR.

Pontos-chave do capítulo

- O bom é inimigo do ótimo;
- Saiba estado atual;
- Visualize resultado futuro positivo;
- Busque referências;
- Explore potencialidades;
- Seja a melhor versão de si a cada dia;
- Encontre seu ritmo e intensidade para ação.

Referências
COLLINS, James C. *Empresas feitas para vencer*, Alta Books Editora, 2018.
FRANKL, Viktor. *Em busca de sentido*, Editora Vozes, 1984.

Ser extraordinário

Capítulo 15

Como ser um profissional extraordinário

Neste conteúdo, especialmente escrito para este livro, irei ensinar algumas técnicas de PNL – programação neurolinguística, para que você cresça não só no campo profissional, mas também no campo pessoal, alcançando o extraordinário.

Gilson Sena

Ser extraordinário

Gilson Sena

Graduado em Administração de Pequenas e Médias Empresas, pós-graduado em Jornalismo Político, palestrante e consultor de vendas, empresário e sócio diretor de várias empresas. *Practitioner* em programação neurolinguística – PNL. *Coach* de intervenção estratégica em PNL. Treinador de vendedores pela Referência Cursos. Diretor do Instituto de Desenvolvimento em Vendas - IDVendas. Gilson Sena também é presidente da Câmara de Dirigentes Lojistas de Luís Eduardo Magalhães-BA. Autor do livro *Venda mais agora*. Coautor do livro *Manual completo de empreendedorismo*.

Contatos
www.gilsonsena.com.br
www.idvendas.com.br
palestrantegilsonsena@gmail.com
Facebook: gilsonsena.palestrante
Instagram: gilsonsenapalestrante
(77) 99810-9991 (WhatsApp)

Gilson Sena

Em 2017, conheci a programação neurolinguística e, desde então, tenho utilizado a metodologia para extrair sempre o melhor de mim e dos meus alunos de vendas. Antes de apresentar a primeira técnica importante para torná-lo uma pessoa e profissional melhor, devo explicar a sua origem.

A PNL surgiu na década de 1970, nos Estados Unidos, por meio de Richard Bandler e John Grinder. Para a criação desse processo, eles estudaram a comunicação neurológica e técnicas terapêuticas, utilizaram os métodos de modelagem, observando as estratégias de vários terapeutas e cientistas diferentes dentro de universidades. Eles fizeram a junção desses conceitos e construíram a própria ferramenta, chamada, hoje, de programação neurolinguística.

A programação é a maneira como organizamos as nossas ideias e como atuamos para obter resultados. É a configuração do que vemos, ouvimos e sentimos e, dessa forma, agimos intencionalmente, de acordo com o nosso mapa mental, que será explicado no decorrer deste capítulo.

A parte neuro da PNL é aquela que reconhece a ideia de que todos os pensamentos nascem dos processos neurológicos da visão, audição, olfato, paladar, tato e sensação. O corpo e a mente formam uma unidade inseparável, um ser humano.

A linguística indica que usamos a linguagem para organizar os nossos pensamentos e comportamentos, ao nos comunicar com os outros. Robert Dilts, um dos fundadores do método, o definia da seguinte forma: "PNL é tudo aquilo que funcione". Richard Bandler acredita que é "o estudo da estrutura da experiência subjetiva". Anthony Robbins, o maior *coach* da atualidade, acredita que PNL é "a ciência de como dirigir o seu cérebro de uma forma favorável para conseguir os resultados que deseja".

Após essa breve contextualização, apresento a você uma técnica já utilizada pelos milionários, bilionários e todas as pessoas de sucesso da história. Antes disso, é necessário passar por um breve processo de autoconhecimento que fará com que repense a sua forma de abordagem e reflita sobre a busca do aperfeiçoamento.

Na busca pela excelência profissional, a primeira coisa que você tem que ter em mente e se perguntar é: como saberei quando

Ser extraordinário

atingir a excelência profissional? Quais são os sinais de que sou uma pessoa extraordinária?

Veja a definição da palavra extraordinário, de acordo com o dicionário de língua portuguesa: que foge do usual ou do previsto; que não é ordinário; fora do comum.

Eu uso minha própria definição: extraordinária é a pessoa que faz mais do que tem que ser feito, entrega sempre mais do que promete. É um detalhe a mais que, ao longo do tempo, fará uma diferença tremenda em sua vida e em seus relacionamentos.

Um passo a passo importante é determinar onde você está hoje (estado atual) e aonde quer chegar (estado desejado). Dessa forma, poderá criar uma ponte, de um ponto ao outro, e mensurar quando atingirá essa meta pessoal ou profissional. É importante, além dessa construção, acrescentar os recursos apropriados para atingir o seu objetivo.

Por exemplo, o seu estado desejado é ser diretor de uma grande empresa, e você quer realizar isso em, no máximo, cinco anos. Hoje, o seu estado atual é de funcionário administrativo, portanto, as perguntas são: o que é preciso fazer para chegar a esse cargo? O que deve ser feito para ser notado e reconhecido?

Respondendo a isso, você terá as informações que precisa para começar o caminho até o estado desejado. Em relação aos recursos necessários, pergunte-se: preciso me capacitar mais? Preciso fazer mais do que faço usualmente para me destacar? Fazer as coisas com excelência? Construir um bom relacionamento com a equipe e líderes? Ser exemplo profissional?

Você pode ir mais além para a descoberta dos recursos necessários. Por exemplo, já que precisa de uma maior capacitação, o que é necessário para alcançá-la? É importante observar o seu diretor atual e verificar quais as competências que ele tem; boa comunicação; liderança; gestão; habilidade para lidar com situações difíceis? Descubra.

Para ser bem-sucedido em sua jornada, questione-se:

- ☑ Em que direção estou indo? (estado desejado)
- ☑ Por que estou indo nessa direção? (valores que me fazem seguir nessa direção)
- ☑ Como farei para atingir o objetivo? (estratégia a ser utilizada)
- ☑ E se algo der errado? (gerenciamento de risco e métodos de contingência)

A maioria das pessoas não consegue realizar os objetivos e metas, pelo simples fato de não saber fazer uma boa formulação. Quando

Gilson Sena

pergunto aos meus alunos iniciantes, nas turmas de técnicas de entrevistas, vendas e *coach*, o que eles querem estar fazendo em cinco anos, alguns respondem que querem trabalhar e ganhar dinheiro.

Essa afirmação é muito vaga, pois o cérebro não entende o que você pediu. Seja específico, por exemplo, "quero trabalhar como gerente de uma grande empresa e ganhar um salário mensal de R$ 10 mil". Para isso, acrescente a data específica de quando isso deve acontecer e faça uma evolução cronológica de por quais etapas terá que passar para atingir esse objetivo, mês a mês, ano a ano. Escreva o roteiro da sua vida.

Nos Estados Unidos, pesquisadores fizeram um estudo fantástico que retrata muito bem essa questão. Eles entrevistaram uma turma de estudantes universitários e perguntaram quais eram seus planos para os próximos dez anos. Muitos responderam o que queriam, mas apenas três tinham metas e propósitos escritos, detalhadamente, para o que fariam até o décimo ano.

Dez anos depois, os pesquisadores reuniram esse mesmo grupo de estudantes e descobriram que aqueles três que tinham se planejado valiam, financeiramente, mais do que o restante da turma. No início, eles acharam que a causa daquele fenômeno poderia ser por conta de uma origem rica, então compararam a realidade de todos. Imaginaram também que fossem os Quocientes de Inteligência mais altos, verificaram e eram muito próximos dos outros. O que fez a diferença foi a questão de ter escrito o roteiro a ser seguido, sem se desviar desse caminho. Quando você faz isso, escreve o que quer da vida e sempre revisita as suas anotações, fica muito mais fácil alcançar os seus desígnios.

O seu objetivo ou meta deve depender de você e não de outras pessoas, só assim poderá assumir as rédeas da sua vida. Não crie desculpas, tudo é uma questão de escolha.

Veja, a seguir, a condição perfeita para a boa formulação de um objetivo ou meta:

- Seja positivo;
- Esteja no controle;
- Tenha uma intenção positiva;
- Tenha um bom contexto e motivação para a realização da meta;
- Seja sustentável (não traga nenhum prejuízo para você ou para pessoas próximas);
- Esteja dentro das suas competências para realizar.

Finalmente, entraremos na ferramenta utilizada por muitos, para ter sucesso na vida e ser uma pessoa extraordinária: se alguém pode aprender a fazer algo bem feito, então todos podem.

Ser extraordinário

Na PNL, é possível modelar pessoas extraordinárias, apenas é necessário identificar os seus pontos de destaque. Faça uma breve análise entre uma pessoa que faz um determinado serviço com normalidade e outra que faz com excelência, descubra qual o extra de cada uma, qual habilidade fez com que o produto ou serviço se tornasse tão bom.

Feito isso, é só replicar o modelo, com o toque extra de extraordinário, e para não parecer tão simples, acrescento que a pessoa precisa estar disposta a desenvolver suas habilidades, seguir um "manual" e praticar, repetidas vezes, até encontrar a perfeição buscada. Se você está se perguntando "então quer dizer que eu posso jogar bola tão bem quanto o Neymar"? Quem sabe, até como o Pelé?

Em alguns casos, existem algumas limitações, como predisposição genética, determinação para treinar, entre outras, mas digo: se seguir um exemplo, pode melhorar e se aperfeiçoar com base em um modelo.

Especialistas afirmam que, para ficar bom em algo, é necessário praticar dez mil vezes. As pessoas em destaque na sociedade são aquelas que têm um trabalho de excelência, que estão sempre em primeiro lugar, que devem ser modeladas. Veja estes dois exemplos:

O primeiro nome que serve de inspiração para muitos, até hoje, é Ayrton Senna, campeão de Fórmula 1, por três vezes. Porém, para chegar a esse nível, ele teve muito trabalho e um processo de análise das suas deficiências.

A geração após Ayrton Senna o tem como modelo e refaz os seus passos, no objetivo de atingir tal excelência profissional.

Senna, além de ser um excelente piloto, sabia que era necessário ir além, então trabalhou as suas partes física e mental. A parte física seria para conseguir guiar os carros da Fórmula 1 da sua época, que tinham direção mais duras e eram difíceis de conduzir, principalmente em curvas e em alta velocidade.

Ele também tinha dificuldade de guiar o carro em pista molhada, por isso, sempre que chovia, corria para o Autódromo de Interlagos para treinar. Precisava superar a sua deficiência para se sobressair aos outros corredores.

Em dez anos, Ayrton Senna disputou 116 corridas, conquistou 65 *pole positions* e venceu 41 competições. Morreu em Ímola, Itália, no dia primeiro de maio de 1994, durante o Grande Prêmio de San Marino, quando o seu carro saiu da pista, na curva Tamburello, bateu no muro de proteção.

Mão Santa

Vamos falar de mais uma pessoa ligada ao esporte, Oscar Schmidt. Muitos observadores acreditavam que ele teve sorte na vida, quando lançava a bola e acertava a cesta a sete metros de distância.

Gilson Sena

Conheça um pouco mais sobre esse processo que o tornou conhecido como Mão Santa.

Oscar foi considerado o maior pontuador da história do basquete brasileiro, com 49.737 pontos. Mas, para chegar a esse número, teve que treinar muito. Segundo Schmidt, ao ficar cansado de treinar, treinar, treinar, ele treinava mais um pouco. Chegava a arremessar mil vezes a bola na cesta.

O esporte traz muitos exemplos que podemos utilizar no mundo corporativo. Oscar, sem dúvida, é um deles.

Ele conta que treinava mais de mil arremessos por dia. Certa vez, quando machucou o pé esquerdo, continuou a treinar e contou com a ajuda da sua esposa, para pegar as mais de mil bolas arremessadas por dia.

Observe e siga os passos dessa pessoa de sucesso. Modele-se e descubra qual a estratégia que ele utilizou para ter sucesso. Se seguir, de forma disciplinada e rigorosa, sem dúvida você também terá.

Excelência profissional

Para ser um profissional extraordinário, não permita que o seu cérebro seja tomado por pensamentos negativos. É simples, por exemplo, se sintonizar um televisor no canal cinco, ele pegará exatamente essa frequência. Ainda assim, é possível que chegue com uma leve interferência do canal quatro, que, no seu caso, pode ser aquela voz dentro da sua cabeça que diz que você não consegue e não é capaz.

Melhoria constante

Você deve ser melhor do que foi ontem. E amanhã deve ser melhor do que é hoje. Tenha consistência e compromisso. Não encare uma derrota momentânea como fracasso, mas como *feedback*. Por mais difícil que seja encarar uma derrota, saiba que essa experiência o ajudará a crescer, aprender e jamais cometer os mesmos erros.

Seguem algumas perguntas poderosas a serem feitas quando estiver nessa situação, para transformar o fracasso em *feedback*:

Quais foram os meus resultados? O que aprendi com essa experiência? O que farei de forma diferente quando me deparar com a mesma situação? Como eu saberei se estou no caminho certo?

Dessa forma, finalizo este capítulo com a certeza de que, se colocado em prática esse conteúdo, haverá transformações não só na sua vida, mas na vida das pessoas ao seu redor. Um forte abraço. Sucesso sempre!

Ser extraordinário

Capítulo 16

Mudanças e escolhas

Neste capítulo, convido você a uma viagem na minha história e a entender os nossos medos e inseguranças quando nos enfrentamos com as mudanças impostas muitas vezes em nossas vidas. Como nós seres humanos "normais" podemos nos tornar extraordinários e superar a nós mesmos nesse padrão diversas vezes imposto por um cenário restrito que vivemos e insistimos em não ampliar.

Gislene Sollar Rezende Moraes

Ser extraordinário

Gislene Sollar Rezende Moraes

Terapeuta, psicóloga organizacional, *coach* e professora. Estreou como palestrante em 2005 para concursados do Banco no Brasil em sua integração, onde apresentava proposta de qualidade de vida. Na área de Treinamento e Desenvolvimento, passou pelo Centro Universitário Ítalo Brasileiro e Faculdade Aiec. Realizou palestras em todas as capitais brasileiras e algumas cidades em projeto de lançamento de produtos de uma conceituada empresa no ramo de cosmética. No decorrer de 13 anos de carreira, realizou mais de 2.500 palestras/*workshops*/oficinas. Professora em diversas instituições de ensino como Etec, Senai, Senac, Fatec. É uma observadora atenta às mudanças comportamentais e sociais e se mantém em constante aperfeiçoamento. Foi pioneira na utilização do *coaching* em programas de treinamento para aprendizes e na orientação profissional. Nas aulas e/ou palestras, utiliza um *mix* de metodologias que tem como objetivo gerar uma animada troca de ideias.

Contatos
gi.sollar@gmail.com
(11) 94303-1009

Gislene Sollar Rezende Moraes

A nossa vida é feita de mudanças e escolhas. Algumas mudanças são compulsórias e, por mais que não as desejemos e lutemos contra, elas virão. Claro que essas mudanças podem ser amenizadas ou até diminuídas: um exemplo é a mudança de nosso corpo. Com o passar dos anos, mudamos o corpo que temos: o corpo que apresentamos com dois anos de idade é bem diferente daquele que teremos aos cinco anos, aos 11, aos 20, aos 40, e assim sucessivamente. Cabe a nós nos adaptar a essas mudanças com escolhas sábias, introduzindo em nossas vidas elementos que contribuam positivamente nessas mudanças, como alimentação adequada, leitura e atividades físicas.

Já nossas escolhas fazem parte do dia a dia. Tudo é escolha: o sapato que vamos usar hoje, o caminho que iremos pegar para chegar ao trabalho, o alimento que ingerimos, etc. Essas escolhas impactam diretamente nas mudanças geradas em nossa vida, às vezes despercebidamente, pois não estamos focados no que estamos realizando agora. Mais um detalhe importante: não escolher também é uma escolha, e uma escolha covarde que joga nossa responsabilidade nos outros, gerando um conforto momentâneo, mas certamente criando um grande desconforto em um relacionamento. Por isso, pense bem antes de agir dessa maneira.

Eu, aos 39 anos, separada pela segunda vez, com duas filhas – uma com quatro anos e outra com 17 –, estava em um momento em que precisava parar e organizar a maioria das áreas de minha vida. Estava sentada no consultório médico, em uma noite fria de maio de 2007, esperando saber quais seriam os procedimentos para o tratamento de um "câncer simples de tireoide" – a maioria das pessoas fala assim, mas o peso de se ter câncer, independentemente de onde, só sabe quem o tem, quando recebi uma mensagem dizendo que eu havia passado no processo seletivo da faculdade de Gestão de Recursos Humanos, uma sugestão do meu diretor do trabalho. Uma mistura de felicidade e infelicidade tomou conta de mim, e o "será?" começou a tomar conta de minha mente.

Mudanças e escolhas. Será que conseguiria dar conta de tudo?

Minha vida estava em um quadro de total mudança. Minha saúde

Ser extraordinário

estava bem debilitada, havia engordado mais de 30 quilos nos últimos seis meses. Mesmo procurando ajuda médica, foi só depois de uma foto que pude notar um caroço em meu pescoço, e, assim, fui diagnosticada. Meu pai acabara de receber o diagnóstico de insuficiência renal crônica e, naquele momento, eu não tinha a real noção da extensão desse diagnóstico em nosso cotidiano, nem do impacto de mudanças que a doença dele causaria em nossas vidas, além do nosso despreparo para enfrentar esse processo. A escolha da faculdade seria Recursos Humanos, pois queria me aprimorar em palestras e treinamentos.

Quando contei a meus pais o diagnóstico, lembro-me do olhar assustado do meu pai: fui a primeira da família a ter essa doença. Falar "câncer" era um tabu, e me lembro de ele ter dito "Como você ficou doente assim?". "Como fiquei doente assim?" foi uma frase que ficou ressoando em minha mente por muito tempo, assim como "a ferrugem da alma" – como o câncer também é conhecido em muitas linhas espirituais. Quantas escolhas fiz para que essa doença surgisse em mim? Quais delas me levaram a essa condição? Tantas coisas passam em nossa cabeça quando ficamos doentes! Buscamos respostas, mas, muitas vezes, elas não vêm facilmente.

Depois de contar aos meus pais, foi a vez de contar aos amores de minha vida: minhas filhas. Dizer a verdade foi difícil, principalmente para uma criança de quatro anos: lembro-me da inquietude da pequena no dia em que iria operar, e que a peguei em meu colo e indaguei o que se passava. Ela, em sua inocência, disse: "Mamãe, e se você morrer, quem vai cuidar de mim?". Quando perguntei, não tinha me dado conta da escolha que fizera e nem do compromisso de responder, mas a pequena precisava de uma resposta digna e firme como o questionamento que me foi feito, e com uma força que só quem ama pode responder, respirei fundo e disse: "Muitas pessoas amam você, inclusive sua irmã e seu tio, e eu estarei sempre no seu coração". Não sei se era a melhor resposta, mas foi o melhor que pude fazer naquele momento. A pequena entendeu e aceitou como boa.

Quando entrei no consultório do cirurgião pela primeira vez, estava com minha filha de 17 anos. Eu chorava muito, e o médico me disse uma frase que se tornou um marco em minha vida: "ESCOLHA: você toma conta da doença ou a doença toma conta de você. Pense e daqui a uma semana você me responde". Uma semana depois, eu disse: "Vou tomar conta dessa doença, doutor". E ele disse: "Ótimo, vamos lá. Estarei ao seu lado".

A cirurgia terminou, e que susto quando não conseguia falar! A mudança poderia ocorrer – foi algo sinalizado pelo médico–, mas a voz era meu instrumento de trabalho e o medo tomou conta de mim. O médico rapidamente me disse: "Você foi entubada e é natural que não consiga falar. Fique calma". Porém, logo vieram as cãibras, as convulsões, uma vontade louca de sair daquele CTI (Centro de Tratamento Intensivo) e ir para casa... E pior: na visita de minha filha e minha mãe eu convulsionei. Tempos difíceis. Tempo de recolhimento, de pensar nas escolhas que foram feitas e nas que precisaria fazer. Recolhimento e preces.

Muitos parentes e amigos diziam para não fazer a faculdade, para focar na saúde, mas pensei: "Se eu focar só na saúde, vou ficar louca e me formar só depois dos 41 anos. Com essa idade preciso ter terminado a pós-graduação". Coloquei uma meta e fui em frente. Escolha com foco num futuro próximo e próspero.

A faculdade não foi fácil no primeiro semestre, pois até acertar o hormônio foi difícil. O raciocínio em uma sala com mais de 100 alunos falando era difícil também: a concentração navegava. Também era difícil subir três andares de escadas sem elevador, mas no segundo semestre isso foi corrigido. Fiz ótimos amigos, que me ajudaram muito. Eles foram prestativos e solidários. Tive professores maravilhosos também, que me provocaram ao melhor. Estudei muito, me dediquei bastante, mas não descuidei da saúde. Fiz bons amigos também na administração da faculdade e até fui convidada a trabalhar lá.

Porém, nada estava findado: o câncer insistia em ser protagonista. Agora ele aparecera no mediastino superior, que explodiu com a radiação de iodo, pois ninguém sabia que eu tinha esse nódulo lá. Só souberam depois da dosagem terapêutica. Foi um susto tremendo ver mais um nódulo, agora espalhado pela radiação. Pensei que estava tudo controlado, que toda a mudança estava sob controle, mas não: a mudança tinha um percurso ainda desconhecido até aquele momento. Respirei fundo, pensei "quem tem que tomar conta de minha saúde sou eu" e fui em frente.

Consegui ser representante de sala da faculdade em todos os anos e fui condecorada como a melhor aluna do ano letivo de 2018. Montei, junto com uma equipe de alunos e professores, uma empresa jr. de consultoria de RH. Minhas escolhas profissionais continuavam firmes. O câncer insistia em comandar, mas minha escolha tinha sido tomada há muito mais tempo e eu já estava no comando de minha saúde.

Vi meu corpo se transformar, não me reconhecia e precisei de ajuda de psicólogos. Achei no psicodrama uma forma de me encontrar e reconhecer. Adorei tanto a forma de me expressar por meio do teatro! Foram momentos maravilhosos de redescobertas. Não me achava mais bonita, não me achava mais mulher, mas o trabalho desenvolvido pelos profissionais me fez trilhar um caminho de empoderamento feminino. Voltei a me enxergar como mulher e, principalmente, feminina. Uma grande amiga também colaborou

Ser extraordinário

com o *Coaching* de fofura, em que pude resgatar a feminilidade e doçura, sem perder a força e o poder de agir e ser.

Formei-me com uma turma superjovem, em que poucos atuam em Recursos Humanos, muitos objetivos foram atingidos.

Fiz uma pós em Psicologia Organizacional – Construindo Competências. Amo o que faço. Já rodei todas as capitais do Brasil com palestras, e me orgulho disso. Já ministrei aulas em Etecs, Senais, Senac. Amo estudar e conhecer o novo: estou terminando o curso de Pedagogia.

Escolhas e mudanças: às vezes, dá medo, sei, e sinto medo dessas mudanças até hoje. Quando uma grande mudança se aproxima, o frio na barriga é sentido com certeza, mas a escolha de mergulhar e colher os bons frutos que existem nessa experiência é só nossa. Portanto, independentemente do medo, viva!!! Se não foi tão bom, tudo bem. Foi um caminho que você passou e que não precisa passar novamente. Aprenda com ele e não repita a dose: na próxima vez, siga diferente e aproveite a doçura de ver novas perspectivas para si. O medo faz parte da vida. Respeite-o, mas não pare: você pode ir devagar, pedir ajuda para amigos, familiares, terapeutas, buscar sua espiritualidade ou, sei lá, comer um chocolate, fechar os olhos, respirar fundo e ir. O importante é você respeitar a si mesmo, respeitar o medo, mas seguir, pois a vida é bela e curta demais para se ficar parado no tempo. Viva em movimento de contemplação.

Aprenda: sempre existe alguém acima e abaixo de nós. Em tudo na inteligência, na ignorância, na riqueza e na pobreza, na beleza e na falta de beleza e por aí vai. E então, para que ficar medindo? Eu preciso ser extraordinário para mim, superar os meus limites e tentar ser melhor do que fui ontem. Quando mudo a mim, o mundo muda para mim. Lembrem-se de que a beleza está nos olhos de quem vê.

Ser extraordinário

Capítulo 17

Legado como estilo de vida

A ciência vem provando o que a Bíblia relata desde a Criação. O ser humano está se aprimorando em mecanismos de autoconhecimento que alinham a execução prática com tudo o que Deus deixou para a humanidade. Esse alinhamento mostra o poder do legado e o funcionamento da espiritualidade como chave nesse processo.

Giuliano Raimo

Ser extraordinário

Giuliano Raimo

Técnologo em Processamento de Dados pela Fatec-SP (2006), com MBA em Gestão de TI pela FGV. Profissional com mais de 20 anos nos mercados de tecnologia, financeiro, saúde e educacional. *Master coach* pela Sociedade Latino Americana de Coaching (SLAC), habilitado pelo EMCC (European Mentoring & Coaching Council), IAC (International Association for Coaching), PCA (Professional Coaching Alliance) e AC (Association for Coaching) e com especialização em Neurociência aplicada ao *Coaching* (Dr. Tauily Taunay), *Master Practitioner* em PNL pela Elsever/The Society of NLP – Richard Bandler, analista comportamental (DISC), analista de competências corporativas (Assess), analista de Inteligência Emocional (SixSeconds) e analista corporal (O Corpo Explica). Também mentor de negócios pelo GMG (Global Mentoring Group). Neuroexorcista especialista na influência da Inteligência Espiritual (QS) na construção de um legado sustentado por um ser humano totalmente transformado pela fé.

Contatos
www.giulianoraimo.com
contato@giulianoraimo.com
Instagram: giulianoraimo
WhatsApp: +55 (11) 99994-3844

Giuliano Raimo

A melhor forma de eu iniciar a nossa conversa é trazendo ao contexto uma referência histórica e bíblica sobre desenvolvimento pessoal:

"Meu povo está arruinado porque não sabe o que é certo nem verdadeiro. Vocês viraram as costas para o conhecimento, por isso eu virei as costas para vocês, sacerdotes."
(Oséias 4:6)

Hoje, pessoas no mundo inteiro têm rejeitado todo o ferramental aplicado ao desenvolvimento humano, especialmente adulto, com uma abordagem contrária ao que o avanço científico e tecnológico vem mostrando, ora argumentando que estamos deixando a fé esmorecer, ora sendo exageradamente espirituais e quase fugindo da realidade. O mais interessante é como a ciência vem provando o que a Bíblia relata desde a Criação, e o ser humano está no caminho certo, avançando em técnicas que permitem entender e aplicar de forma mais organizada e eficaz tudo o que Deus deixou para a humanidade.

Contextualizando

Ao longo de minha vida, sempre fui um entusiasta do desenvolvimento pessoal. Fiz – e venho fazendo – muitos cursos livres e de especialização, para extrair ao máximo o que Deus criou e colocou dentro de mim. Sem dúvida, a parcela mais importante que eu adquiri nesse processo veio após o estreitamento da minha relação com Deus.

Quando preciso aprender algo novo, sempre busco em treinamentos – e, predominantemente de forma autodidata – tudo aquilo que transbordará o nível de conhecimento necessário para entregar os resultados com os quais eu estou comprometido. Na fase inicial da minha jornada, posso dizer que o foco era o desenvolvimento intelectual (quociente de inteligência – QI), com pequenas parcelas de percepções emocionais (quociente emocional – QE). Por muitos anos, era nessa condição que eu aprendia todos os tipos de ferramentas e técnicas possíveis para ter bons resultados. Vale ressaltar que manipular pessoas e pensar somente em mim fazia parte dos "bons resultados".

Ser extraordinário

Ao mergulhar na vida espiritual e começar a criar intimidade com Deus, percebi algo novo: posso estudar o quanto eu desejar e até me tornar uma competente referência no assunto. A novidade é que o resultado aplicado desse conhecimento só é poderoso quando o planejamento começa no propósito de vida. Ou seja, espiritualmente: precisa vir de Deus. É nesse ponto que o mergulho só é funcional se alcançar a razão de viver (inteligência espiritual – QS).

Com tudo isso no estado de consciência expandido, o resultado é que somos plenos se, e somente se, conhecermos profundamente:
1. O poder de Deus;
2. Nossas dores e recursos;
3. As dores e recursos do outro.

Autoconhecimento

É impossível viver uma vida com Deus e não se apaixonar por Ele. Consequentemente, por tudo que Ele é, criou, prometeu e ordenou. Não existe hoje, na vida de qualquer pessoa, uma representação mais congruente de perfeição do que Deus e toda a Sua criação, seja você aquele que busca respaldo histórico para entender o mundo ou um incansável militante da fé genuína.

Ao me colocar no grupo dos que creem para ver, passo a viver de forma quase que passional em relação à fé. Sou de tal forma apegado ao que Deus me diz, que já me surpreendi com atitudes de hoje, impensáveis alguns bons anos atrás. Uma dessas atitudes é a parcela que a fé ocupa em minha vida. Mesmo diante do caos, eu posso garantir a você que vejo o desfecho de qualquer situação de forma positiva e com expectativa favorável. Obviamente, não porque vai acontecer o que eu quero que aconteça, mas porque será, necessariamente, da forma que Deus quer. E é impossível que a minha vontade seja melhor que a d'Ele para a minha própria vida. Como Deus mesmo diz, só Ele sabe os planos que tem para cada um de nós, a vontade d'Ele é boa, perfeita e agradável, e tudo que Ele faz é bom. Em tempo: para Deus, nós somos a obra-prima da criação.

Existe a possibilidade de não ser apaixonado por Deus?

Nesse desenrolar do meu relacionamento com Deus, o plano para a minha vida ficou claro. Na verdade, já era cristalino. Eu é que tinha uma cegueira espiritual me impedindo de perceber o que rondava meu propósito desde sempre e ainda não tinha caído a ficha. Até que caiu. Como estão as suas fichas?

Vivo cada momento aprendendo coisas novas, tendo encontros com Deus para Ele dizer o que devo fazer com cada novo conhecimento e como entregar esse conteúdo para todos aqueles que direta ou indiretamente vão impactar positivamente o Reino de Deus aqui na Terra.

Giuliano Raimo

Nem tudo é fácil como parece

É curioso e interessante falar sobre indignação porque, confesso: ultimamente tenho fugido desse tipo de pensamento. No passado, eu era extremamente indignado com a vida, o mundo, as pessoas e tudo o mais que aparecesse na minha frente. Hoje, encontrei a medida que mostra o nível certo e suficiente de incômodo que me move no caminho do meu propósito.

Mas, falando sobre a indignação, vou contar um pouco da minha história depois de ter tido o primeiro encontro com Deus.

Como a grande maioria, senão todos, que se achegam aos braços de Deus, me enganei ao pensar que:

1. Meus problemas desaparecem porque Deus pode resolver tudo;
2. Nunca mais terei problemas porque Deus pode resolver tudo.

Sei que parece até ingênuo, mas o toque de Deus é tão inexplicável que foi isso mesmo que passou pela minha cabeça no início de tudo. E durou "até a próxima segunda-feira". Bastou um choque de realidade para que eu pudesse perceber que a vida com Deus, sim, seria a solução dos meus problemas, mas à maneira de Deus. Como crescer sem confrontos? Como ser alguém melhor sem errar continuamente para ter legalidade de melhoria contínua? Como ser quem Deus quer que eu seja, se a vida continuar como era sem Ele? Como...? Como...? Como...?

E, nessa toada, passo todos os dias da minha vida espiritual: COMO? Como vou fazer para que tudo o que Deus elaborou aconteça comigo e do jeito d'Ele?

- Tem que amar a Deus sobre todas as coisas? Tem. Mas como eu faço isso?
- Tem que amar ao próximo como a si mesmo? Tem. Mas como eu faço isso?
- Tem que perdoar? Tem. Mas como eu faço isso?
- Tem que se arrepender genuinamente? Tem. Mas como eu faço isso?
- Tem que ser generoso? Tem. Mas como eu faço isso?
- Tem que ser hospitaleiro? Tem. Mas como eu faço isso?
- Tem que ser pacificador? Tem. Mas como eu faço isso?
- Tem que viver pela fé? Tem. Mas como eu faço isso?

Foi assim que esse projeto nasceu. Como eu faço para caminhar do chamado espiritual na minha vida aos resultados palpáveis para hoje e para as gerações vindouras?

Ser extraordinário

Ah, os problemas

Mergulhando na indignação, o problema ficou perfeitamente delineado. De nada adianta Deus querer criar uma estrutura magnífica para acolher você, desenhar de forma equilibrada e fluida tudo que deve ser feito para promover o bem, o que gera distúrbios, estar todos os dias vivendo com Deus e com pessoas na mesma condição se, na hora de fazer alguma coisa, for do seu jeito.

E é exatamente aqui que entramos no cerne do problema. Se eu preciso entender como eu faço isso na minha vida, como vai ser do jeito de Deus?

Autoconhecimento.

Deus nos diz que temos uma conexão com Ele porque, ao abrirmos nosso coração para esse relacionamento, uma parte d'Ele vem habitar dentro de nós. A única maneira de você fazer algo do seu jeito tendo a certeza que é conforme a orientação de Deus é vivendo intimamente com Ele, para que você seja um instrumento que executa o que quer porque vive na agenda de Deus, fazendo na Terra o que o mundo espiritual determinou nos céus.

Até 2015, eu estive predominantemente mergulhado em situações estimulantes no aspecto espiritual. Momentos com sua relevância, mas que mantinham as minhas segundas-feiras sempre iguais. Naquele encontro com Deus, posso afirmar que a porção de mim que mergulhava em QS foi tocada para o processo de desenvolvimento. O que vinha acontecendo comigo agora gerava transformação que redundava em algum tipo de fruto.

Abraçando uma causa

Está cada vez mais difícil falar da fé. A humanidade atingiu um ponto curioso no qual está rotulando que buscar um relacionamento com Deus afasta você da realidade. Já me disseram que era absurdo eu mergulhar em Deus porque eu era muito inteligente. Outros argumentaram que a fé é uma muleta imaginária para os fracos. Cheguei ao ponto de testemunhar pessoas dizendo que se Deus existisse mesmo não haveria problemas no mundo.

A situação toda está comprometida no coração do ser humano. A sociedade vem trabalhando cenários naturais da vida como condições exclusivas. Se eu desejo ter uma vida em comunhão espiritual, então perco minha individualidade. Se eu desejo viver pela fé, então serei um fantoche nas mãos do sacerdote. Se acredito em Deus, então desacredito o homem. Quem disse?

Deus fala claramente que ama a comunhão do povo, mas que Ele quer conversar com você no secreto. Ele também fala que tem planos inimagináveis para você, mas você precisa agir e colocar a mão na massa. Obviamente, acreditar em Deus apenas facilita o relacionamento com as pessoas pelo entendimento claro da falibilidade humana e da necessidade constante de arrependimento e perdão.

Viver com Deus é a única forma de construir uma vida sólida e alinhada em todos os aspectos possíveis. Só Deus pode promover entusiasmo suficiente para que você persevere dia após dia, tribulação após tribulação, deserto após deserto... porque é nessa condição que você se desenvolve o suficiente para administrar a conquista que Ele entrega em suas mãos.

Como sair da mesmice?

Agora você vai pensar na sua vida de forma generalizada. A solução dos problemas está em mudar a perspectiva de pensamento e o fluxo de ação. É muito comum começar a resolver um problema de forma superficial e aprofundar-se nele somente se houver uma nova condição, um novo entrave. O alinhamento da vida se dá quando, em qualquer situação, você buscar sempre o nível mais profundo, a verdadeira raiz desse pensamento ou emoção e, a partir desse ponto, construir uma nova história.

Em linhas gerais, o trabalho consiste em sete etapas. Na realidade, seis, com a sétima sendo o motivador. Falamos disso mais adiante. Coloque-se em um estado mental conectado com Deus e totalmente sem julgamentos ou preconceitos. Esse momento é totalmente seu.

Etapa #01: você precisa ter total consciência de onde está neste momento. Qual é a situação real da sua vida pessoal, profissional, familiar, financeira? Faça um mapa na sua cabeça, desenhe, escreva, grave um áudio sobre isso. Faça mesmo e tome o tempo que julgar necessário para tal.

Etapa #02: agora você precisa escrever todos os problemas de cada área que percebeu no item anterior e sentir que quer mudar. Escreva ao lado o que pode e quer fazer para mudar.

Etapa #03: você vai precisar alterar sua tabela de hábitos e aprender novas habilidades se quiser sair do lugar. Escreva, para cada um dos problemas, como vai promover essa mudança.

Etapa #04: escreva todos os motivos que o fazem acreditar que vale a pena toda a energia que vai empreender para mudar da vida atual para a que quer ter.

Etapa #05: imagine-se 365 dias à frente no ano que vem: quem é você após todas essas mudanças? Faça um desenho, um quadro, uma colagem e imagine detalhadamente a sua nova vida. Imagine-se vivendo esse momento agora, vendo, ouvindo e sentindo como se estivesse acontecendo. Você gosta de quem se tornou? Se não, volte ao começo.

Ser extraordinário

Etapa #06: agora inclua nesse desenho todas as pessoas que serão impactadas pelo passo que está dando agora! Quem está com você, aqueles que já não estão mais, seu Deus e quem mais você desejar. Ouça de cada um o que o faz importante na vida deles. Essa é a marca que você vai deixar no mundo!

O nome da marca que deixa no mundo? Legado.

Uma dose de entusiasmo
O que é legado, afinal?

Tudo aquilo que você constrói e permanece de forma cultural na sociedade é legado genuíno. Exemplificando com Jesus: Ele não deixou uma igreja ou um templo. Ele também não deixou um protocolo para multiplicar peixes ou pães e, tampouco, o roteiro para transformar água em vinho. Jesus deixou na humanidade a cultura do amor:

- Amor ao Senhor Deus
- Amor próprio
- Amor ao próximo

Simples assim. Um legado cultural verdadeiro que flui de geração para geração.

Qual é o seu? Descobrir o legado promove entusiasmo permanente para viver, de modo cíclico, as seis etapas descritas anteriormente em todas as áreas da sua vida, todos os dias da sua existência! Essa é forma mais linda de criar plenitude na vida.

Você, vivendo diariamente, e fazendo o que ama, enquanto entrega para a humanidade uma transformação cultural e espiritual. Sempre que alguém atinge esse patamar – e são muitos, muitos mesmo, os que conseguem, a plenitude oriunda da construção do legado passa a ser estilo de vida. Aproveite para celebrar suas conquistas, porque a gratidão lava o coração de todas as farpas que você receber pelo caminho!

Referências

BONDER, Nilton. *Fronteiras da inteligência: a sabedoria da espiritualidade*. [s.l]: Rocco, 2011. pp. 15-19.

MARSHALL, Ian; DANAH, Zohar. *QS: Inteligência espiritual*., [s.l]: Viva Livros, 2018. pp. 239-275.

PETERSON, Eugene. *A mensagem, bíblia em linguagem contemporânea*. [s.l]: Editora Vida, 2011. pp. 22-25, 1257.

PINHO, Djalma. *Desvende o poder da inteligência espiritual: o código de Jesus para desenvolver seus discípulos*. [s.l]: Best Seller, 2018. pp. 123-154.

TORRALBA, Francesc. *Inteligência espiritual*. [s.l]: Vozes, 2013. pp. 263-291.

Ser extraordinário

Capítulo 18

O segredo dos empreendedores extraordinários

Você já é um empreendedor ou deseja realizar o sonho de ter seu próprio negócio? O problema é que quase 60% das empresas, no Brasil e no mundo, fecham as suas portas após os três primeiros anos de atividades e, por isso, escrevi este artigo. Eu vou ajudá-lo(a) a ser um(a) empresário(a) extraordinário(a)!

Helaine Rodrigues

Ser extraordinário

Helaine Rodrigues

Escritora, cantora, compositora, palestrante, *coach* e empresária há mais de 15 anos. Possui formações em *coaching* pessoal, empresarial, analista comportamental, liderança e palestrante *coach*. Especializada em reprogramação de crenças, programação neurolinguística. Com a experiência adquirida ao longo dos anos, tornou-se altamente capacitada para ajudar a transformar a história pessoal e profissional de quem deseja viver uma vida extraordinária.

Contatos
https://helainerodriguesco.wixsite.com/website
helainerodriguescoach@gmail.com
Facebook: Helaine Rodrigues Coach e Palestrante
Instagram: helainerodriguescoach
LinkedIn: Helaine Rodrigues
(11) 97472-2448

Helaine Rodrigues

Após 11 anos de trabalho e dedicação, a empresa transferiu o funcionário para o período noturno, sem aviso prévio. Além da insatisfação com a postura da empresa em mudar o seu horário de trabalho, sem estar em pleno acordo, as coisas poderiam ficar piores!

Ao voltar para casa, de madrugada, sofria medo e constrangimento. Os cachorros da rua latiam sem parar e, por vezes, avançavam sobre ele. Pensou – como pode? Por que o motorista da empresa não pode me deixar em segurança, em frente a minha casa? Depois de tantos anos de dedicação, isso é o mínimo que eu poderia esperar!

Reconhecido por sua capacidade técnica, profissionalismo e competências, pediu demissão e abriu o seu próprio negócio. Alugou um imóvel e começou a prestar serviços, mas a nova empresa não conseguia bancar as próprias despesas e, por fim, fechou as portas.

Em um novo relacionamento, mudou-se para Rondon, no Estado do Pará, cidade natal da sua companheira, em busca de uma nova vida e novas oportunidades! As ofertas de trabalho na região eram muito ruins! No único trabalho que conseguiu, era necessário ficar semanas fora de casa e não tinha data certa para receber o seu salário! Mesmo assim, permaneceu alguns anos e passou a ser admirado por fazer tudo com excelência! Seus valores: garra, determinação, honestidade, excelência, fé e solidariedade!

Insatisfeito com a remuneração e a política da empresa, mais uma vez desligou-se e abriu a segunda empresa. Foi assim que nasceu a elétrica IR – Irenio Rodrigues. Eletricista enrolador de motores, se especializou em instalação e distribuição de rede pública de energia elétrica. Prestava serviços para fazendeiros, desenvolvia projetos e implantação de geradores, para atender a demanda da principal serraria da região.

Um homem cheio de projetos e sonhos! Ousado, determinado, confiante, muito trabalhador e cheio de esperança! Imaginem, um homem de 50 e poucos anos, com a sua equipe perfurando a superfície para implantação de postes, puxando fios numa altura aproximada de dez metros, em estradas com relevos totalmente

Ser extraordinário

desfavoráveis, embaixo de um sol escaldante de 35 graus com a sensação térmica de quase 40!

Estava estudando como fazer parte do projeto do governo, *Luz para todos*. Devido à imensa burocracia, teve algumas dificuldades para se adequar. Ele pediu a minha ajuda. Em 2006, viajei para o Pará, fiquei quatro meses e conseguimos realizar o seu sonho. Organizei toda a documentação e voltei para São Paulo.

O treinamento da equipe, uniformes, alojamento, alimentação, tudo por conta da sua empresa! Estava muito feliz e realizado! Fez empréstimos, investiu o seu trabalho, a sua vida, para levar luz a muitas pessoas, que jamais imaginariam ter energia elétrica em suas casas!

Quando chegava às pequenas cidades com o seu caminhão, pessoas simples e humildes vinham ao seu encontro dizendo: "É o senhor que vai trazer luz para nós?". Orgulhoso, com um largo sorriso no rosto, ele respondia: "Sim, sou eu!".

Apaixonado pelo seu trabalho, por ajudar pessoas, Irênio estava cumprindo a sua missão de vida e aproximando-se da sua visão de futuro. A sua empresa foi, muitas vezes, elogiada e teve destaque pelo bom trabalho da equipe!

Entretanto, é importante lembrar que, para uma empresa manter-se em crescimento e alcançar a maturidade, não basta ser tecnicamente excelente. Além de ter visão empreendedora é necessário um gerenciamento eficaz. Coisa que lamentavelmente a Elétrica IR não tinha. Nessa fase, devido ao aumento da demanda, as questões administrativas da empresa ficaram totalmente sem controle: não havia planilhas para acompanhamento do custo fixo da empresa, da lucratividade das obras, sem controle de obras concluídas, de obras em andamento, das notas fiscais emitidas, dos impostos pagos, do fluxo de caixa, das obras recebidas e a receber.

Não tinha previsão sobre despesas com alimentação e acomodações da equipe, não tinha controle de estoque e não tirava férias. A empreiteira mudava a equipe da obra, antes da conclusão, gerando um descontrole total para acerto dos valores de mão de obra. O descaso dos motoristas com os caminhões costumava dar prejuízos, pois faziam manobras que os danificavam. Os funcionários saíam para conhecer a nova cidade em que estavam alojados e bebiam até de madrugada, prejudicando a programação do dia seguinte.

O que fazer, então? Falou com um "amigo", para ajudá-lo. Abdicou do cargo gerencial e continuou focado no operacional. Erro fatal!

A boa fé do senhor Irênio fez com que ele autorizasse o seu gerente a colocar uma equipe dele, para prestar serviços junto a Andrade Gutierrez, no contrato de sua empresa.

Helaine Rodrigues

O seu objetivo era ajudá-lo. Deu total liberdade, não supervisionou o seu trabalho e o resultado foi desastroso! Além de não resolver os problemas existentes, criou outros, agravando a situação!

Comprou um veículo em nome da empresa e não pagou; os funcionários do "gerente" processaram a Elétrica IR; a empresa ficou endividada com o banco; além dos vários prejuízos, ainda ficou sem receber vários serviços.

Os seus sonhos começaram a desmoronar. Todo o seu conhecimento técnico, capricho, visão, amor pelo trabalho, toda a sua energia e anos de dedicação para ver a sua empresa crescer não foram suficientes para consolidar o seu sucesso. Ele entregou a administração da sua empresa nas mãos da pessoa errada! Não supervisionou, não estava preparado para aquela nova fase. Infelizmente, eu estava em São Paulo e desconhecia a gravidade da situação.

Em 2010, diante daquele cenário preocupante da empresa, tivemos uma triste surpresa! O meu pai começou a se sentir muito cansado, com dores nas costas. Depois de ficar internado duas semanas, sem um diagnóstico preciso, deram alta. Em casa, de madrugada, teve uma crise hemorrágica grave e chegou ao hospital com apenas 3% de chance de vida.

Quando ele entrou na ambulância, o enfermeiro disse: "Preparem-se! Será difícil ele voltar com vida"! Nesse momento, entendendo a gravidade da situação, o meu pai orou e pediu que a sua vida fosse poupada, e a sua oração foi atendida! Deus seja louvado! Viajei para o Maranhão, onde ele foi socorrido, e o trouxe para São Paulo, a fim de investigar a causa. Foi constatado que era Mieloma Múltiplo. Fez transplante de medula óssea e esteve em tratamento durante cinco anos.

Quando ele se mudou para o Pará, eu tinha apenas 12 anos de idade e optei por ficar com minha mãe em São Paulo. Nesse período de tratamento, foi o tempo que mais passamos juntos. É estranho como algo tão ruim poderia ter trazido algo bom! Eu sempre o acompanhava nas consultas, exames e quimioterapias. Nós conversávamos bastante sobre vários assuntos. Aprendi a admirar e a amá-lo ainda mais! Nessas conversas, ele me disse algo que eu gostaria de compartilhar com você:

"Eu me arrependo de ter trabalhado muito e ter ficado pouco tempo com a minha família." "Eu me arrependo de não ter dedicado tempo para cuidar da minha saúde e da minha vida espiritual."

O meu pai construiu patrimônio. Além da Elétrica IR, tinha outro projeto incrível! Montar uma fábrica de cerâmica! Outro sonho dele era ver toda a família trabalhando junto e vivendo em prosperidade! Chegou a comprar a máquina e o local para tirar a argila, mas devido ao seu estado de saúde, não prosseguiu! Vendeu alguns

Ser extraordinário

bens e quitou as dívidas! Ainda me motivou e me ajudou a gravar o meu CD, que era o sonho que eu tinha há dez anos. Em dezembro de 2014 ele partiu, a Elétrica IR não existe mais. Hoje, recordo as várias lições que ele me ensinou, entre elas, acreditar e não desistir dos meus sonhos!

Sinto saudades, sempre o amarei.

Essa história nos ensina preciosas lições e não tenho como expláná-las, todas, aqui. O que eu quero dizer é que nem sempre o que sabemos é o suficiente para chegarmos aonde nós queremos chegar. Imagina que você quer fazer uma viagem, de carro, para um lugar que nunca esteve antes, não basta ter o carro, o combustível e saber dirigir, você precisa saber o caminho. Precisa de um mapa, um aplicativo ou alguém que o oriente a chegar em segurança, mais rápido, correndo menos riscos de acidentes, e de se perder no caminho.

Alguns empreendedores se frustraram e fecharam as portas, outros estão com inúmeras dívidas, na esperança de que alguma mudança aconteça no cenário político, financeiro. Ainda existem aqueles que se mantêm no mercado, mas não conseguem crescer, ter o salário que desejam, ter tempo de qualidade com a família, não tiram férias, vivem na incerteza do futuro, sem saber aonde vão chegar, escravos do seu negócio, pois não funciona sem eles e, na sua ausência, poderão deixar a família, esposa e filhos com dívidas e sem nenhum respaldo financeiro.

Como está a sua empresa? Quanto tempo da sua vida você está dedicando ao seu negócio? Como está a administração da sua empresa? Como estão as finanças? Você tem dedicado tempo a sua família? Cuida da saúde? Tira férias?

"Pressuposto fatal: se entende do serviço técnico de uma empresa, você entende dos negócios envolvidos nele. O motivo por que esse pressuposto é fatal é que isso simplesmente não é verdade. Na realidade, essa é a origem da falência da maioria das empresas!". (Michel E. Gerber – O mito empreendedor)

Isso também se aplica, em larga escala, aos universitários recém-formados, mesmo das mais bem-conceituadas universidades. Aprendem a profissão, ou seja, a parte técnica, mas a maioria não sai preparada para abrir o próprio negócio.

Sabendo que a melhor maneira de conquistar liberdade financeira e realizar os seus sonhos é por meio do empreendedorismo, o que fazer para obter sucesso permanente, garantindo o futuro extraordinário que você e sua família merecem?

Em primeiro lugar, é preciso conhecer as três fases da empresa e saber em qual delas a sua se encaixa.

Helaine Rodrigues

Infância – o negócio morre sem o proprietário. O negócio é conhecido pelo nome do dono. Ele não confia em outra pessoa para fazer o serviço. Compra, vende, administra, atende o telefone, vai ao banco, tudo depende dele. Trabalha várias horas por dia, oito, 12, 16...: se necessário, sábados, domingos e feriados. Vive na esperança, não tem visão de futuro, a empresa é a sua vida.

Adolescência – quando o proprietário percebe que não consegue mais dar conta de tudo sozinho. Ele está esgotado, baixa qualidade no serviço prestado, as coisas saem do controle e ele decide buscar ajuda para conseguir sobreviver. Normalmente, a adolescência é a fase mais crítica e decisiva de uma empresa! Nela, o empresário tem três direções: 1. Buscar o conhecimento e ajuda para seguir em frente e conquistar a maturidade. 2. Regride para a fase da infância e só trabalha dento da capacidade técnica dele, fica estagnado. 3. Perde o equilíbrio, não sabe lidar com as mudanças e fecha as portas.

Maturidade – é a fase onde se encontram as melhores empresas do mundo (Disney, McDonalds, Apple, Walmart, entre outras). "Uma empresa madura sabe o que teve que fazer para estar onde está e o que deve fazer para chegar aonde quer." O sucesso desejado está na fase da maturidade. No entanto, é necessário haver uma mudança no *mindset*, assumindo a sua personalidade empreendedora, visto que você estava sendo dominado pela mentalidade técnica.

A sua empresa não será mais o seu "emprego", você irá conduzi-la para que ela trabalhe em seu favor. Saberá onde está, aonde quer chegar e o que precisa ser feito para chegar aonde quer! Não deixará a sua empresa nas mãos de outras pessoas, abdicando da sua responsabilidade. Evitando transtornos futuros.

Para alcançar a maturidade, ela precisa passar pelos seguintes passos: criação do planejamento estratégico, criação da estratégia organizacional, criação da estratégia financeira, criação da estratégia de *marketing*, liderança estratégica em um protótipo de franquia. Um modelo que funcionará como um relógio suíço. Poderá vender os seus produtos e serviços e, se quiser, no futuro, o seu negócio. Garanto que vender um negócio pronto dá muito mais lucratividade do que vender produtos. Vendendo produtos, você fica rico. Vendendo o negócio, poderá ficar milionário. Mas esse é um outro assunto.

Os resultados dessas ações serão palpáveis:

Melhoria na gestão, aumento da produtividade, aumento dos lucros, não ficar mais no vermelho, crescimento contínuo, conquista de novos investidores, trabalhar menos de oito horas por dia, tirar férias, mais tempo com a família, qualidade de vida, livre de apagar incêndios, tempo para abrir outro negócio e fazer outros investimentos. É isso o que você deseja?

Ser extraordinário

Se quer ser um empresário de sucesso, precisa se preparar para isso. Saber aonde quer chegar, qual modelo irá seguir. Precisa pensar e agir como tal, assim terá os mesmos resultados.

Na infância, sua empresa poderá exigir mais, mas não permita que isso se perpetue. Ela não é a sua vida e não existe para você ser escravo dela. Não permita que ela roube parte dos seus sonhos mais valiosos, seu tempo com a família, sua saúde, sua missão de vida, sua espiritualidade...

O segredo do empreendedor extraordinário é aprender a fazer a sua empresa trabalhar para realizar os seus sonhos!

Referência
GERBER, Michael E. *O mito do empreendedor*. pp. 23, 30, 46. Editora Fundamental, 1994.

Ser extraordinário

Capítulo 19

O segredo para uma vida financeira extraordinária

Já pensou em ser desafiado a colocar a sua vida financeira funcionando como uma engrenagem, em perfeita sintonia com seus sonhos e valores? Neste capítulo, ensinarei como colocá-la em movimento, ativando três eixos: consciência, ferramentas e ações.

Janaine Pimentel

Ser extraordinário

Janaine Pimentel

Bacharel em Administração de Cooperativas pela Universidade Federal de Viçosa, com MBA em Gestão de Cooperativas de Crédito e em *Banking* pela Fundação Getulio Vargas. Mestrado na USP pelo Programa de Integração da América Latina (PROLAM/USP), com projeto na área de políticas de crédito. Atua no segmento financeiro cooperativo há quase 20 anos, com vasta experiência na área de crédito e investimentos. Possui certificação profissional ANBIMA e certificação do Programa FORMARCRED pelo SESCOOP (Serviço Nacional de Aprendizagem do Cooperativismo). Desenvolve e implanta programas de educação financeira para empresas, aplicando a técnica da engrenagem financeira desenvolvida com base na sua experiência de trabalho, além de inúmeras palestras sobre o tema. Já atuou como professora de disciplinas ligadas à área financeira e de produtos financeiros em faculdades na cidade de São Paulo.

Contatos
jana.lopes.pimentel@gmail.com
LinkedIn: Janaine Pimentel

Janaine Pimentel

Engrenagem financeira: consciência, ferramentas e ações

Neste capítulo, tratarei de um assunto muito interessante: a nossa relação com o dinheiro. Mais do que isso, apresentarei uma técnica incrível que vai ajudá-lo a ter uma vida financeira extraordinária.

Apesar de ser um assunto que faz parte do nosso dia a dia, pois o tempo todo lidamos com questões como salários, pagamentos, sonhos, aposentadoria, dívidas etc., o que observei ao longo da minha experiência nessa área é que a maioria das pessoas ainda sofre por trabalhar e pagar contas, sem perceber mudanças que fazem sentido, apesar de, muitas vezes, ter tido aumento de renda e melhoria da qualidade de vida. Para muitos, viver consiste em trabalhar e pagar contas.

Pois é, sei que é um ciclo complexo e difícil de sair, principalmente quando há um endividamento que pode comprometer ainda mais essa situação, mas há um jeito de sair desse ciclo vicioso de viver para pagar contas e pagar contas para viver.

Você já parou para pensar que a nossa vida financeira é como uma engrenagem? Quando uma peça não funciona direito, todas as outras param de funcionar. Percebi isso nesses quase 20 anos de experiência trabalhando na área, atendendo pessoas que buscavam crédito, para colocar as finanças em ordem, mas logo depois estavam completamente endividadas novamente.

Nos atendimentos que faço, comecei a perceber que a vida financeira das pessoas não ia bem por uma série de fatores:

- ✓ Algumas passavam por problemas pontuais como doença ou algum fato relevante na família, que levou a um grave desequilíbrio financeiro;

- ✓ Outras queriam realizar sonhos como comprar um carro, uma casa, fazer uma viagem, pagar os estudos dos filhos;

- ✓ Muitas gastavam mais do que ganhavam no mês e se viam envolvidas em uma "bola de neve" de dívidas;

Ser extraordinário

- ✓ Várias pagavam juros de cheque especial ou cartão de crédito, todo mês, por pura falta de disciplina e controle;

- ✓ A maioria comprou um carro ou imóvel na planta e não se atentou aos gastos "agregados" dessas compras, e o que era sonho virou pesadelo.

O que mais me chamava a atenção é que muitas dessas pessoas tinham boa formação, até mesmo na área de finanças, mas ainda assim não sabiam gerir o próprio dinheiro.

No meu trabalho, também atendo pessoas que querem fazer investimentos para o futuro e passei a observar o comportamento delas. Conheci algumas que ganhavam relativamente pouco, mas que tinham uma reserva para emergências, que viviam uma vida digna e confortável e que sabiam aonde queriam chegar.

Sempre me perguntava o motivo de pessoas com salários e trabalhos parecidos terem uma relação tão diferente com suas finanças, ou seja, com o dinheiro. Comecei a fazer anotações, perguntas, estudos para tentar entender esse "fenômeno".

Desse trabalho quase que "investigativo" surgiu o conceito de "engrenagem financeira", que quero compartilhar com vocês.

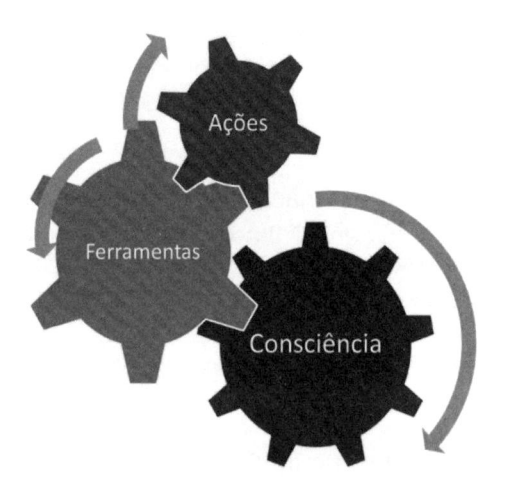

Consciência

A engrenagem começa a funcionar quando movimentamos a peça fundamental desse processo, a "consciência". Nessa etapa, precisamos identificar quais são as crenças limitantes que temos em relação ao dinheiro. Essas crenças, normalmente, foram instaladas no nosso inconsciente desde a infância e, muitas vezes, elas nos parecem positivas.

Janaine Pimentel

Vou dar dois exemplos: você já ouviu falar que dinheiro não traz felicidade? Eu fico pensando por que muitas pessoas querem acreditar que ter dinheiro impede de ser feliz. Essa mensagem instalada no nosso inconsciente pode nos fazer acreditar que só podemos ser felizes sem dinheiro. Outra frase que você já disse ou já ouviu alguém dizer: "Sou pobre, mas sou honesto!". Na minha opinião, é possível ser rico e ser honesto, porque honestidade tem a ver com valores e não com dinheiro. Será que é por termos essas falsas ideias positivas que jogamos o nosso dinheiro "fora?".

Veja outras ideias preconcebidas que precisam ser repensadas para que você possa ter uma vida financeira extraordinária:

- ✓ Só pode investir quem é rico! Posso garantir que isso não é verdade! Qualquer pessoa pode ser um investidor: com R$ 30 por mês é possível investir no tesouro direto e ter uma rentabilidade muito maior que a poupança;
- ✓ Dinheiro não nasce em árvore! Você ainda acredita nisso? Então, pense comigo: ele é feito de papel, certo? E o papel vem de onde? Da árvore... Viu como você se limita a essa crença e não percebe que o seu dinheiro pode crescer e gerar muitos frutos?
- ✓ Dinheiro é sujo: qualquer objeto que circula de mão em mão pode se contaminar, sim, mas isso não quer dizer que tenha que se desfazer dele de forma impensada.

Ferramentas

Agora que você já eliminou essas crenças limitantes do seu inconsciente, já é possível mover a sua engrenagem financeira à próxima etapa: "ferramentas".

Com o avanço da tecnologia, temos acesso a muitas ferramentas que podem nos ajudar a organizar a nossa vida financeira e até mesmo a fazer investimentos de forma fácil, ágil e descomplicada.

Cada pessoa, dentro de suas particularidades, pode escolher a ferramenta que melhor se adéqua a seu perfil. Conheço pessoas que anotam no bom e velho caderninho e isso funciona muito bem; há os superconectados que usam aplicativos para essa atividade e gostam; outros preferem planilhas de Excel.

O que quero dividir com vocês é que a melhor ferramenta é aquela que funciona para a sua realidade, a que deixa mais confortável, ou seja, a que vai usar. O mais importante é ser leal consigo e anotar todas as despesas, para que perceba para onde o seu dinheiro está indo, possibilitando, assim, fazer escolhas conscientes para a mudança de hábitos.

Ser extraordinário

O mais difícil nesse processo é identificar pequenas despesas do dia a dia, que minam o nosso orçamento e não percebemos. Chamo isso de gastos imperceptíveis, exatamente porque gastamos e não "vemos". Vou citar alguns exemplos para você refletir se eles fazem parte do seu dia a dia e se tem controle sobre elas: cafezinho, estacionamento, doces e chocolates, cosméticos, balada, padaria, pequenas compras no mercado, a blusinha da promoção, presentes, compras em revistas de cosméticos etc.

O que eu quero dizer é que, mais do que decidir se vai usar anotação em um caderninho, se vai aderir a uma planilha de Excel ou usar um aplicativo, é realmente ser fiel à ferramenta escolhida e anotar tudo, tudo mesmo.

Uma dica legal é fazer um planejamento mensal com tudo que você prevê que irá gastar no mês (incluindo os gastos imperceptíveis), e depois anotar diariamente toda conta que pagar e qualquer coisa que compre. É importante também anotar parcelas de empréstimos que você tenha feito e a ocorrência de despesas sazonais, como matrículas, IPTU, IPVA, seguro do carro, entre outras. Ao final do mês, você soma os gastos com cada tipo de despesa e compara com a previsão inicial que fez.

Anotar tudo e depois comparar com a previsão é a melhor forma de descobrir aqueles gastos que têm um peso maior no seu orçamento. Podendo ver uma fotografia real do seu orçamento em relação ao que você achava ou previa, poderá fazer as escolhas certas para rodar a peça da ferramenta e colocar a sua engrenagem financeira para funcionar.

Outra dica importante é a atenção que se deve ter com o cartão de crédito. Como a compra é feita em um mês e o pagamento no mês seguinte, temos a impressão de que gastamos menos quando iniciamos as anotações. Minha sugestão é anotar esses gastos, para que possa visualizar de fato todas as despesas.

Outra situação que pode acontecer em relação ao cartão de crédito: no mês anterior o uso do cartão foi muito intenso e, no mês que irá iniciar o controle, a fatura apresenta um valor elevado. Nesse caso, sugiro anotar a fatura do cartão do mês passado como dívida, considerando ser uma despesa que não diz respeito a um consumo feito no mês atual.

Ações

Agora está na hora de definir quais ações você vai adotar para ter uma vida financeira extraordinária. Olhando para o quanto ganha e quanto gasta, pode ter percebido duas situações possíveis:

Janaine Pimentel

1. Você descobriu que gasta mais do que ganha:
O jeito é iniciar imediatamente um trabalho de revisão das despesas e definir quais gastos poderão ser reduzidos ou eliminados. Se você possui dívidas, uma opção é buscar uma renegociação global de todas elas (empréstimos, cartão de crédito, cheque especial, contas de consumo etc.) e fazer um crédito consignado ou crédito pessoal, mas com atenção para que a parcela seja compatível com o seu orçamento.

Só fazer a renegociação para ganhar um alívio momentâneo e descobrir no próximo mês que não conseguirá pagar as parcelas só irá aumentar ainda mais o problema, criando o efeito "bola de neve".

Outra opção interessante é se desfazer de algum bem (carro, por exemplo), para colocar a vida em ordem. Dar o carro ou a casa como garantia na operação de crédito também é uma boa opção para reduzir a taxa de juros e conseguir uma operação em um prazo maior, compatível com a sua capacidade de pagamento.

Caso essas opções não sejam viáveis para a sua realidade, o jeito é ir negociando dívida a dívida, começando pelas que têm maior impacto sobre o seu dia a dia (água e luz, por exemplo). Não adianta renegociar todas as dívidas em um único mês, pois, provavelmente, você não terá como pagar as parcelas dos acordos ou parcelamentos.

O caminho é renegociar de uma em uma e só fazer uma renegociação quando a outra tiver sido quitada. Você também pode aproveitar ocasiões como férias, 13° salário e bônus para negociar dívidas com pagamento à vista, para ter um bom desconto.

2. Você descobriu que ganha mais do que gasta:
Parabéns! Esse é o primeiro passo para uma vida financeira extraordinária: ter um resultado mensal positivo, quando compara receitas e despesas. É importante observar se isso foi pontual (se somente nesse mês você teve essa sobra), ou se realmente já é a sua rotina em relação ao orçamento. O próximo passo é colocar no papel quanto custa os seus sonhos e iniciar um investimento para que ele possa ser realizado.

Outro ponto importante a ser incluído no seu orçamento é um valor mensal para o seu plano de aposentadoria, para que possa ficar tranquilo em relação a seu futuro.

Qualquer que seja a sua situação, o que mais importa é incluir você, o seu futuro e o seu sonho no seu orçamento. É justo que pague todas as contas da sua casa, da sua família e do seu lazer, mas é justo também estabelecer um espaço para os seus sonhos (carro, casa, viagens, estudos) e para o seu futuro (aposentadoria), em seu planejamento financeiro. Afinal, você é a pessoa mais importante da sua vida.

Ser extraordinário

Outra recomendação que sempre faço em relação à ação é compartilhar o que ganha com o próximo, por meio de doação de dinheiro e apoio a projetos que melhorem a vida de outras pessoas ou do planeta. Ajudar na construção de um mundo melhor nos torna capazes de sermos melhores conosco também. Percebi, ao longo do meu trabalho, que aqueles que escolhem uma causa e se dedicam a ela se tornam pessoas melhores e lidam de forma mais harmônica com o seu dinheiro. Se uma pequena parte do seu salário que é doada pode mudar o mundo, imagina o que a maior pode fazer por você!

Uma vida financeira extraordinária

Ter uma vida financeira extraordinária depende das escolhas que faz e da disposição para mudar o *mindset*, alterando as ideias preconcebidas e dando espaço para que o consciente e o inconsciente possam se unir para você escolher as melhores ferramentas e agir em prol do que almeja conquistar.

Para que a engrenagem financeira da sua vida funcione com fluidez, é importante buscar algo que seja um propulsor desse movimento: falo de um sonho, um propósito, algo especial que você queira fazer e ainda não conseguiu, por estar preso a velhos hábitos e velhos comportamentos. Saber que existe algo maior tornará esse processo prazeroso, e sua satisfação ao ver o seu sonho se tornar real irá compensar qualquer desgaste ou dificuldades que venha a ter.

Outro elemento importante nesse processo é a disciplina para fazer valer o que você se propôs a realizar. O sucesso desse processo de mudança de relacionamento com o seu dinheiro será mais rápido quanto maior for a sua disciplina e o seu compromisso com as ações que você definiu e com o uso da ferramenta escolhida.

Escolher ser feliz e com dinheiro, ver nossos sonhos se realizarem e garantir o nosso futuro são direitos legítimos de todos. Nosso trabalho e a renda proveniente dele é uma conquista e merecimento, portanto devemos fazer bom uso desse recurso. Precisamos aceitar que queremos viver além de pagar contas e dívidas e que podemos colocar a nossa vida financeira em ordem e ver a nossa engrenagem rodando em perfeita harmonia.

Ter uma vida financeira extraordinária é possível e está ao seu alcance. Basta lembrar de estabelecer sonhos e objetivos que impulsionem o funcionamento da sua engrenagem financeira: com consciência, boas ferramentas e ação, você está pronto para o sucesso.

Ser extraordinário

Capítulo 20

Ser extraordinário é uma questão de escolha. Que tal escolher ser um super-herói?

Este capítulo mostrará quem são os super-heróis anônimos e como eles trabalham, incansavelmente, para o progresso da humanidade, treinando e se preparando para distribuir alegria àqueles que recebem seus serviços.

Jecer de Souza Brito

Ser extraordinário

Jecer de Souza Brito

Servidor efetivo da Prefeitura Municipal de Campinas; gestor de RH; graduado em Tecnologia de Recursos Humanos pela Anhanguera. Escritor dos livros *Gestão de sentimento* – Editora Komedí; *Não se esqueça de mim* e *Recapitular para capitular* (do gênero de filosofia e gestão), ambos pela Editora Schoba. Ministra palestras eventuais sobre motivação, desenvolvimento intelectual e empreendedorismo, sempre objetivando conteúdos que possibilitem resultados, sustentabilidade e desenvolvimento.

Contatos
jecerci@gmail.com
LinkedIn: Escritor Jecer de Brito
Facebook: Escritor Jecer de Brito

Jecer de Souza Brito

Super-heróis gostam de manter uma identidade secreta, ninguém os percebe, porém, quando estão sozinhos, transformam-se com suas roupas coloridas, voam, saltam, pulam e lançam objetos, usam a rapidez, a força, e depois voltam à realidade.

Agora, você pode estar pensando: isso não existe, é apenas ficção. Mas, afirmo, não é; eles existem e estão entre nós, no módulo disfarce. Passam sorrateiramente uma vida inteira sem que os percebamos, ao menos que estejamos mais atentos quando ativam e desativam os seus superpoderes. Com algum treinamento é possível saber quem são, quantos são, quando usam seus poderes e onde usam.

Na ficção, os heróis existem para vencer os vilões e salvar o planeta, mas, se você optar por ser um super-herói, a sua função será a de transformar a nossa realidade.

Ocorre que a maioria dos seres humanos vive automaticamente, e essa forma de vida impede a percepção dos super-heróis, afinal há uma espécie de rotina nos milhares de lares espalhados pelo mundo.

Esse modo de viver promove um encaixotamento das possibilidades reais e inibe a visão dos super-heróis que vivem entre nós. Para vê-los, é preciso mudar a percepção e reprogramar a forma de enxergar, ouvir, sentir, apalpar etc.

Uma pergunta sugere um começo para novas perspectivas. Enfim, qual é a diferença de uma pessoa comum e um super-herói? Como sugestão, podemos indicar a motricidade. Mas o que é isso? É a força propulsora, ou seja, o impulso que dá movimento àquilo que deseja.

Porém, tanto os humanos comuns quanto os super-humanos possuem essa força. Enquanto um carrega dez quilos, o outro carrega mil; enquanto um demora uma hora para fazer um percurso, o outro demora dez minutos. Isso ainda não é o heroísmo, apenas a proporção da força, velocidade, inteligência etc.

O heroísmo em si é apenas e tão somente fazer algo que é necessário para salvar a vida de muitas pessoas, e até o planeta como um todo. A força, velocidade e elasticidade dos super-heróis são apenas ferramentas que eles usam para realizar o que realmente importa, que é feito com a "motricidade" intelectual para salvar vidas, que é um ato heroico!

Ser extraordinário

A primeira vida a ser salva é a do próprio herói, pois se ele tiver a sua vida aprisionada, não poderá salvar ninguém, enfim, salvar-se é um ato heroico. Assim como os super-heróis mantêm a sua identidade secreta, eles também mantêm outras coisas em secreto e acreditam no potencial infinito, que faz com que estejam sempre em um processo evolutivo. Nesse caso, o treinamento, mas super-heróis treinam?

Sim, aliás, um fator preponderante é o treinamento e o exercício, que os fazem chegar ao infinito de seus poderes. Eles não nascem prontos, mas com tendências, predisposição para tarefas maiores e treinamentos, entenderão que poder atrai poder. Aqueles que têm o poder de andar correrão, os que possuem poder de saltar voarão etc. Treinamentos deixam marcas (cicatrizes, calos, rugas).

Na tentativa de descobrir quem são os heróis entre nós, precisamos ampliar a nossa visão periférica e entender o que é um superpoder. Exemplo: superforça é um superpoder. Agora, analise:

- Quem na sua convivência carrega mais peso?
- Quem exerce liderança?

Uma força que merece destaque nos super-heróis é a vontade, não apenas nas grandes tarefas, mas, por exemplo, no ato de lavar a louça do jantar que todos recusam. A força de vontade os diferencia dos humanos comuns. Super-heróis tomam decisões que beneficiam todos: eles próprios e os outros!

Na tentativa de compilar as ações heroicas e, posteriormente, descobrir os heróis a nossa volta, nos deparamos com dados interessantes, pois os que têm força podem transportar um peso grande subitamente. Entretanto, há pessoas em nosso meio que carregam um fardo pequeno hoje, amanhã e depois, de tal modo que, ao longo de cinco ou dez anos, já carregaram a mesma quantidade de um herói. Essas não desistem. Não desistir é um ato heroico!

Há heróis que não possuem superforça, não voam, mas têm uma supervelocidade. Constroem equipamentos e armaduras que transformam em ferramentas para voar, saltar, e ter supervelocidade. Você já viu algum desses equipamentos por aí?

Eles são do grupo que consegue programar e reprogramar pelo quociente de inteligência e até por meio da metodologia de tentativa e erro. Tudo aquilo que é ou está relacionado ao neuro (neurolinguística, neurocientífica, neuroplasticidade) é justamente a capacidade de reprogramação que garante a evolução para o desejado.

Reprogramar é substituir uma programação por outra. Só existem aviões ou qualquer outro invento, porque alguém saiu da curvatura da parábola no gráfico da programação da rotina mundial,

Jecer de Souza Brito

e achou que poderia voar, que poderiam haver edifícios, carros, máquinas, informações eletrônicas, mecânicas que depois se transformariam em mecatrônica...

Heróis trabalham em segredo para evitar sabotadores de projetos, pois aqueles que estão inventando têm que ter otimismo e concentração. Nenhum poder extraordinário pode ser realizado sem concentração. No caso, observe aqueles que vivem concentrados, compenetrados, atentos ao que estão fazendo, dedicados ao máximo ao que estão buscando. Concentração é poder!

O primeiro grande conflito está dentro de cada um de nós e é o respeito ao nosso código de honra, pois precisamos respeitar o traje que vestimos. Quando isso não acontece, o super-herói passa a ser um vilão, por isso pedir ajuda aos familiares, aos profissionais, para resolver os nossos problemas, é uma tomada de decisão heroica, uma vez que nem na ficção há herói autossuficiente. Nós somos fruto de muito treinamento. Para viver nas batalhas cotidianas, temos que usar esse recurso em nossa comunidade.

Super-heróis vivem de lutas e guerras, usam seus superpoderes para grandes atividades e feitos gigantescos, porém a razão pela qual lutam é para a defesa da vida nos planetas das galáxias. Se a vida em comunidade fizer isso, daremos descanso a eles e ocuparemos seus lugares.

> A comunidade é um anfiteatro em que os gladiadores depuseram suas armas e armaduras, se tornaram hábeis em ouvir e entender, um lugar em que se respeitam os dons uns dos outros, celebram suas diferenças e cuidam das feridas uns os outros, um lugar em que todos estão comprometidos a lutar juntos — em vez de lutarem uns contra os outros. É também um lugar para se lutar com graça. (Dietrich Bonhoeffer)

Nas comunidades, as lutas não param, no entanto, temos mais forças para vencer, por estarmos juntos, assim como nas ligas de heróis.

Os heróis brasileiros estão por aí, no dia a dia, podem ser facilmente notados quando recebem um pedido de socorro e não fazem questionamento partidário, de opção sexual, cor dos olhos, raça etc. Mas apenas socorrem. Enfim, têm uniforme definido nas cores verde, branco, amarelo, azul – cores da nossa bandeira – e vão para os trabalhos disfarçados de pessoas comuns, todos os dias.

Com revólver na cintura; uma vassoura nas mãos; um giz e uma lousa; bisturi e medidor de pressão; eles pintam, desenham e

Ser extraordinário

escrevem; nas portarias dão informações; andam feito sardinha dentro dos ônibus lotados; vão a pé, de bicicleta. Estão nas clínicas, nos postos de gasolina, nas borracharias, indústrias, comércio e nas prefeituras. Também estão nos Estados da Federação, e são eles que fazem a coisa acontecer. Às vezes, nem chegam a reconhecer os verdadeiros heróis que são.

Como sugestão, você, eu ou qualquer um pode criar uma turma de amigos, enfim, uma espécie de liga, para exercitar a solidariedade. Há muito, mas muito trabalho a ser feito, e com pagamento único, que só os heróis conhecem. Esse está muito longe dos valores amoedados que são chamados de salário, mas tende mais ao valor de se sentir útil para o próximo, que sequer conhece a sua fisionomia, pois solidariedade não tem nome de executor.

Para mergulharmos no conhecimento, devemos estar preparados e entender que os resultados virão após as desculpas. No primeiro momento, o que estamos adquirindo é apenas a ideia, igual quando compramos algo parcelado, ou seja, não é nosso ainda, porém se pagarmos, será. Para isso, usamos a desobediência produtiva positiva, que é cumprir o que a obediência manda e ir mais além.

Se um técnico de futebol pede para um jogador treinar uma hora batendo faltas, ele desobedece e treina duas. Como ainda não há fórmulas para desaprender (ainda bem que não existem), aqueles que passam a conhecer algo não poderão voltar mais ao estado de ignorância anterior, mas usufruirão da maravilhosa condição do saber.

Isso, nas modalidades heroicas, é a mais avultada, enfim, é melhor saber do que ter agilidade, é melhor saber do que ter superforça, é melhor saber do que voar, é melhor saber do que ser rico, é melhor saber, pois o conhecimento é poder.

Super-heróis não existem, mas existem pessoas que optam por um modelo de vida que oferece *status* heroico, que vai muito além do imaginado, do construído, do desejado e do sonhado...

"Todos são bem-vindos à escola do saber que desperta para a formação de super-heróis!"

Felizmente, nós temos os recursos para ser super-heróis, pois possuímos a possibilidade de treinamento, ou seja, de aperfeiçoarmos as nossas habilidades. Para isso, o superpoder maior chama-se força de vontade, a partir desses recursos abstratos, iremos aos concretos.

Os super-heróis devem abastecer a sua fonte de poder, com alimentação balanceada e exercícios físicos. Com isso, terão a saúde física necessária para partir rumo aos treinamentos intelectuais, que os colocarão na rota de competitividade entre os postulantes a um uniforme de alguma liga.

Jecer de Souza Brito

É importante ter em mãos a equação da simplicidade, pois se queremos aliados para nos ajudar a realizar algum grande feito, quanto mais simples for a fórmula do ensinamento, mais fácil será captar adeptos à ideia, e o resultado chegará mais rápido e com mais qualidade.

Para essa revolução intelectual, o método está aqui, ali, lá e acolá, e essa fórmula é o consumo de livros, estudos, palestras etc. Essas são plataformas de conhecimento capazes de oferecer transformação pela curiosidade da busca, pela emoção que causam e pela relevância da causa. Cem por cento de trabalho concluído ativa o módulo transformação e um *download* começa a partir da reprogramação feita pelas novas informações, ou seja, o nosso poder é exatamente do tamanho do nosso conhecimento.

Quando ele se amplia, passamos do poder para o superpoder, do ordinário para o extraordinário, passamos a conhecer a fonte de energia e nos alimentamos dela, transformando informações em comportamentos.

Energizando

Energia física – alimentação, nutrição, exercícios;
Energia emocional – relação entre prazer e estresse;
Energia mental – concentração, controle, gestão de sentimento;
Energia espiritual – propósito e doxologia;
Energia relacional – contato produtivo.

Energia e equilíbrio podem promover o extraordinário, mas isso depende de sua escolha. Você já pensou em ser um super-herói?

Ser extraordinário

Capítulo 21

Autoconhecimento: a chave para a sua felicidade

Quantas vezes você olhou no espelho, fixou em seus olhos e elogiou o ser maravilhoso que viu? O autoconhecimento tem sido a chave para muitas descobertas nas atitudes das pessoas, nos mais diversos âmbitos. Isso faz com que as escolhas na vida sejam mais assertivas e proporcionem satisfação nas decisões que o trouxeram até aqui.

Julianna Gomes

Ser extraordinário

Julianna Gomes

Graduada em Administração de Empresas e Negócios pela Universidade Estadual de Alagoas. Especialista em gestão de pessoas, tecnologias e EAD em psicologia organizacional. Professora universitária nas modalidades presencial e a distância. *Professional & self coach*; consultora empresarial com foco em gestão de processos; escritora e palestrante.

Contatos
juliannagomes@coachgestao.com
Instagram: coachgestao
LinkedIn: Julianna Gomes

Julianna Gomes

Os caminhos e as escolhas

Certo dia, lá atrás, nos foi dada a opção de trilhar um caminho por meio de uma escolha. O que não sabíamos era que essa opção poderia ser a alegria ou o descontentamento que estamos vivendo hoje.

Quantas e quantas vezes tivemos a oportunidade de escolher entre uma opção perfeita, com tudo dando certo, e uma outra não muito boa, com diversas controvérsias em sua trajetória? E, bem na hora, dizer: "Vou escolher essa, nem que eu me arrependa". Isso é bem normal, meu caro leitor.

Faço parte do grupo de pessoas que, ao nascer, apertou um botãozinho vermelho com a seguinte descrição: com emoção. Mas, não se desespere, porque tudo na vida, eu disse tudo, pode nos levar a um estágio mais elevado. Conforta-nos saber que a única direção que temos é para frente.

Mesmo que você queira viver do passado, não pode voltar para ele e, se achar que está revivendo, saiba que jamais será igual, assim como um dos fragmentos de Heráclito de Éfeso diz: "Nenhum homem pode banhar-se duas vezes no mesmo rio, pois na segunda vez o rio já não é o mesmo, tampouco o homem!".

A vida é como uma música, quem sabe a letra tem possibilidades de usufruí-la melhor, com mais confiança, sincronismo, afinação e até arriscar mudar as notas, ou seja, fazer diversas escolhas dentro do mesmo acorde.

No entanto, aquele que não sabe terá dificuldades em acompanhar, tropeçará com mais facilidade nas entonações e na letra, arriscará de forma elevada a tomar cada vez mais as escolhas que destoarão, significativamente, no caminho que será seguido.

Se olharmos de forma bem prática para os acontecimentos da vida, para todo caminho que percorremos, tivemos no mínimo duas escolhas, o sim ou o não, o seguir ou o ficar, o abrir ou o fechar, o gritar ou o falar; cada opção o trouxe para o que é hoje. Independentemente se é bom ou ruim aos seus olhos, tenha consigo que é uma linha muito tênue entre o certo e o errado, a vitória e a derrota.

Ser extraordinário

Autoconhecimento

Um grande segredo para se autoconhecer é saber qual o tempo que está vivendo e como você vive. O maior problema das pessoas, hoje, é não saber viver o presente e, dessa forma, não estar certo de qual tempo vive, se é no passado, presente ou futuro.

Muitos não conseguem entender que o presente é um equilíbrio que ajuda a coordenar os pesos do passado e do futuro, tal qual uma balança que simboliza a justiça, a prudência e o comportamento correto, tornando-se o encaixe para o entendimento do nome dádiva ter sido atribuído ao tempo presente.

O dicionário explica ser a ação ou efeito de oferecer, voluntariamente, alguma coisa valiosa a alguém; dar um presente; ofertar. Portanto, uma simples análise já demonstra que os dois pratos da balança só terão o equilíbrio quando o que nos foi dado de forma espontânea for utilizado com zelo e sensatez.

Eckhart Tolle, em seu livro *O poder do agora*, menciona que a maior parte do sofrimento humano é desnecessária, e quanto mais respeitamos e aceitamos o agora, mais nos libertamos da dor, do sofrimento e da mente. Ainda neste livro, o autor orienta que, se quisermos viver o que realmente importa, devemos fazer do agora o foco principal da nossa vida.

Diante de tantas distrações que o mundo contemporâneo nos impõe, tantas cobranças, comparações, desilusões vindas de escolhas feitas no passado, os "se" que permeiam a mente daqueles que vivem do passado e/ou do futuro adquirem gigantescas proporções na atitude, segurança e autoconfiança das pessoas, distanciando-as cada vez mais do tempo presente e do seu encontro consigo.

No dicionário, podemos esclarecer que autoconhecimento está definido como sendo conhecimento de si, de suas características, qualidades, imperfeições, sentimentos etc., que representam o indivíduo.

Muito já se estudou sobre a mente humana, e até aqui não sabemos ao certo se as descobertas saíram do papel, pois existe grande parte da população mundial sofrendo em busca de si. Os indivíduos lutam contra o desenfreado dia a dia, que mal começa e já está terminando.

O problema mais gritante é que desejamos tanto conhecer o meio externo (o outro), que acabamos esquecendo do nosso meio interno (o eu). Essa prática é tão normal que as pessoas não conseguem ficar sozinhas, pois esse estado remete à solidão, e não a estar consigo.

O medo toma conta de sua estabilidade emocional, medo que você mesmo criou e alimentou diariamente com bruscas e escolhas impensadas, por meio de julgamentos, comparações, mentiras encobertas de proteção, para a realidade que você já não deseja ver, viver ou sentir.

O segredo para mudar isso? Poderíamos relatar milhões de exemplos de quem conseguiu mudar esse quadro e se libertar por meio do autoconhecimento. No entanto, como diz o Talmud: "Dão-se conselhos, mas não se dá a sabedoria de os aproveitar".

Se observarmos bem, a vida é assim, os primeiros passos dados por uma criança em seus meses iniciais de vida se deram devido à persistência do cair e levantar. Às vezes com a ajuda de alguém, mas só conseguiu andar com segurança e em tempo hábil aquele que quis ir mais longe e nem sempre teve mais incentivos externos.

Observamos que a nossa vida precisa de coerência com tudo o que absorvemos durante os anos, por meio daqueles com quem nos relacionamos, dos problemas e soluções que enfrentamos, das emoções e tristezas que sentimos, de tudo que lemos e ouvimos, em busca da competência, aqui entendida como equilíbrio.

Enchendo a xícara

Falar dos tipos de conhecimentos que podemos adquirir durante a caminhada nos custaria longos e intermináveis escritos. No entanto, como mencionado anteriormente, faz-se necessário muito mais do que palavras para que a vontade de fazer aconteça.

A contradição humana sempre existirá entre nós, mortais. Desse modo, haverá sempre um descontento interior, apesar de ter dinheiro, saúde, conhecimento, amor, realização, família, amigos, faltará a satisfação, os propósitos, a compreensão, a imaginação, entre tantas outras contradições que poderiam ser citadas.

É bem verdade que precisamos analisar o estado atual, para chegar ao estado desejado. Existem técnicas pensadas e aprovadas por milhões de pessoas que já utilizaram e garantem a eficácia do seu uso.

Para o estado atual, A Roda da Vida, segundo o Instituto Brasileiro de Coaching – IBC, é uma ferramenta de *coaching* que mede o índice de satisfação das pessoas em áreas importantes de sua vida. Tem o formato de uma mandala, um círculo que é composto por quatro importantes tríades estruturantes que são: âmbito pessoal, âmbito profissional, qualidade de vida e relacionamentos. Cada um desses indicadores, por sua vez, apresenta três fundamentos essenciais, totalizando 12 áreas analisadas dentro dos quatro pontos centrais já citados.

Com a sincera aplicação dessa ferramenta, podemos visualizar como está a sua vida e o que deve ser feito para buscar o equilíbrio e a manutenção das vertentes.

Ser extraordinário

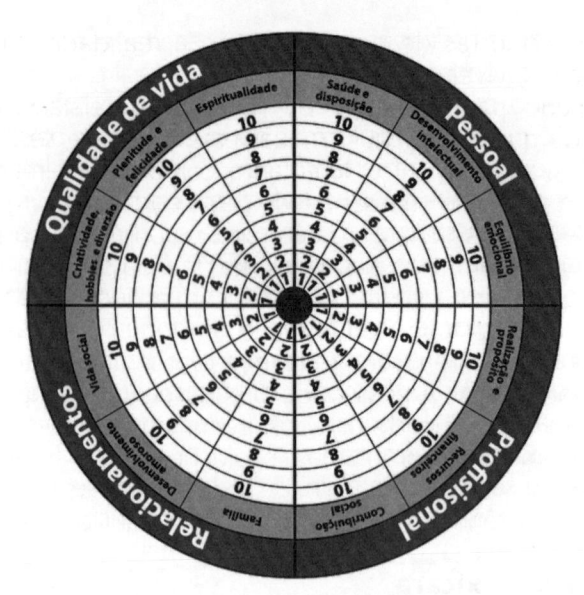

Disponível no site do IBC – Instituto Brasileiro De Coaching.

Para chegar ao estado desejado, a ferramenta de definição de metas chamada SMART, um acrônimo, palavra formada pelas iniciais de um termo em inglês: *Specific, Mensurable, Achievable, Realistc e Time-based*, é uma oportunidade de atingir, de forma estruturada, as metas traçadas para o que se quer alcançar.

As metas SMART foram teoricamente mencionadas, pela primeira vez, por George T. Doran, em 1981. Como uma ferramenta, foi apresentada de forma mais aperfeiçoada por Peter Drucker, para ajudar a melhorar as chances de sucesso na realização de uma meta com foco empresarial, mas também se aplica na vida pessoal.

Se a sua meta for emagrecer, segue um exemplo de um objetivo utilizando a ferramenta SMART: evitar doces e refrigerantes, entrar na academia e malhar quatro vezes por semana pela manhã, e perder dez quilos em seis meses.

Como se pode ver, as metas SMART são sempre específicas, mensuráveis, atingíveis, realistas e precisam ter um tempo definido de execução e conclusão. Quanto mais detalhado, melhor a execução e mais rápido será atingido.

Tomando o CHA (conhecimento, habilidade e atitude)

É chegada a hora de colocar em prática tudo aquilo que se aprendeu, olhar no espelho com a certeza de que a resposta para todas as perguntas estará ali, guardada dentro do seu eu.

Julianna Gomes

Novas formas de ver as coisas serão aceitas e novos questionamentos aparecerão, até porque falar e ler é fácil e bem mais rápido do que fazer o que se propõe, o que se buscou reavaliar da sua caminhada, e propor novas formas de viver noutras paisagens e experimentar aquilo que trazia tanto medo. Com toda certeza, escrevo que não tem mais volta e afirmo isso com base nas palavras de Albert Einstein, quando disse que "a mente que se abre a uma nova ideia jamais voltará ao seu tamanho original".

E quem vai querer voltar? O mergulho no nosso interior é a viagem mais emocionante e verdadeira que podemos fazer em busca do equilíbrio. Mesmo que a mudança seja dolorosa e cause desconforto, os bons ventos sempre são aqueles que ainda não experimentamos na sua total essência. Precisamos de um alvo e, parados, jamais conseguiremos alcançá-lo.

Para frente sempre será a única direção a ser seguida, e se estivermos munidos das ferramentas certas para a construção de dias melhores em nossa caminhada, será ainda melhor.

Esvaziando a xícara

Tudo na vida é um aprendizado e tem um tempo certo para acontecer. Desvencilhar-se do que não serve mais é um ponto crucial na vida de qualquer ser humano. Somos apegados às coisas materiais, talvez mais do que aos sentimentos, trazendo assim maiores dificuldades de lidar com o esvaziar-se, o despedir-se das coisas que não são mais necessárias naquele momento, naquela fase, naquela história.

Talvez o esvaziamento completo de si, para poder se preencher sem contrassensos, aparentemente seja uma incalculável dor para muitas pessoas, no entanto, é preciso. Muito do que vivemos na vida deixamos virar rotina, mas se pararmos um segundo para prestar atenção, vemos que é fundamental ao crescimento e o combustível certo que fará girar a roda da vida.

A transformação da lagarta em borboleta, fenômeno muito usado como exemplo para mudanças, passa por quatro fases até ela chegar à idade adulta. Enfim, é nesse ponto que podemos observar a triste condição dos que não conseguem viver sem apego às coisas materiais e sensações passageiras, atitudes que trazem consigo o vazio e a contradição exacerbada do presente, os amarrando e aprisionando aos tempos que não são mais deles (passado) e aos que ainda nem sabem se virão (futuro).

De outro lado, exemplos vivos de que é possível estar renovado e completo, apesar das tribulações e das dificuldades, a atitude de pessoas que conseguiram viver uma vida com propósito, como

Ser extraordinário

Jesus enquanto homem, de carne e osso, passou pelas maiores das tentações, sendo Ele o filho de Deus, e mesmo assim venceu o mal, esvaziando-se e destituindo-se da sua posição e vivendo o tempo presente. Deixou para todos a certeza do Poder instituído por Ele, aos que o seguirem, por meio da pura renovação daquilo que se sabe, para um estágio mais elevado.

Protagonismo

Todos nós fomos chamados a realizar uma missão, partindo do mundo que existe dentro da gente, e cada fase da nossa vida nos torna mais fortes e mais próximos da nossa verdade, que é o autoconhecimento. Para tal transformação e encontro com o gigante que reside em nosso íntimo, se faz necessário vestir a armadura que foi confeccionada especialmente para nós, personalizada nos nossos tamanhos.

O dicionário conceitua protagonismo como sendo o processo de protagonizar, de ser o figurante principal de uma apresentação. E eu complemento que protagonista é aquele que, além do conhecimento de si e do meio em que vive, tem a atitude de enfrentar cada dificuldade sem medo dos julgamentos e acusações dos seus atos, pois os protagonistas lidam de forma diferente com as adversidades, eles se preparam para a guerra diariamente, independentemente se haverá ou não necessidade de lutar.

A minha armadura é a palavra guardada em meu coração, que se transforma em escudo, em espada ou mesmo numa flecha que acerta o alvo irrefutavelmente, atingindo todos os objetivos de forma vencedora, à medida que eu conheço mais aquele que está dentro de mim.

É a forma como vemos o agora que nos fará alçar voos maiores lá na frente, pois somos todos protagonistas de uma linda história que vem sendo escrita dia a dia, num momento perfeitamente equilibrado chamado: presente.

Referências

DORAN, G. T. *There's a S.M.A.R.T. way to write management's goals and objectives*. Management Review, 1981, p. 70, 35-36.

META SMART. *Aprenda a definir suas metas*. Disponível em:<Http://www.metasmart.com.br/definegoals.asp>. Acesso em: 08. de jul. de 2019.

PORTAL IBC. *Roda da vida: o que é e como funciona?* Disponível em: <Https://www.ibccoaching.com.br/portal/coaching/conheca-ferramenta-roda-vida-coaching/>. Acesso em: 08. de jul. de 2019.

PARRY, Scott. B. *The quest for competencies*. Training, 1996. p. 48-54.

TOLLE, Eckhart. *O poder do agora*. Rio de Janeiro: Sextante, 2010.

Ser extraordinário

Capítulo 22

Pessoas extraordinárias entendem a importância da imagem pessoal

A imagem de alguém pode agregar um valor substancial a sua carreira profissional e, ao mesmo tempo, tem o poder de desqualificá-la para o trabalho de seus sonhos. Quando falamos em imagem pessoal, a maioria pensa logo em roupas, sapatos e penteados, mas ela vai muito além disso. Envolve elementos não-visuais e subjetivos, bem mais abrangentes do que elementos ligados à moda.

Katarina Souza Corrêa

Ser extraordinário

Katarina Souza Corrêa

Administradora, especialista em docência do ensino superior, palestrante e *coach* de imagem pessoal. Fundadora da empresa InteliGENTE; já atuou como consultora empresarial e gestora de instituições de ensino superior. Amante da leitura, dedica boa parte do seu tempo à pesquisa de métodos para o desenvolvimento pessoal e profissional dos que desejam ter uma vida com mais significado.

Contatos
vidamaisinteligente@gmail.com
Instagram: katarina_correa
(92) 98254-2452

Katarina Souza Corrêa

Não se iluda, todas as vezes em que olham para você, criam uma imagem a seu respeito, mesmo que, em sua opinião, seja totalmente equivocada. E não adianta sair falando ou postando em redes sociais que devemos valorizar o livro pelo conteúdo e não pela capa. É automático. Batem o olho em alguém e já vão fazendo inúmeros juízos a respeito daquela pessoa.

Malcolm Gladwell, em seu livro *Blink: a decisão num piscar de olhos*, diz que você precisa aceitar, sem grandes sofrimentos, a natureza misteriosa como os julgamentos instantâneos ocorrem. Segundo Gladwell, o nosso cérebro utiliza duas estratégias a fim de compreender uma situação. Uma conscientemente e outra, bem mais ágil, abaixo do nível de consciência, quando ele faz julgamentos, mas sem nos informar instantaneamente.

Como pode ver, é algo totalmente fora do nosso controle. Ao olhar para nós, as pessoas vão, instantaneamente, pensar coisas sobre quem somos. A questão é: que pensamentos elas vão ter ao olharem para você? Que tipo de juízos e avaliações vão fazer ao se depararem com sua imagem à frente delas? Mais importante do que isso: o que você quer que as pessoas pensem a seu respeito?

Sim, essa última é a questão que de fato importa e sobre a qual precisamos refletir com bastante atenção. Nesse questionamento está inserido o conceito de que a imagem que projetamos para o mundo a nossa volta pode ser totalmente intencional. Em outras palavras, podemos programar as informações que queremos transmitir para as pessoas que nos olham.

Alguém já disse que viver é fazer escolhas. E isso também é verdade no contexto da impressão que deixamos ao realizar contatos de qualquer natureza com as pessoas. As concepções que elas terão a nosso respeito estão diretamente vinculadas às escolhas que fazemos diariamente. Isso mesmo, diariamente! Suas repetidas decisões criarão sua identidade para o mundo.

Saber disso já o coloca à frente de uma quantidade considerável de pessoas que, desavisadamente, "vendem" imagens bastante desestimulantes de si. Muitas delas são reconhecidas como boas para suas

Ser extraordinário

famílias e para a sociedade. São pessoas trabalhadoras e responsáveis, mas pecam no tocante ao cuidado com a sua imagem.

O conhecimento, contudo, não é suficiente para transformar a imagem de quem quer que seja. É necessário que haja uma decisão seguida de ação contínua em direção à construção de uma imagem que valorize o profissional que você é. Acredite, pessoas, assim como você, irão ler este conteúdo sem que nada mude em suas vidas ou na impressão que estão deixando por aí. Assim, comece agora mesmo a construir intencionalmente a impressão que você deseja disseminar.

Se a primeira impressão é de fato a que fica, por que ignorá-la? Estou certa de que, a menos que você seja adepto de alguma revolução contracultural, estará interessado em valorizar seu passe dentro do mercado de trabalho. Relembre quantas boas oportunidades de emprego ou de negócios talvez não tenha deixado escapar simplesmente porque ignorou ou não deu o devido valor a sua imagem. Não estou pondo em dúvida a sua capacidade profissional, apenas salientando uma coisa que salta aos olhos dos outros quando entram pessoalmente em contato com você.

O que é imagem?

Quando pensamos no conceito de imagem de uma pessoa qualquer ou de um determinado profissional em particular, somos tentados a pensar em suas roupas, calçados, penteado, enfim, no seu vestuário, mas a imagem nos remete a algo bem mais profundo e abrangente. Envolve seus valores, doações a instituições de caridade, vocabulário, postura, trato com as pessoas e até o seu senso de humor. Não adianta caprichar na beca, no penteado, no perfume, e sair por aí distribuindo coices.

As pessoas observarão até mesmo se você cumprimenta o porteiro do prédio em que mora ou trabalha. Embora a construção da imagem de alguém esteja atrelada a diversos fatores simultâneos, atrevo-me a dizer que, em certo sentido, esses aspectos relacionais são mais importantes e deixam marcas muito mais profundas do que as grifes que alguém possa usar.

Imagem, portanto, envolve, além dos aspectos visuais, os sociais, relacionais e até culturais. A forma como você reage a uma boa piada, o sorriso que deu ou não deu, o palavrão que falou, o olhar que apresentou ou a expressão facial que deixou escapar certamente imprimirão marcas nos outros e contribuirão conjuntamente para construir a imagem que fazem de você.

Não estou excluindo, com isso, os aspectos visuais. É claro que itens como cabelo, perfume, higiene, hálito, roupas, calçados, relógios e joias também contribuem para a construção da imagem de qualquer um. O que estou dizendo é que o espectro é bem mais

Katarina Souza Corrêa

amplo e que não se deve priorizar os aspectos visuais apenas em detrimento dos demais.

Não podemos também ignorar ou descartar, nos dias atuais, a chamada imagem virtual, aquela que veiculamos por meio das mídias sociais. Hoje, uma quantidade cada vez maior de empresas vasculha o perfil dos candidatos às vagas que elas oferecem. Sendo assim, precisamos estar atentos e selecionar cuidadosamente o que as pessoas veem.

O valor da sua imagem

O ditado popular que diz que "quem faz a fama deita na cama" traduz uma realidade ligada à imagem que uma pessoa construiu em determinado círculo da sociedade. Se ao longo dos anos você estabelecer uma imagem vinculada à competência, talento e criatividade, por exemplo, chegará um momento em que essas virtudes se tornarão os fatores constitutivos da sua marca como profissional.

Não estou dizendo que isso vai acontecer do dia para a noite, mas, quando acontece, permite que o profissional, sem muito esforço, desfrute do prestígio e valorização. Basta falar o seu nome e as pessoas, imediatamente, associarão à imagem construída e solidificada no imaginário delas. É por isso que a imagem de alguém pode valer milhões. Não apenas pelos números que ela pode alcançar, mas também pela capacidade de inspirar os outros.

Nomes como Hitler, Jesus Cristo, Pelé, Judas Iscariotes ou Ayrton Sena, inevitavelmente, transportam nossas mentes para algum lugar associado à imagem que temos dessas personagens. Assim, podemos dizer que o valor atribuído à imagem de uma pessoa está também atrelado ao impacto positivo ou negativo, para o bem ou para o mal, que ela pode ocasionar numa família, empresa, cidade ou no mundo.

A edição de 28 de junho de 2018 da BBC Brasil listou dez celebridades que ganham verdadeiras fortunas simplesmente para permitir que suas imagens sejam associadas a algum produto. Segundo a reportagem, Cristiano Ronaldo, o terceiro colocado da lista, ganha 750 mil dólares por um *post* patrocinado no Instagram. Achou muito? Pelo mesmo tipo de trabalho, Selena Gomez ganha 800 mil e Kylie Jenner um milhão de dólares.

Como você pode ver, a imagem de uma pessoa pode render bem mais do que tapinhas nas costas ou a admiração de seus amigos e familiares. O cuidado e desenvolvimento da imagem pessoal não é uma necessidade exclusiva de celebridades e atletas de ponta, é de qualquer um que desenvolva alguma atividade profissional como colaborador de uma empresa ou representante do seu próprio negócio.

Ser extraordinário

Comunicação não verbal

Você talvez já tenha presenciado situações no ambiente de trabalho em que uma pessoa, quem sabe uma moça que brigou com o namorado, ou uma mãe que está com o filho muito doente, chega para trabalhar e, sem dizer uma palavra, denuncia claramente que alguma coisa não está bem em sua vida.

Por que isso acontece? Porque mesmo sem falar nada, nós estamos o tempo todo transmitindo informação às pessoas ao nosso redor. Estou me referindo à linguagem corporal, que é uma das principais formas de comunicação não verbal. Ao olhar para uma pessoa, todos nós extraímos informações do modo como anda, senta, olha etc.

Uma pesquisa sobre linguagem corporal, realizada na década de 1950, por Albert Mehrabian, revelou que 7% do que comunicamos às pessoas é atribuído ao componente verbal, àquilo que você diz; 38% está relacionado ao seu tom de voz e 55% à linguagem corporal. Ou seja, a formação de uma primeira impressão é composta por 93% de comunicação interpessoal não verbal.

Isso nos revela que, em um primeiro contato, devemos trabalhar cuidadosamente esses elementos não verbais. As pessoas não precisarão de mais do que uma olhada de três segundos para fazer uma série de julgamentos sobre você. Ah, mas isso é preconceito! Este não é um livro sobre ética ou valores morais e religiosos. Não estou aqui para questionar isso. A minha intenção é ajudá-lo a compreender a realidade dos fatos e adequar a sua imagem pessoal para tirar o maior proveito possível de suas interações sociais.

Os segredos para um diferencial prático de uma apresentação pessoal impecável estão relacionados a conhecer o seu temperamento e o seu jeito de se vestir (existem sete estilos universais), para que se harmonize à pessoa que você é ou a imagem que quer transmitir. Escolher roupas que combinem com seu tom de pele, corte de cabelo, barba, que valorizem o formato do seu rosto, o uso adequado de acessórios e por aí vai. Diante disso, percebemos que é necessário cuidado para gerenciar tantos detalhes. Existem excelentes profissionais que auxiliam a melhorar seus resultados por meio de uma imagem pessoal bem planejada.

Além da aparência

Como já dito, a construção de uma imagem positiva é capaz de agregar valor a sua carreira profissional, e passa por fatores subjetivos ligados, por exemplo, ao modo como você se relaciona com as pessoas. Nossos clientes podem não lembrar da roupa ou penteado que apresentamos no último contato que tivemos, mas, certamente, se lembrarão dos elogios e da simpatia que apresentamos.

Katarina Souza Corrêa

Acredite, as pessoas lembrarão, por muito tempo, da atenção que você dispor a elas. Isso será um diferencial na sua carreira. Passará a ser uma de suas marcas, parte integrante da imagem que farão de você. Ouvir e dar atenção ao que elas têm a dizer não é perda de tempo, é um gesto de humanidade, um investimento. Lembre-se, temos que dar para receber. Essa é uma lei universal amplamente ensinada pela natureza e sobre a qual todas as correntes filosóficas estão de acordo.

Dificilmente alguém será atraído por um interlocutor que se comunica de forma hesitante. Seja nas atividades diárias ou em reuniões e apresentações de trabalho, um tom de voz, além de firme, um pouco mais alto, dará o impacto necessário à mensagem que deseja transmitir. Demonstrar convicção e firmeza exige de você segurança em relação ao conteúdo sobre o qual estará discorrendo ou apresentando. Por isso, procure, antes do contato com clientes, por exemplo, saber o máximo possível sobre o que irá apresentar.

Uma dica para tornar a sua comunicação mais atraente é usar um tom de voz apropriado ao assunto que está abordando. Assim, se você estiver falando do falecimento da mãe de alguém, jamais poderá sorrir ou dar gargalhada. Um tom de voz mais grave e uma expressão facial mais séria devem acompanhar suas palavras. Por outro lado, se o seu time venceu ou se estiver falando dos ótimos resultados obtidos por alguém, expresse o seu entusiasmo por meio de um tom de voz mais animado e expansivo.

Não se esqueça de que, antes mesmo de abrir a boca e proferir qualquer palavra para a sua audiência ou interlocutores, você já disse muita coisa. Mesmo sem perceber, continuará dizendo paralelamente, talvez até contradizendo o seu discurso oral. Estou me referindo à linguagem corporal. Se antes de sua fala os seus ombros estiverem arriados, o seu olhar estiver constantemente em direção ao chão, se apresentar algum tique nervoso, como ficar mexendo o tempo todo na gravata ou no fio do microfone, ou não tirar os olhos do celular, pode ter certeza de que muita coisa já foi dita e, infelizmente, não foi a seu favor.

Cuide da sua aparência, do seu vocabulário, do seu senso de humor, dê atenção ao que dizem, reaja aos desafios com entusiasmo e fuja do pessimismo. Lembre-se, indivíduos extraordinários entendem a importância da imagem pessoal.

Referências

CARNEGIE, Dale. *Como fazer amigos e influenciar pessoas*. São Paulo: 2012. p. 43.
KALIL, Glória. *Alô, chic's*. São Paulo: Ediouro, 2007. p. 34.
MACHADO, Lais. *Comunicação não verbal, primeira impressão e imagem:*

Ser extraordinário

entenda esse universo e use a seu favor. Administradores.com, 2016. Disponível em: <https://administradores.com.br/artigos/comunicacao-nao-verbal-primeira-impressao-e-imagem-entenda-esse-universo-e-use-a-seu-favor>. Acesso em: 21. de fev. de 2019.

PEASE, Bárbara; PEASE, Allan. *Desenvolvendo os segredos da linguagem corporal.* São Paulo: Sextante, 2010. p.38.

REIS, Joel; MUZULO, Roseli. *Gestão de imagem: propósito, plano de carreira e êxito profissional.* São Paulo: Editora Senac, 2017. pp.26-30.

Ser extraordinário

Capítulo 23

Mudando a direção da vida com o autodesenvolvimento extraordinário

Neste capítulo, contarei uma história de superação que o fará alcançar o inatingível, por meio de uma viagem para dentro do seu eu. Encontre as respostas para as mais difíceis perguntas e conquiste o autoconhecimento.

Luciana Ramalho Denoni

Ser extraordinário

Luciana Ramalho Denoni

Pedagoga, pós-graduada em Educação Especial e Inclusão Social. MBA em *coaching*; *professional, self, leader, business & life coach*. Analista comportamental, *coach* de alta *performance* e palestrante.

Contatos
https://lucianadenoni.com
Facebook: Luciana Denoni
Instagram: denoniluciana

Luciana Ramalho Denoni

"Assuma a responsabilidade pelo seu sucesso, mas você é capaz de virar o jogo. Eu acredito. E, se você também acredita, um dia todos terão que aplaudir a sua vitória. Comece agora mesmo."
Flavio Augusto da Silva

Todos os dias, pessoas com depressão ou ansiedade buscam a autossuperação por meio do autodesenvolvimento. Hoje, estou aqui para narrar o antes e o depois do desenvolvimento pessoal de uma criança que nasceu em novembro de 1976, no norte do Brasil.

Há 40 anos, a vida era totalmente diferente, a região recebia e era desbravada por diversas pessoas de outros estados. E, em meio a esse cenário, uma menina nasceu.

Com o tempo, ela ganhou duas irmãs gêmeas e mais uma criança, filho do vizinho, para cuidar. Assim, aos poucos, sem perceber, trocou os brinquedos por responsabilidades, para ajudar os pais que trabalhavam na roça.

Lá, não havia energia elétrica, nem água encanada, tampouco transporte, o único era um cavalo. Além disso, o perigo era constante, pois animais selvagens entravam no quintal de casa para comer alguns dos porcos da criação.

Uma noite, seu pai viu uma onça pegando um deles e, pela manhã, se deparou com o animal morto. Diante dessa cena, viu a oportunidade de levá-lo para alimentar a família. De fato, não foi uma infância rica de boas lembranças, no entanto, houve a superação, mesmo que demorada.

Aos cinco anos de idade, a terceira irmã da menina nasceu e, mais uma vez, ela teve que assumir a responsabilidade de cuidar dela. A rotina de trabalho dos pais a obrigava a assumir a responsabilidade de cuidar da casa, de suas irmãs, e de sua alimentação. Passou a ter uma vida de adulto, mesmo sendo criança.

Iniciando sua vida escolar, teve que ir morar com seus avós, o que acarretou em mais um sofrimento, pois teve que ficar longe da família, por mais de um ano.

Ser extraordinário

Isso desencadeou doenças emocionais, inicialmente identificadas como asma, que aparecia sempre que ela sentia solidão, ou qualquer outra coisa.

Apesar do conforto da casa dos avós, não quis ficar longe das crianças e voltou para casa. Depois de um tempo, suas irmãs gêmeas passaram a frequentar o colégio junto com ela.

As dificuldades continuavam, suas mochilas, por exemplo, eram sacolas de plásticos, os calçados eram sandálias de borracha. Além disso, sofria agressões de crianças mais velhas, no caminho percorrido até a escola, e era exposta ao risco de cruzar com um animal selvagem.

Mesmo criada com costumes rígidos vindos do patriarca da família, italiano, que proibia os estudos além do quarto ano primário, a diversão, amizades e vestuários curtos, o amor reinava entre os irmãos, que sabiam que podiam contar uns com os outros.

A personagem que não teve infância também não teve a adolescência, pois, novamente, precisou assumir a responsabilidade de cuidar dos irmãos.

Ela só queria alguém que a protegesse, tinha a esperança de que um casamento seria a solução de seus problemas, mas o seu pai interrompeu o seu relacionamento com o homem que amava. Em vez disso, a entregou para outro.

Na carência de afeto, com migalhas de atenção, acabou aceitando apenas por fuga. No entanto, o casamento não foi como o esperado, pois o marido tinha a mesma personalidade dominante e ciumenta de seu pai. Sem contar com o fato de que ela tinha que tomar frente de todas as decisões, inclusive da responsabilidade financeira.

Diante disso, se deparou com uma desilusão, uma decepção, pois não encontrou o porto seguro, o amor e o afeto que desejava. Desencadeou uma profunda depressão que só não a levou ao suicídio por conta do amor pelo seu filho.

A virada extraordinária

Autoconhecimento

Para que houvesse uma transformação, uma virada na vida, ela precisou de autoconhecimento, que se limitou ao seguinte questionamento: quem sou eu?

Essa abordagem foi fundamental para o início de uma nova jornada, pois alinhou os seus sentimentos com as decisões tomadas. Foi imprescindível para o desenvolvimento pessoal, espiritual e profissional. Além disso, fortaleceu a sua autoestima.

Como poderia se criticar, se culpar, se achar errada e se amar? Conhecer-se era requisito básico à elevação da autoestima. O autoconhecimento ajudou a detectar os fatores que impediam esse crescimento e trouxe soluções como, por exemplo, a busca pela identidade.

Autorresponsabilidade

Para viver uma vida extraordinária, precisou querer verdadeiramente. Foi necessário agir, sair do círculo vicioso de se taxar como pobre coitada, que achava possível sobreviver com migalhas de atenção.

Percebeu que existia a saída de um mundo medíocre para uma virada extraordinária, onde tudo pareceria um milagre, só que milagres não existem, o que há é a mudança de *mindset* e ação.

Foi então que uma nova página passou a ser escrita com o auxílio das ferramentas do *coaching*. Como um novelo de linha sendo desenrolado, foi possível fazer diferente. Passou a acordar e, todos os dias, ir até o espelho e dizer: "Eu sou a única responsável pela minha vida".

Essa frase criou um comprometimento em não mais ser vítima da própria história, afinal, se não deu certo no passado, tudo bem, pois a responsabilidade de fazer dar certo era dela.

Era apenas um simples exercício que servia para lembrá-la de transformar e dar um sentido maior ao seu dia, e a sua vida. A dificuldade poderia vir, mas, na verdade, o desafio maior estava em assumir a tal da autorresponsabilidade...

No princípio, incomodou, gerou alguns conflitos internos, deslocamentos e preocupações — sintomas naturais do amadurecimento — mas logo uma postura íntegra, equilibrada e motivada ganhou espaço.

A autorresponsabilidade acabou com aquela história de colocar nos outros a culpa pelas suas falhas, eliminou a vitimização diante dos fatos, mandou embora a preguiça de lutar pelos seus sonhos, expulsou o medo de ousar e criou a consciência de que os resultados bons ou ruins que foram colhidos eram de responsabilidade dela. Então, parou de reclamar de tudo e de todos e passou a viver.

Perdão: a água sanitária da alma

Quando percebeu que era possível colocar tudo isso em prática, as coisas foram sendo transformadas de uma maneira muito sábia e gigante.

Perdão é um processo mental, físico e espiritual de deixar de sentir, ou melhor, deixar de ressentir emoções negativas como raiva, medo, pesar e culpa. Essa libertação de sentimentos a fazia reviver o sofrimento, a cada vez que relembrava os seus erros e momentos que causaram mágoas, frustrações e decepções profundas.

Ser extraordinário

O perdão a fez olhar para frente, seguir adiante, sem a companhia de velhos pesares, restaurando o seu otimismo. Perdoar foi, especialmente, um ato de amor. Proporcionou maior bem-estar físico, aumento da satisfação pela vida do equilíbrio emocional e a fez viver plenamente o seu presente.

Ela passou a entender que se tornaria aquilo que pensasse, como diz na Bíblia: "Conforme pensa e sente em sua alma; assim ele é" (Provérbios 23:7).

Estava nela o poder de mudar as circunstâncias e usar o poder e o ato de perdoar, para limpar os sentimentos do passado, para que o presente fosse vivido e sentido de forma plena, fazendo com que a visão do futuro fosse cada vez melhor.

O mais encantador dentro desse processo foi o autoperdão, baú precioso demais, que passou despercebido. Sabe por quê? Doía muito perceber e admitir que não só deixava o outro errar, mas também errava e carregava feridas camufladas por medo.

Quer saber um passo para a virada extraordinária? Perdoe e se autoperdoe. É possível? Sim. Só quem já viveu sabe o tamanho da liberdade adquirida com o ato de usar o perdão como água sanitária da alma.

Gratidão

Gratidão, palavra tão pequena, com um significado tão grandioso, que faz tanta diferença na vida de quem se permite viver as bênçãos. Pode trazer grandes alegrias com as pequenas coisas, mostrar amor nos pequenos gestos e despertar sorrisos. Quando a gratidão está ligada à gentileza, nos tornamos mais humanos e conseguimos nos conectar aos outros.

Nesse sentido, ser uma pessoa grata é uma virtude que também nos ajuda a exercitar atitudes mais positivas, seja em nossa vida cotidiana ou em nosso trabalho, pois cultivamos o bom humor e a paciência necessária para manter relacionamentos saudáveis e felizes.

Onde colocar o foco nessa virada

A questão é focar no necessário, na capacidade de se autoconhecer todos os dias, de ser o único responsável pela vida que tem levado e melhorar todas as manhãs. Focar em perdoar as mínimas coisas, para que as grandes possam ser realizadas, em agradecer até mesmo os momentos que parecem difíceis com o olhar sereno de quem sabe passar por tudo com maestria.

Quanto maior for a capacidade de manter o foco em tudo o que traz felicidade, maior a possibilidade de ter uma vida extraordinária. Cada pessoa é responsável pela vida que tem levado, onde foca os pensamentos e sentimentos é que está a realidade.

Ser extraordinário

Capítulo 24

Qual é o sabotador do seu sucesso?

E se jogássemos por uns instantes um *game* dinâmico sobre perguntas "rapidinhas", aquelas em que eu pergunto algo e você responde rápido? Vamos lá? Você diria que está vivendo abaixo ou acima da linha da sua vida? Talvez, já tenha lido diversos conteúdos sobre o tema, ouvido múltiplas explicações sobre os sabotadores mentais e até mesmo detectado alguns desses "intrusos da felicidade" atuando contra si, não é mesmo? Mas, ainda assim, não conseguiu reagir e muito menos "botá-los para correr". Convido-o a ler este capítulo com dicas valiosas sobre como combater este vilão chamado "sabotador da mente".

Marcelo Simonato

Ser extraordinário

Marcelo Simonato

Graduado em Administração de Empresas pela Universidade Paulista; pós-graduado em Finanças Empresariais pela FGV – Fundação Getulio Vargas; MBA em Gestão Empresarial pela La Salle University, na Philadelphia, EUA. Experiência de mais 20 anos em grandes empresas nacionais e multinacionais, em cargos de liderança. Já realizou diversos treinamentos nas áreas de liderança e comportamento humano. Escritor, palestrante e mentor de carreiras em todo o Brasil. Professor convidado pela Universidade Presbiteriana Mackenzie e pelo SESCON – Sindicato das Empresas de Serviços e Contabilidade do Estado de SP. Facilitador formado pelo Instituto Haggai Internacional, na área de liderança.

Contatos
www.marcelosimonato.com
contato@marcelosimonato.com
LinkedIn: Marcelo Simonato
Facebook, Instagram e YouTube: Marcelo Simonato Palestrante
(11) 98581-4144

Marcelo Simonato

Pense rápido: qual é o sabotador do seu sucesso? E se jogássemos por uns instantes um *game* dinâmico sobre perguntas "rapidinhas", aquelas em que pergunto algo e você responde rápido? Vamos lá?

1. Você diria que está vivendo abaixo ou acima da linha da sua vida?
2. Como você encara a vida? Seu copo está meio cheio ou sente que ele está, constantemente, meio vazio?
3. Você diria que é uma pessoa feliz, plena e realizada em sua carreira?
4. Talvez já saiba que existem diversos sabotadores mentais que impendem a sua prosperidade, mas o que faz para identificá-los e, então, combatê-los?
5. Você sabe quais são os cinco principais sabotadores mentais?

Pode ser que já tenha lido diversos conteúdos sobre esse tema, ouvido múltiplas explicações a respeito dos sabotadores mentais e até mesmo detectado alguns desses "intrusos da felicidade" atuando contra si, não é mesmo? Mas, ainda assim, você não conseguiu reagir e muito menos "botá-los para correr".

Shirrzad Chamine, em seu livro *Inteligência positiva*, explicou o motivo das equipes e dos indivíduos alcançarem apenas 20% do seu verdadeiro potencial e, para surpresa de muitos, tudo tem ligação com os sabotadores mentais.

Uma análise de mais de duzentos estudos científicos diferentes que testaram, em conjunto, mais de 275 mil pessoas, concluiu que um **Quociente Positivo** (uma mente que combate os sabotadores mentais) resulta em salários maiores, sucesso na carreira, êxito no casamento, qualidade na saúde, melhor sociabilidade, maior número de novas amizades e a elevação da criatividade.

À vista disso, voltando à dinâmica das perguntas em que você responde rápido, torno a questioná-lo: como estão seu salário, sucesso na carreira, êxito do casamento, qualidade na saúde,

Ser extraordinário

sociabilidade, nível de amizades e criatividade? Responda rápido a si mesmo!

Um exemplo disso são os vendedores de alto impacto, que combatem os sabotadores mentais e optam por manter um **Quociente Positivo:** eles vendem 37% mais do que os colegas que não reconhecem o quanto são conduzidos por sabotadores mentais ou sequer imaginam que eles existam.

É comum, diante de tantos percalços da vida, nos escondermos dentro de um ou diversos casulos e acreditar fielmente que a nossa maneira de ser, pensar e se comportar é a correta.

Qual o problema de manter uma mentalidade do tipo "melhor pingar do que secar"? Só quem passou por muita escassez em alguma fase da vida sabe que é melhor ter pouco do que não ter nada, correto?

Claro que devemos ser gratos a tudo aquilo que temos, mas o problema é quando essa crença sabotadora se torna uma verdade absoluta, que impede muitos profissionais de serem os mais novos ricos da atualidade, de atingirem seu maior potencial e alçar voos mais altos.

Os sabotadores mentais são os maiores causadores do fracasso profissional, da depressão e até mesmo do estresse do século XXI. E, se você pensa que esses intrusos "deram as caras" somente agora, se engana. Freud já falava sobre a autossabotagem em 1916, uma doença considerada "da alma".

Se o seu desejo é encontrar realização profissional, êxito no casamento, um salário maior, níveis de amizades melhores, entre outros benefícios, chegou a hora de "sacudir a poeira dos seus pensamentos" e espantar os sabotadores mentais de uma vez por todas de sua mente.

Ou ao menos identificá-los e, então, combatê-los. Sendo assim, o primeiro passo é conhecer quem eles são.

O crítico: o principal sabotador

Segundo Shizard Chamine, o **crítico** é o sabotador universal, que todos nós, sem exceção, temos. Trata-se de uma predisposição para enxergar o lado negativo de toda e qualquer circunstância, além de supor sempre o pior desfecho. Ver o lado ruim das coisas é como uma questão de sobrevivência, e para quase todos nós que temos esse sabotador, o lema é: "Quando tudo vai bem, algo de ruim está para acontecer", o que nem sempre é verdade.

Com esse sabotador, sofremos por antecedência e por fatos que talvez nunca ocorram, mas sempre justificamos esse comportamento como sendo uma possibilidade. Afinal, se algo der errado, não seremos pegos de surpresa.

Geralmente, o sabotador **crítico** encontra muitos defeitos em si mesmo, nos outros e nas circunstâncias. Esse sabotador em especial nos faz ser "insuportáveis", uma vez que nunca conseguimos encontrar a felicidade, por esperar sempre o pior ou por não conseguir ser grato com o que está ocorrendo de bom.

O sabotador insistente

Esse é um sabotador extremamente perfeccionista e tem as necessidades de ordem e organização levadas longe demais. De certa forma, ele acaba exigindo muito de si e dos outros. Na mentalidade do **insistente**, aquilo que o outro faz nunca está bom e precisa ser refeito, o que sempre termina em exaustão, inimizades e melancolia.

Geralmente, pessoas que são conduzidas por esse sabotador mantêm pensamentos do tipo "somente eu sei o jeito certo", "se não consegue fazer com perfeição, não faça" e "odeio erros". Os **insistentes** demoram a perdoar – se é que perdoam – e têm a capacidade de ser terrivelmente irritáveis.

O sabotador prestativo

Esse é o que mais sofre. Pessoas desse perfil estão sempre à disposição, esquecendo-se, na maioria das vezes, de si. São aquelas que fazem de tudo para ter a aceitação e a afeição dos outros e, para isso, não medem esforços.

Quem é conduzido por esse sabotador tem uma necessidade enorme de se sentir amado e, por isso, elogia extravagantemente, ajuda além dos próprios limites e nunca diz não. Os pensamentos que esses indivíduos mantêm são: "Se eu não salvar as pessoas, quem irá?", "Para ser bom, devo colocar as necessidades dos outros acima das minhas" e "Ninguém reconhece o que faço, todos são ingratos".

Eles sofrem porque não encontram – e talvez nunca encontrem – quem os reconheça de verdade, uma vez que o erro de querer servir além do normal vem deles e não dos outros.

O sabotador hiper-realizador

Trata-se de pessoas que são conduzidas pela ideia de que, para serem reconhecidas, amadas e respeitadas, precisam acumular realizações. Por isso, são excessivamente competitivas, atentas e cuidadosas com sua autoimagem e status.

São *experts* em disfarçar suas inseguranças e mostrar que são felizes. Além disso, geralmente são viciadas em trabalho e se importam mais com a imagem do que com a própria introspeção e sempre carregam pensamentos como "eu preciso ser o melhor no que faço" ou "sou importante enquanto os outros pensarem bem de mim". Em geral, são céticas e não demonstram sentimentos, por acreditarem

Ser extraordinário

que eles as distraem na realização de seus objetivos.

O sabotador vítima

Pronto: chegamos ao último – e talvez pior – sabotador dessa série: o vitimista. Essas são as pessoas que fazem de tudo para chamar a atenção das outras, mesmo que negativamente.

Vivem acreditando que são incompreendidas, miseráveis, arruinadas e doentes. Se sentem injustiçadas todo o tempo, e, quando algo não sai como o esperado, se escondem na cama, choram e fazem tempestade em copo d'água.

São aqueles que pensam "ninguém me entende", "pobre de mim", "coisas terríveis sempre acontecem comigo", "sempre estou em desvantagem", "sou o que sinto" e "queria que alguém me salvasse desse poço de dor".

Ficar ao lado de pessoas assim é deprimente e faz com que nossas energias se esvaneçam.

Como enfraquecer esses sabotadores?

Ok, certamente você já entendeu e identificou alguns sabotadores em sua vida, mas o que fazer agora? O ponto principal para enfraquecê-los, segundo Chamine, é não lutar contra eles, mas observar seu sabotador e rotular seus pensamentos, sentimentos e condutas, a fim de não agir como eles ditam a você.

Por exemplo: se o seu sabotador **vítima** entrar em cena querendo que você seja o coitado da situação, se esconda num quarto escuro e fique a murmurar a sua falta de sorte, o identifique e não "ceda a ele"!

Todos nós temos sabotadores mentais, mas não devemos aceitar conviver amigavelmente com eles. Quando um sabotador surgir querendo dar "pitaco", é nosso papel identificá-lo, observar aquilo que ele quer nos induzir a fazer e, por fim, não se entregar às astúcias dele.

Decida substituir os pensamentos sabotadores pelo quociente positivo e, ao invés de pensar que você é um pobre miserável, que tal pensar que o sol nasceu para todos, assim como nasceram as oportunidades?

Trata-se de um jogo mental, por isso tome o controle de seus próprios pensamentos e não permita que eles dominem seu comportamento, crenças e ações.

Você pode ter resultados extraordinários se acreditar.

Ser extraordinário

Capítulo 25

O que torna uma pessoa bem-sucedida?

Talento, trabalho, estudo? A resposta é: nenhuma dessas opções. Quantas pessoas talentosas, esforçadas e estudiosas você conhece que nunca conseguiram ser bem-sucedidas? O que torna alguém bem-sucedido é a persistência. Na maioria das vezes, o humor, a confiança e a atitude positiva superam a inteligência.

Marco César de Arruda

Ser extraordinário

Marco César de Arruda

Ex-cabo da Policia Militar de São Paulo (2006 a 2016). Candidato a vereador pela cidade de Cotia, SP. Sócio-fundador da RDM Ferragens e Acessórios (2011). Sócio-fundador da Evydhence Vistoria Cotia (2015). Sócio-fundador da Toca do Açaí, no Shopping Iguatemi de Sorocaba (2018). Frequentou o "Curso de Coaching e Oratória", ministrado pelo professor Robson Almeida. Locutor e Apresentador na Rádio Max FM Cotia 87.5.

Contatos
Facebook: Marquinho Arruda
Instagram: marcoarrudapiloto
YouTube: Marco Arruda
Twitter: MarcoArruda81

Marco César de Arruda

No exato momento em que escrevo este capítulo, inauguramos a terceira loja. Estamos no terceiro mês de 2019, em meio à crise financeira e política do nosso país, e, mesmo assim, apostamos em nós e na nossa capacidade de poder fazer dar certo.

Você, assim como eu, é 100% responsável por sua felicidade. Se você não está feliz, não adianta culpar mais ninguém, porque só você é quem pode mudar alguma coisa. Essa decisão não depende de mais ninguém.

Mas o que é ser uma pessoa bem-sucedida?

Ter dinheiro? Fama? Um bom cargo? Status social? A verdade é que, com o tempo e a duras penas, aprendi que nada disso tem a ver com ser bem-sucedido.

Existem diversas pessoas que têm tudo isso – ou passam a vida lutando para ter parte disso e acabam se perdendo no caminho. Na ânsia de sempre querer ter mais para si, para o bem-estar da sua família ou para mostrar que têm mais do que alguém próximo, quase sempre muitos acabam perdendo o mais precioso em suas vidas: a família.

Ao longo da minha (ainda curta) vida, conheci muitas pessoas bem-sucedidas financeiramente e falidas espiritual e pessoalmente. Pessoas que, pensando estar tomando a decisão certa, acabaram não percebendo que estavam cada vez mais perto do sucesso pessoal e mais distante de seu alicerce, daqueles que as amavam.

Dessa forma, aprendi, da maneira mais dura, que existem milhares de pessoas de sucesso sem ter nada aplicado no banco. Pessoas simples, que educaram seus filhos, os formaram, têm seus lares (lar é diferente de casa) e suas finanças em dia. Andam de cabeça erguida e se sentam, orgulhosas, à mesa no fim de semana, pois veem todos a sua volta e têm a certeza da missão cumprida e de que não perderam nenhum daqueles que amam pelo caminho.

O conhecimento que vou descrever aqui para vocês ninguém me ensinou. Em verdade digo a todos: não existe fórmula do sucesso. Não existe fórmula mágica do conhecimento. A base de tudo é o aprendizado. Muito pouco aprendemos com o acerto, aprendemos mais com nossos erros. Pois o gosto amargo da decisão errada, do julgamento errado ou de uma palavra errada acaba nos ensinando muito mais quando perdemos. É no momento da perda, do erro e

Ser extraordinário

do aprendizado que nos tornamos mais fortes para tentar acertar na próxima vez e seguir adiante.

Você, assim como eu, não nasceu correndo. Primeiro aprendeu a andar e, com certeza, caiu um pouco antes de se firmar. Assim será nos seus negócios, nas suas empresas, nos seus estudos ou na sua carreira.

O que fará diferença na sua vida é quantas vezes você se machucou, errou, fracassou, mas continuou em frente. Assim como fizeram todos os vencedores, todos os extraordinários.

Ninguém me ensinou nada do que está aqui. Cada escritor coloca em seu livro o conhecimento que adquiriu a sua maneira, aquilo que vivenciou. Tudo o que eu li, assisti ou parei para ouvir me balizou de uma forma. Porém, nada foi mais importante do que as coisas que vivi e assim será para você.

O que saberá, aos 40 anos de idade, infelizmente não saberá aos 20. Por isso são importantes a leitura e os conselhos daqueles que já passaram por essa idade e, de alguma forma, têm uma bagagem para passar. Basta você aceitar ou não.

Em um mundo cada vez mais digital, muitas pessoas dependem de *likes* e curtidas para serem felizes. Somos avaliados o tempo todo, seja pelo nosso sucesso – e é isso que a maioria busca –, seja pelo nosso fracasso. Um mundo em que muitos se deixam levar pela opinião de terceiros e acabam descobrindo a equação do fracasso: **infelicidade = imagem – realidade**.

Essas pessoas, preocupadas o tempo todo com a imagem e com o sucesso, acabam se esquecendo da melhor parte de uma caminhada, de uma viagem, da vida. A melhor parte é o que se faz durante o caminho: aproveitá-lo, para viver coisas novas e absorver o máximo possível de um tempo que não volta atrás.

O que se aprende durante a jornada sempre será mais importante quando alcançarmos a chegada, vitoriosos ou não. Nós somos pessoas em constante evolução (para melhor ou para pior). Essa evolução moldará em nós os resultados dos erros e acertos que nos capacitaram de alguma forma, assim como os meus me trouxeram até aqui. E sabe o que me diferencia de você, caro leitor? Absolutamente nada, a não ser o fato de que eu queria estar aqui, descrevendo parte da minha história para vocês.

Passou longe de mim o "berço de ouro". Sou filho de um José da Silva. Meus pais se separaram quando eu tinha 13 anos, idade em que tive que deixar a escola para ajudar em casa. Fui lavador de carros, catei papelão na rua com meu irmão, fui servente de pedreiro, pedreiro e só aos 23 anos de idade retomei e concluí os estudos, após cursar um supletivo (EJA). Mesmo com todas as dificuldades, nunca perdi o gosto pela leitura – que adquiri por meio das testemunhas de

Marco César de Arruda

Jeová – e estou certo de que essa vontade de ler e aprender foi um dos principais fatores que me trouxeram até aqui.

Com certeza você já deve ter lido ou visto por aí muitas coisas sobre o segredo do sucesso, de uma vida feliz ou da riqueza. Eu, sinceramente, não acredito que exista essa fórmula mágica. Coisas como "faça isso e mude sua vida", "leia tal coisa e descubra o segredo para ser feliz", "dicas para ser uma pessoa de sucesso e ter um casamento feliz", "se forme nisso ou estude aquilo".

O sucesso de cada um de nós vai depender de muitas variáveis, coisas como:

1. Em que você acredita;
2. O quanto está disposto a lutar por aquilo;
3. As pessoas que vão aparecer pelo seu caminho;
4. Tudo aquilo que você vai abrir mão para conseguir o que deseja;
5. Sua resiliência para aguentar os "nãos" e os tombos que vai levar;

Pense em uma pessoa que é referência de sucesso para você: um amigo, seu chefe, seu patrão ou alguém próximo, alguém do seu condomínio, da sua empresa, do seu círculo de amizades ou até mesmo alguém mais distante, como, por exemplo, um jogador, um piloto, jornalista ou ator. Acredite: ninguém colocou essas pessoas lá. Elas, com certeza, se dedicaram muito, perderam muitas vezes no caminho até chegarem aonde estão: tudo por meio da meritocracia.

Muitas vezes o esforço, o trabalho contínuo e dedicado, somado à persistência e à capacidade de resiliência, nos ajudam a alcançar o sucesso. Outras vezes, tudo isso não é o suficiente: é preciso também ter ao seu redor pessoas que o motivem, que acreditem em você e o inspirem a ser como elas. "Você é a média das cinco pessoas com as quais convive". Ou seja, com quem você tem andado?

Se estiver no meio das águias, aprenderá com elas, mas se ficar no meio de pombos, será mais um deles. Aprendi que, se eu estou em um local onde sou a pessoa que mais se destaca, estou errado, porque eu preciso estar em contínua evolução, na busca do aprendizado e, para isso, devo estar no meio daqueles que têm muito a me ensinar, pois sempre tenho bastante a aprender.

É preciso estar o tempo todo atento a tudo, pois, de tempos em tempos, aparecem pessoas em nossas vidas que, de alguma forma, vão ajudar a transformá-las, desde que estejamos dispostos a aprender com elas. Pessoas que torcem por nós. Sejam elas seus pais, seu (sua) companheiro(a), um(a) amigo(a) ou até mesmo alguém do seu trabalho que vai apostar em você. Eu as chamo de "anjos da guarda"

Ser extraordinário

e, mesmo após tantos anos, – e talvez algumas dificuldades – você precisa manter contato com elas.

Mas, para que isso aconteça, é muito importante que nunca se esqueça desta frase: "Você é a média das cinco pessoas com as quais mais convive".

Eu acredito nela. Aprendi também que, se eu estou numa sala de aula ou em qualquer outro lugar em que eu sou a pessoa que mais está se destacando, estou errado. Está na hora de mudar de ambiente e ir para um local com pessoas mais à minha frente, para que eu possa estar sempre aprendendo, evoluindo.

Seja lá qual for a sua fé ou sua crença, você precisa sempre ter algo em que acreditar. Eu acredito em Deus e acredito que foi Ele quem colocou boas pessoas no meu caminho. Eu gostaria de citar cada uma delas, mas fica para uma próxima oportunidade, pois foram elas que sempre acreditaram em mim, me direcionaram de alguma forma e mudaram a minha vida, me dando forças para nunca desistir.

Contudo, também não saí ileso, e é claro que na minha vida, assim como na sua, existiram aqueles que só se aproximaram para tirar proveito. Precisamos estar atentos para afastar esses indivíduos de nossas vidas. Sei que é difícil, mas se você quer viver o melhor da sua vida, precisa estar preparado para isso e não permitir que ninguém o atrapalhe, mesmo que esteja começando do nada, ou tenha quebrado e precise se levantar de novo.

Assim como muitos, eu também comecei de baixo e tenho a certeza de que todos nós podemos empreender, mesmo com parcos recursos. Você pode fazer isso começando com pouco, como eu já fiz: por exemplo, ensino em palestras para as quais sou convidado.

Você ouviria conselhos de um piloto de motovelocidade que chegou na posição 39 de 40 motos? Pois é, esse sou eu. Participei de um campeonato, no ano de 2018, com os melhores pilotos do Brasil e não estava nem um pouco preocupado com a minha colocação, pois estava realizando um sonho: estar entre os melhores. Assim foi o ano inteiro, um ano de aprendizados e agradecimentos, pois, mesmo estando entre os últimos, fui evoluindo com o tempo e, o mais importante, curtindo e aproveitando cada dia dessa nova experiência.

Espero que você, querido leitor, lendo estes trechos escritos por alguém que começou lavando carros aos 13 anos de idade, trabalhou como servente de pedreiro, pedreiro, vendedor de consórcio e fez tantas outras coisas até estar aqui, escrevendo para você, se motive a não desistir nunca e buscar sempre novos desafios, assim como esse meu novo desafio, que aceitei e agradeço a oportunidade de estar participando em meio a **pessoas extraordinárias**.

Ser extraordinário

Capítulo 26

Voz: extraordinário instrumento de autoconhecimento

Este capítulo abordará sucintamente a importância da busca do desenvolvimento da consciência proprioceptiva e o autoconhecimento por meio do estudo da voz. Compreender a sua dinâmica é de grande valor, visto que a sua ação corporal interdisciplinar transcende questões de voz-corpo-mente-espaço. O som da voz humana em seu esplendor é uma das ferramentas mais poderosas da plenitude da nossa comunicação e expressão.

Maria Cecília de Oliveira

Ser extraordinário

Maria Cecília de Oliveira

Vocal *coach*, fono, *coach* holística – práticas integrativas e terapias holísticas: meditação, PNL, *sound healing*, *master reiki*. Possui doutorado e mestrado em Artes/Música pela ECA-USP. Pesquisadora pelos programas de pós-graduação: Especialização em Saúde: Voz Profissional; Musicoterapia; idealizadora do projeto AlmasSonoras; Festival Arco-Íris inCena. Ministra cursos e palestras: Voz & Saúde; Voz e Autoconhecimento. Produtora do CD Chants D'Autrefois – L'Estro D'Oro e materiais/áudios para meditação – selo AlmasSonoras/Canção do Absoluto (autoral).

Contatos
oli.ceciliamaria@gmail.com
Facebook: Vozesvox Maria Cecília de Oliveira
Instagram: vozes_vox
(11) 99819-1501

Maria Cecília de Oliveira

Quando a voz do Absoluto toca em nossa alma, somos capazes de ouvir a sua canção soar em nós! Ao virmos para a luz deste mundo, a frequência absoluta do universo sopra em nossas narinas. Esse sopro que nos adentra soa à forma de uma canção que se torna o principal atributo de nossa alma, o nosso som ou a nossa frequência primordial.

Essa canção única e peculiar atribuída a cada um de nós é a voz do absoluto que flui em nós, por nós e através de nós. Desde então, assumimos o propósito de fazer a nossa canção soar fluente por meio do nosso ser.

Primordialmente, o Absoluto nos concede a autonomia para inspirarmos, expulsarmos o ar e, de novo, inspirar, colocar para fora esse ar e, consequentemente, as inúmeras respirações intercaladas passam a nutrir o nosso ser. Impulsionando-o a existir e, sobretudo, dirigir-se à inexorável e derradeira expiração.

Sendo assim, podemos considerar que a nossa existência é uma grande e completa respiração, onde se alternam continuamente sucessivas inspirações e expirações. Nesse intervalo entre a nossa inspiração primordial e a nossa expiração final, qual seria o propósito disso para cada um de nós?

Tudo o que se espera de nós é que esse Sopro Absoluto flua continuamente, expressando Seus primordiais anseios, soando à musicalidade de nossa essência pelo verbo falado ou cantado por meio do nosso corpo. Para tanto, contínuos questionamentos e reflexões nortearão a razão e o propósito no cumprimento de nossa existência.

A busca pelo aperfeiçoamento de nossa voz, assim como estudos e pesquisas acurados aos quais escolhemos realizar, deverá nos nortear para o autoconhecimento. Não importam quais são as tarefas às quais somos incumbidos, mas o quanto e como em tal incumbência perpetramos os princípios éticos e de subsistência ecológica para com os outros e ao encontro de nós.

Deverá ser o autoconhecimento a principal meta, enquanto que a pesquisa e estudos aprofundados são os meios laboratoriais para expandir a nossa propriocepção sobre o agir-pensar-soar em nosso ser, aliados à consciência corporal e todos os seus mecanismos

Ser extraordinário

fisiológicos. Ou seja, o nosso corpo como um todo é um laboratório sistêmico com o qual realizamos inúmeras elaborações mentais e fisiológicas, para desenvolver e ampliar a gama de nossas percepções. E, para que tudo se conflua com encantadora inspiração, é importante mantermos saudável todo o aparato corporal que dá sustentação à existência que soa em nós.

O que é importante compreender sobre a nossa voz? Com uma torrente de tarefas em nosso cotidiano, podemos perceber o quanto a nossa voz é solicitada para se comunicar com presteza e clareza nas mais diversas atividades, sejam essas amadoras ou profissionais.

A necessidade em ocupar o nosso aparelho fonatório para atender com eficiência à demanda dos apelos nas relações familiares, sociais, artísticas, diplomáticas, profissionais e tantas outras é bastante intensa. Seja pelo dever ou pelo prazer, o fato é que, para quase tudo o que fazemos, somos convidados a utilizar a nossa voz a todo momento.

Somos seres falantes, e ainda que o improviso esteja mais para a voz falada do que para o canto, consideremos que ambos são traçados por uma estrutura organizacional que porta a musicalidade, entretanto, a questão melódica do canto segue uma estrutura de ideias, diferentemente da fala que tem grau de imprevisibilidade muito maior do que o cantar ou os cantares, e que esses últimos seguem distintamente outros sistemas de estruturação musical.

Neste texto não serão argumentadas as bases dessas diferenças estruturais. Consideraremos a irmandade entre essas nos aspectos poético e anatomofisiológico, e que é o corpo o aparato material que dá suporte. Para ele caminham e dele também saem informações em um espectro diversificado. A voz ocupa uma série temporal de eventos nos espaços físicos, interno e externo ao corpo.

Eis que a voz se materializa em um corpo e o seu trato está sujeito às emoções vivenciadas e essas são repassadas por meio de diversos sinais. Inseridos na história, o corpo, a voz e suas reflexões assumem significados díspares e variam em diferentes culturas. Um entendimento propiciado pela íntima organicidade do conjunto de ações entre voz-corpo-gesto-espaço-consciência forma um todo coeso que permite compreender o domínio de uma ocasião em que o seu desempenho é fundamental.

Na laringe é onde se origina o nosso som, cujas funções primárias não seriam para a fabricação dele. Primordialmente, ela deve ser compreendida como um órgão vital que traz, lá do princípio da evolução humana, a função básica de esfíncter, porém outras atividades biológicas foram acrescidas com o evoluir da raça humana.

Huche explicou que o aparelho fonatório humano surge de um cruzamento das vias aéreas e digestivas em torno da laringe, e que

Maria Cecília de Oliveira

constitui um sistema complexo que permite a "oclusão reflexa das vias respiratórias inferiores no momento da passagem do bolo alimentar em direção ao tubo digestivo".

Zemlin descreve a função biológica, identificando a laringe como um "mecanismo valvular altamente especializado que pode abrir ou fechar para a passagem do ar". A estrutura laríngea constitui-se das principais cartilagens que são: tireóide, cricóide, epiglote e duas aritenóides.

Devido à intensa participação da fala no comportamento humano, a função fonatória da laringe pode ser considerada a terceira função biológica, e até mesmo ser conjecturada como fonte geradora de som, desde que a laringe não esteja exercendo suas duas funções biológicas vitais primárias, que são a respiração e deglutição. Tanto a fala como a linguagem verbal resultam das particularidades substanciais que distinguem os seres humanos dos demais animais.

Quanto ao surgimento da linguagem entre os homens, pode-se dizer que, desde a idade da pedra, ele sente a necessidade de se comunicar. Entretanto, durante o seu lento processo evolutivo, ele se depara com enormes dificuldades diante da luta pela sobrevivência e preservação de sua própria espécie, impulsionado a aperfeiçoar a sua comunicação.

Especula-se que as primeiras comunicações por linguagem se manifestaram em seu núcleo familiar, por meio de rudimentos sonoros e gestuais, com os quais, possivelmente, intentava, ainda que superficialmente, transmitir suas ideias.

Quando surgiu a fala no homem? Os linguistas e estudiosos da pré-história consideram impossível afirmar com precisão algo nesse sentido, uma vez que a linguagem oral não deixa rastros. Algumas pistas encontradas em fósseis, a respeito de determinadas estruturas do corpo correlacionadas com a fala, podem fornecer traços sumários para algumas especulações.

A antropologia estima que há cerca de 500 mil anos, a laringe humana tornou-se mais alta e comprida, em decorrência da curvatura da base do crânio, fator essencial para a emissão da enorme variedade de sons que caracterizam a fala. Segundo Walter Neves, essa característica desaparece no homem de *Neanderthal*, há 150 mil anos, reaparecendo, posteriormente, em nossa espécie, o *homo sapiens*. À linguística, Eduardo Guimarães afirma que a fala só se torna linguagem quando os sons assumem significados e viram palavras.

A contribuição da neurolinguística: na década de 1960, Noam Chomsky propôs uma ideia revolucionária que impactou o campo da linguística e também refletiu em outras ciências. Ele enunciou que todos nós nascemos com um conhecimento inato, ou meios cognitivos sobre a gramática que servem de base para toda a aquisição da

Ser extraordinário

linguagem e que todas as línguas são sistemas funcionais, transportando de maneira desmedida os sons aos sentidos.

E que nelas estão contidas uma estrutura fonética e prosódica. São princípios específicos da gramática universal que conferem à mente um panorama como um conjunto de órgãos mentais para a habilitação da linguagem. Por fim, as línguas engendram diferentes mapas do mundo, transmitidos por meio do patrimônio histórico cultural.

Como é gerado o nosso som? Segundo Mara Behlau, a coordenação pneumofono-articulatória é o "resultado da inter-relação harmônica das forças expiratórias, mioelásticas da laringe e musculares da articulação". Ela possibilitará a manutenção da riqueza tímbrica da voz, por tempo mais prolongado, proporcionado pela atuação mais eficiente da laringe. Ao passo que a economia da saída de ar é um controle de acréscimo que contribui para ampliar a duração da fase de acoplamento das pregas vocais durante a emissão da frequência vibratória. O som vocal é gerado pela fonte sonora no momento em que a pressão subglótica atinge as pregas vocais (tireoaritenódeo inferior), em coaptação glótica se atritam desencadeando atividade muscular sinérgica.

Conforme Huche, para a teoria mioelástica, a vibração das pregas vocais é considerada passiva, por não ter papel de impulsionar as vibrações. As características do som emitido se alteram com dependência da pressão subglótica, mais a tensão das pregas vocais, que poderão se fechar ou se alongar com variação de tensão ou afrouxamento.

O trabalho de consciência proprioceptiva muito pode auxiliar aos estudiosos da voz. Propriocepção ou cinestesia é o termo que denomina a capacidade de reconhecimento da localização espacial do corpo, mesmo sem utilizar a visão, buscando a consciência de sua posição e orientação, qual força empregada pelos músculos e ainda o posicionamento de cada parte do corpo em relação às demais.

A propriocepção é resultante da inter-relação das fibras dos músculos atuantes no trabalho de manutenção do corpo e sua base de sustentação, de informações táteis e do sistema vestibular, localizado no ouvido interno. O papel atuante da propriocepção confere ao treinamento a gerência dos ajustes motores na visualização e referências sensoriais, o que é preponderante no discernimento se determinados comportamentos vocais são confortáveis ou não.

A nossa voz é um dos meios mais poderosos de comunicação com o mundo e tudo o que ele contém. Junto ao corpo, ela deve ser a portadora de nossa mais rica e autêntica expressão. Fisiologicamente, as estruturas do sistema fonorrespiratório devem ser orquestradas em absoluta harmonia para que o sopro, ao tocar a nossa fonte sonora, a laringe, perpasse por todo o seu aparato de

Maria Cecília de Oliveira

forma indelével, encontrando fluidez no trato vocal para o cumprimento de seu discurso cantado ou falado.

Ao estudarmos com profundidade a nossa voz, em seu mais amplo espectro, inevitavelmente nos deparamos com a necessidade de uma intensa busca pelo imenso campo dos saberes, convidando a nos desenvolver para as infindáveis portas da propriocepção, que é a chave mestra para a consciência da materialidade de nossos sistemas corpóreos e todos os seus campos sutis.

À medida que transcorremos esse rico percurso, nossos sentidos se aguçam, nos presenteando com uma percepção holística do universo integrado, pelo qual podemos deixar vibrar e fluir com muita confiança e bem-estar a Canção do Absoluto em nós, fazendo-a espargir-se, penetrando no tempo/espaço do universo afora.

Referências

BASTIAN, H. C. *The muscular sense: its nature and cortical localization*. Brain, Londres, 01. abr.1987. Disponível em: <https://academic.oup.com/brain/article-abstract/10/1/1/332753>. Acesso em: 09 de jul. de 2019.

BEHLAU, Mara; REHDER, Maria Inês. *Higiene vocal para o canto coral*. Rio de Janeiro: Revinter, 1997.

DINVILLE, Claire. *A técnica da voz cantada*. Rio de Janeiro: Enelivros, 1993.

HUCHE, François Le. ALLALI. *A voz: anatomia e fisiologia dos órgãos da voz e fala*. 2. ed. Porto Alegre: Artmed, 1999. Vol. 1.

OLIVEIRA, Maria Cecília. *O despertar para uma nova vocalidade*. Tese de Doutorado. São Paulo: ECA-USP, 2013.

STILLMAN, B. C. *Making sense of proprioception: the meaning of proprioception, kinaesthesia and related terms*. Physiotherapy, nov. 2002. V.88, n.11, pp. 667-676.

WARNER, J. J. P.; LEPHART, S.; FU, F. H. *Role of proprioception in pathoetiology of shoulder instability*. Clinical Orthopaedics and Related Research. V. 330, pp. 35-39, 1996.

ZEMLIN, Willard R. *Princípios de anatomia e fisiologia em fonoaudiologia*. 4 ed. Porto Alegre: Artmed, 2000.

Ser extraordinário

Capítulo 27

Conheça seus valores pessoais e seja extraordinário

"O segredo da mudança é concentrar toda sua energia, não na luta contra o velho, mas na construção do novo."
Sócrates

Maria Elena Infante

Ser extraordinário

Formada em História pela Faculdade de Ciências e Letras de Tupã. *Reiki master*, radiestesista. Formada pela Line Coaching como *self & life coach*, analista comportamental, analista educacional. *Expert* em inteligência emocional pelo Instituto Rinaldi, ativista quântica, psicoterapeuta holística. Palestrante e escritora.

Maria Elena Infante

Contatos
elenainfante.infante1@gmail.com
elena.infante@hotmail.com

Maria Elena Infante

Atualmente, encontramos citações da palavra valor em vários contextos – reflexivos, críticos e motivacionais. Ela surgiu no contexto das ciências econômicas, entre os séculos XIX e início do século XX, com Adam Smith (1.723-1.790), que quis detonar como algo valioso, que poderia ser usado e trocado.

Foi Nietzsche (1844–1900) que introduziu a palavra valor, pela primeira vez, na filosofia com conotação axiológica. Qual a importância de desenvolver valores tanto na vida pessoal como na profissional? E para a sociedade em geral?

A teoria dos valores ou axiologia é importante, ou basta seguir a intuição de que o ser humano está em constante evolução?

O ser humano está integrado às várias dimensões da vida em cooperação e possui peculiaridades distintas. O foco está em sustentar, pela exaustão, a superação de seus êxitos, com a ideia de que quanto mais trabalha, mais ganha dinheiro, *status* e adquire mais bens.

As recentes pesquisas assinalam que quando as pessoas têm comprometimento com visão de futuro e missões de vida, se destacam, pois conhecem seus valores e suas crenças e respeitam as do seu quadro de funcionários, familiares, comunidade e mundo.

Tais objetivos geram bem-estar à saúde do ser humano, mas, ao contrário, a depressão, a hipertensão e o esgotamento aumentaram assustadoramente.

Durante a Era Industrial, o foco era o aumento da produtividade com o aumento de horas trabalhadas. O mais importante era ser eficaz, agir com mais rapidez e ser o melhor.

Com isso, a informação, a comunicação e, portanto, as horas de trabalho aumentaram. Cada um trabalhando duro, chegando à exaustão, para obter o sucesso. Infelizmente, ainda acontece nos dias de hoje.

Os seres humanos estão sempre querendo mais, para enxergar o que é óbvio, fazer a diferença em suas vidas, pois não é quantidade de serviço que leva ao reconhecimento do sucesso na vida e no trabalho, mas, sim, a qualidade.

Hoje, com o avanço da inteligência tecnológica presente na vida das pessoas e com o aumento da competitividade, é preciso repensar e dar um passo para trás, enfrentar novos desafios com criatividade, coragem

Ser extraordinário

para estar apto aos novos desafios, com resposta e soluções inovadoras e úteis. O mercado de trabalho precisa de pessoas prontas, que pensam.

Por que estão tão ocupadas?

Porque faltam limites, não têm controle da própria vida, perdem o foco pelas preocupações e estão sempre ansiosas, na defensiva, ocupadas demais.

Faltam momentos para viver a própria vida em paz, com tempo para diversão e para a família. As pessoas estão vivendo a era digital. A velocidade da *Internet* cresce muito rápido, junto às mensagens, informações, entretenimentos, tornando as mentes cada vez mais pensantes, apreensivas.

É bem verdade. Quantas vezes chegamos à casa de familiares, amigos, para uma boa conversa, e nos deparamos com as pessoas conectadas às redes sociais, esquecendo o prazer, respeito e o amor próprio? Sabem tudo e não sabem nada.

As conversas são superficiais, aguentam o barulho da estridente mente e não aguentam o riso contagiante de uma criança. Deixam se levar pelas ideias de pessoas arrogantes e preconceituosas, e não percebem que o maior valor está na simplicidade da vida.

Quando os seres humanos despertarem suas consciências, descobrirão que os valores internos das pessoas determinam o nosso destino e nos tornam líderes de uma sociedade. É o que faz o impossível acontecer e nos torna imortais.

Se o ser humano quiser alcançar um nível mais profundo de realização, terá que seguir decidindo o que é mais importante na vida, empenhado em vivenciar cada momento.

Infelizmente, na atual sociedade que vivemos, os seres humanos não desenvolvem essas ações, por não terem noção do que é importante. Fogem quando alguém sugere alguma coisa nesse sentido.

As pessoas sentem-se infelizes e não param para pensar por que são infelizes. Para o ser humano ser feliz é preciso ter consciência dos valores que a felicidade traz harmoniosamente. É preciso vivenciar a vida com paixão. Apaixonar-se por quem é e pelo que faz.

Para ter uma vida de sucesso e felicidade é preciso "dirigi-la por valores". Os seres humanos já nascem com a "centelha divina", que está latente dentro de si. Valores são definidos como compaixão, amor, ética, honestidade, integridade, atenção etc.

As necessidades básicas também são necessárias para o crescimento pessoal. Abraham Maslow (1908–1970), grande psicólogo norte-americano, tornou-se referência mundial ao apresentar sua proposta humanista e positivista, a hierarquia de necessidades de Maslow, que possui cinco níveis:

Maria Elena Infante

- Fisiológicas são aquelas que o ser humano precisa para sua sobrevivência, como saúde, alimentos;
- Segurança é a necessidade de ter emprego, salário, moradia, encontrar um propósito de vida;
- Relacionamento é a necessidade de ter uma família, parentes, amigos, vida social, grupos religiosos;
- Autoestima é a necessidade de ser amado, ser reconhecido pelos seus valores pessoais, fazer a diferença, ter a sua importância nos talentos e qualidades;
- Realização pessoal é a necessidade profissional de ser autossuficiente, ter liberdade financeira, conhecer seus valores e reconhecer seus pontos fracos, viver a vida para ser lembrado no futuro.

Valores pessoais marcantes na vida pessoal

O autoconhecimento é a forma mais valiosa para reconhecer valores pessoais. É importante saber o que é fundamental para a vida.

Os valores estão relacionados com as crenças dos seres humanos e influenciam o comportamento e a ação de cada um. São adquiridos ao longo do tempo de sua existência como, por exemplo, a relação com os pais, amigos, escola e trabalho.

Portanto, é necessário se questionar: o que é importante para mim? É imprescindível responder à essa questão.

Para entender os nossos valores pessoais e dar importância a eles, é bom saber dar um bom significado para nossas vidas.

Quando o indivíduo tem consciência dos seus valores, adquire uma visão bem clara das atitudes que deve ter. Alguns valores pessoais que os seres humanos têm: ambição; apoio; amizade; aceitação; afeição; brilho; beleza; bondade; capacidade; compreensão; compaixão; conhecimento; desafio; desejo; dignidade; dever; energia; entusiasmo; família; firmeza; imaginação; inteligência; justiça; lealdade; modéstia; nobreza; obediência; ordem; paixão; paz; reflexão; religiosidade; respeito; serenidade; simplicidade; sucesso; verdade.

Valores dos líderes na atualidade

Toda política, estrutura, incentivos e procedimentos de uma organização, hoje, são adotados pelo sistema de valores. Quando bem estruturados, na íntegra, representam a contribuição que a organização segue.

Os valores declarados devem suprir as necessidades dos funcionários, clientes, sociedade, comunidade e meio ambiente da empresa. Muitas vezes, é necessário adotar dois tipos: operacionais, centrais ou de base.

Ser extraordinário

Valor central ou de base é algo que todos enxergam como importante para todos, tanto para a empresa, quanto para os funcionários. Exemplo: segurança dos funcionários e proteção do meio ambiente.

O valor operacional permite o funcionamento da organização, como trabalho em equipe e confiança. A química entre esses dois valores irá definir a função e o caráter da organização.

Podemos citar o Google, que foca seus valores nos funcionários, colaboradores, defesa do meio ambiente, clientes, concorrentes, defesa do consumidor, governo, fornecedores, comunidades locais, grupos específicos etc. Se a empresa se importar com seus funcionários e seus colaboradores, eles consequentemente se importarão com a empresa.

Os valores são combustíveis para o funcionamento competitivo nas empresas, uma liderança eficiente e consciente. Se a atenção de um líder não está voltada, com vigor, aos valores e à cultura da empresa, a responsabilidade é totalmente sua.

A conexão entre coração, mente, sentimento e pensamento de um líder permite, de imediato, fazer uma leitura cognitiva das necessidades da empresa. Quando o sistema de uma organização reconhece os valores de cada pessoa envolvida no sistema, cria imunidade e aumenta o seu crescimento. Funcionários satisfeitos se sentem comprometidos e engajados, trabalham empenhados para o crescimento da organização. Correm riscos, mas estão sempre motivados, com uma quantidade de energia bem expressiva e criativa para o sucesso de onde trabalham.

A organização só é bem-sucedida quando as necessidades dos funcionários têm um alto nível de envolvimento emocional e intelectual. O emocional é um envolvimento primordial no alinhamento dos valores. O intelectual está ligado à missão de vida. Sendo os valores vividos por uma organização, está envolvido com os valores dos funcionários, então o alinhamento de valores ocorrerá. O envolvimento intelectual é a principal função ligada à missão.

Assim, dois níveis de engajamento da missão ocorrem – o primeiro, quando os funcionários sentem que a empresa está operando corretamente; e o segundo, quando são capazes de se apaixonar, sem se importar com os dias trabalhados.

Não importa qual seja o seu cargo, o importante é alcançar o desenvolvimento pessoal, experimentar o primeiro estágio envolvido com a sua missão, pois isso significa que a organização está fazendo o que é certo. Os colaboradores almejam trabalhar em um lugar onde possam suprir suas necessidades básicas e de crescimento.

Uma organização só pode atingir a alta *performance* com uma cultura que:

Maria Elena Infante

- Se importa com as necessidades básicas dos funcionários e de sua família;
- Oferece oportunidades de comprometimento emocional alinhado aos valores dos funcionários;
- Oferece oportunidade intelectual alinhada com a missão de vida dos funcionários;
- Oferece um baixo nível de desordem cultural;
- Compromete-se em atingir metas e objetivos, com uma administração empenhada no sucesso da empresa.

As pessoas, principalmente as novas gerações, querem se sentir importantes e sentir que estão fazendo a diferença no mundo. Querem estar conectadas com o propósito da empresa. Querem trabalhar em organizações que desempenhem um papel fundamental na sociedade em que vivem. Querem se sentir felizes, contribuindo com seus dons, talentos, capacidades, satisfazendo as necessidades e gerando felicidade àqueles a que servem.

Referências
BARRETT, Richard. *A organização dirigida por valores.* Alta Books, 2017.
CRABBE, Tony. *Ocupado demais para ler esse livro.* Agir, 2014.
KEGAN, Robert; LAHEY, Lisa Laskow. *Imunidade à mudança.* Alta Books, 2013.

Ser extraordinário

Capítulo 28

Líder você já é. Seja extraordinário!

Você acredita ser um líder? Conhece os conceitos da liderança, inteligência emocional e sabe como aplicá-los? Além do ambiente corporativo, acadêmico, político e religioso, a liderança está presente nos locais menos improváveis, como nos lares e nas reuniões informais. Melhora o relacionamento com os colegas de trabalho, familiares, amigos e com a pessoa mais importante da sua vida: você. Aprenda a liderar a si mesmo e prepare-se para o extraordinário!

Marielly Duelli

Ser extraordinário

Marielly Duelli

Graduada em Administração pela Universidade Anhanguera. Certificada em diversos cursos e *workshop* na área de liderança, tais como gestão de pessoas e liderança; liderança e inovação (Centro Universitário Una); desenvolvimento de líderes (RET Treinamento Empresarial); *Leadership: a masterclass* com Daniel Goleman. Possui também formação de analista educacional e comportamental; *life, business*, palestrante e líder *coach*; Jesus Meu *Coach* (*Line Coaching*).

Contatos
mariellyrossid@gmail.com
Facebook: mariellyduelli
Instagram: mariellyduelli
LinkedIn: Marielly Rossi Duelli

Marielly Duelli

> Não adianta ter o cargo mais alto e colecionar diplomas,
> se não fizer a diferença por onde passa.

Liderança é um tema complexo que gera diferentes opiniões e pesquisas ao longo da história e vai muito além dos cargos de chefia nas organizações públicas e particulares. Mas, afinal, o que é a liderança? De acordo com Maximiano (2000, p.331) "liderança é uma função, papel, tarefa ou responsabilidade que qualquer pessoa precisa desempenhar, quando é responsável pelo desempenho de um grupo". Para John Maxwell, "um líder é aquele que conhece o caminho, segue o caminho e mostra o caminho".

Você já deve ter observado pessoas que lutam e trabalham em prol da sociedade: os chamados líderes sociais. Dentro dos lares, é comum a liderança familiar. Há tantos outros exemplos de pessoas que exercem o papel e não recebem o título de líder: basta olhar ao seu redor. Para o 6º presidente dos EUA, John Quincy Adams: "Se as suas ações inspiram outros a sonharem mais, a aprenderem mais, a fazerem mais e a tornarem-se mais, então é um líder". Montana e Charnov (2000, p.221) titulam como um líder informal aquele que não terá o mesmo título de liderança oficial, mas exercerá uma função de liderança. Esse indivíduo, sem autoridade formal, designação de poder, posição ou até mesmo responsabilidade, pode, pelo mérito de um atributo pessoal ou desempenho superior, influenciar os outros e exercer a função de liderança.

> "A maior tarefa de um ser humano é ser líder de si mesmo e a
> maior tarefa de um líder é sair da plateia, entrar no palco de sua
> mente e ser autor de sua própria história."
> **Augusto Cury**

Conhecer, direcionar e impulsionar outra pessoa não é um papel muito difícil, mas quando é preciso fazer isso consigo mesmo, a atividade torna-se mais árdua e requer sabedoria. Ser líder de si mesmo consiste em controlar as emoções e saber reagir às situações que muitas

Ser extraordinário

vezes não estavam programadas. O mestre do *business coaching*, Brian Tracy, concluiu que "quanto mais você se tornar um líder internamente, mais eficiente se tornará em todas as atividades de liderança externas".

Agora que você compreendeu que é um líder, o desafio é se tornar extraordinário. Mas não pense que existe uma receita pronta a ser seguida ou que será como em um passe de mágica. Existe um caminho a ser percorrido e que depende exclusivamente do seu esforço e dedicação. A chave que abre a porta para esse caminho é a inteligência emocional. Daniel Goleman afirma que "sem ela, um indivíduo pode ter a melhor formação do mundo, uma mente incisiva e analítica e um suprimento infinito de ideias inteligentes, mas não será um bom líder". Inteligência emocional, de acordo com Goleman, é "a capacidade de interpretar e entender emoções em nós e nos outros e de lidar eficazmente com tais sentimentos". Os quatro componentes a seguir são fundamentais para aprimorá-la:

1. **Autoconhecimento:** conhecer profundamente a si mesmo, reconhecer suas limitações, motivações, qualidades e pontos a melhorar. Os autoconscientes sabem quem são e onde podem chegar. O caminho para ser um deles é fazer autoavaliação, estar aberto a receber e refletir sobre os *feedbacks* recebidos.

2. **Autogestão:** controlar as emoções, reações e atitudes. Não agir por impulso. Manter-se calmo. É capaz de manter o foco no objetivo mesmo que ocorram situações adversas. Gera admiração e contagia a todos ao redor.

3. **Empatia:** se posicionar na realidade do outro a ponto de compreender os seus sentimentos. Não é sentimentalismo, mas, sim, dar a mesma tratativa ao outro como gostaria de receber. Contribui no momento do *feedback* e consequentemente reduz o *turnover*. A empatia pode ser dividida em: cognitiva, que é olhar sobre a perspectiva de outra pessoa; emocional, ou seja, estar na pele do outro e; solidária, que é preocupar-se com o próximo. Para todos os tipos de empatia é necessário, sucessivamente, enxergar, sentir e ajudar o outro. Dessa forma, laços afetivos são estabelecidos, o que resultará no próximo componente.

4. **Habilidade social:** estar em constante contato com as pessoas dentro e fora da equipe. O relacionamento auxilia na persuasão, influência e motivação. Pessoas muito inteligentes e com grande conhecimento técnico que não possuem capacidade de se relacionar socialmente no trabalho estão fadadas ao fracasso profissional.

Marielly Duelli

Em meio a tanta tecnologia, temos que ser multitarefa, aprender um pouco de tudo, ler muito e responder a todos rapidamente, porém é preciso direcionar a atenção para o que é mais importante no momento. A palavra mais comum para essa definição seria **foco**, que pode ser classificada em três tipos:

- **Foco interno:** a atenção é concentrada no alvo e não é desviada pelos acontecimentos ao redor. Um exemplo disso é uma grande obra ao lado do seu escritório que faz da trilha sonora das suas atividades um barulho ensurdecedor de máquinas, caso real ocorrido na elaboração deste artigo.
- **Foco no outro:** é o mesmo que empatia.
- **Foco externo:** direcionar o olhar para o ambiente e tudo que existe ou poderá surgir nele.

Para ter mais foco é preciso aperfeiçoar a inteligência emocional. As ações a seguir ajudam nesse aperfeiçoamento:

- **Tornar-se o exemplo:** quando você faz o certo, as pessoas passam a segui-lo. Envolve: disciplina, foco, ética, discrição, dedicação, planejamento e organização.
- **Desenvolver escuta ativa:** prestar atenção no que o outro fala sem interrupções ou distrações ajuda na compreensão e evita falhas na comunicação. Escutar atentamente alguém não é gastar mas, sim, ganhar tempo, conhecimento, respeito e confiança.
- **Ser resiliente:** enxergar o novo como oportunidade e adaptar-se às mudanças.
- **Saber delegar:** dar autonomia para o seu time, elaborar estratégias e encontrar soluções para os problemas vivenciados.
- **Dar *feedback*:** acertos merecem elogios, bem como as falhas precisam ser sinalizadas e é necessário encontrar juntos a solução.
- **Limite:** estabelecer o seu e não ultrapassar o do outro.
- **Ser humildade:** aprender com as outras pessoas.
- **Acreditar:** nunca subestime a capacidade de nenhum membro da sua equipe ou será surpreendido.

Liderar uma equipe vai além de estar à frente e vibrar na linha de chegada, é estar junto e compartilhar as dores e alegrias ao longo do caminho.

Ser extraordinário

Você aprendeu que ser um exemplo é fator indispensável para alcançar uma vida extraordinária, afinal um líder se destaca pelo exemplo e não imposição, medo ou hierarquia. Pode parecer, em um primeiro momento, impossível, quando se lembra que o humano é um ser imperfeito e que comete inúmeras falhas. Vale lembrar que não se trata de ser um herói que nunca erra, mas, sim, de buscar ao máximo a assertividade e encontrar naqueles que você admira a inspiração.

> "Quem quiser ser líder deve ser primeiro servidor. Se você quiser liderar, deve servir. Tudo, pois, quanto quereis que os outros vos façam, fazei-o, vós também, a eles."
> **Jesus Cristo**

O artigo publicado na Harvard Business Review traz quinze doenças que o Papa Francisco, considerado um grande líder religioso, acredita que podem comprometer a saúde da liderança:

1. **Pensar que somos imortais, imunes e indispensáveis:** falta de autocrítica, preparação e atualização.
2. **Trabalho em excesso:** deixar de reservar um tempo para o descanso leva ao estresse e à agitação.
3. **Coração de pedra:** a rigidez dificulta o amor ao próximo.
4. **Planejamento excessivo:** gera perda no processo criativo e de espontaneidade.
5. **Má coordenação:** quando os líderes perdem o sentido de comunidade, o corpo perde seu funcionamento harmônico e equilíbrio e se torna uma orquestra que produz ruído: seus membros já não trabalham em conjunto e perdem o espírito de camaradagem e de trabalho em equipe.
6. **"Alzheimer" da liderança:** esquecer-se daqueles que serviram de inspiração e trancar-se com o próprio ego.
7. **Rivalidade:** "não agir por força do egoísmo ou vaidade, mas, sim, da humildade, e de modo que os outros contem mais do que nós mesmos".
8. **"Esquizofrenia existencial":** vida dupla marcada pela hipocrisia. Evitar contato com as pessoas ao redor.
9. **Fofoca:** típico das pessoas covardes, que não têm coragem

de dizer diretamente e saem falando pelas costas das pessoas.
10. **Idolatria dos superiores:** exaltação a troca de favores. Os próprios superiores podem ser afetados por esse mal quando tentam obter a submissão, lealdade e dependência psicológica de seus subordinados, tendo como resultado final uma cumplicidade nociva.
11. **Indiferença:** não compartilhar o que sabe para o desenvolvimento da equipe.
12. **Fisionomia sombria:** tratar os outros com severidade e arrogância.
13. **Acúmulo:** adquirir bens materiais para preencher vazio existencial.
14. **Círculos fechados:** acontece quando pertencer a um "grupo restrito" se torna mais importante do que nossa identidade compartilhada.
15. **Extravagância:** transformar seus serviços em poder, utilizando-o para ganhos materiais ou para adquirir ainda mais poder.

Outra doença pode ser acrescentada: o mau humor. Afinal, um líder estressado é capaz de acabar com o pensamento positivo, a criatividade e outras funções mentais, além de acarretar diversos problemas para a saúde. E, como ele é um influenciador, todas as consequências citadas podem ocorrer também com seus liderados. Pesquisa realizada pela Universidade de Estocolmo constatou que o risco de sofrer um ataque cardíaco é 25% maior entre os subordinados que têm um chefe desmotivador, rígido e injusto. Uma vez ouvi a seguinte frase, que deve ser refletida diariamente: "o problema é meu, mas a cara é dos outros".

A história a seguir foi contada pelo maior influenciador de todos os tempos e consta na Bíblia, livro sagrado para os seus adeptos:

Jesus contou uma parábola aos discípulos: "Pode um cego guiar outro cego? Não cairão os dois num buraco? Nenhum discípulo é maior do que o mestre; e todo discípulo bem formado será como o seu mestre. Por que você fica olhando o cisco no olho do seu irmão, e não presta atenção na trave que há no seu próprio olho? Como é que você pode dizer ao seu irmão: 'Irmão, deixe-me tirar o cisco do seu olho', quando você não vê a trave no seu próprio olho? Hipócrita! Tire primeiro a trave do seu próprio olho, e então você enxergará bem, para tirar o cisco do olho do seu irmão". (Lc 6, 39-42)

Esse texto apresenta quatro questionamentos que todos os líderes devem fazer frequentemente:

Ser extraordinário

1. Você tem sido uma influência positiva? Reflita sobre os seus pontos a melhorar, busque ajuda em livros, cursos ou procure um especialista.
2. Está no caminho correto? Uma escolha malfeita pelo líder, além de desestruturar sua carreira, pode arruinar com a de todos os demais.
3. Suas palavras condizem com suas ações? Dar *feedbacks* e não fazer uma autoavaliação pode colaborar para o conceito "faça o que eu digo, mas não faça o que eu faço".
4. Você tem conseguido ser um exemplo a ser seguido? Como pode encontrar uma solução para sanar uma deficiência do liderado se você também a possui e não faz nada para reverter?

Cuidado! Quando um cego guia outro cego, o destino mais próximo é o buraco.

Aprenda a ouvir, pense antes de falar, saiba agir no momento certo e seja o exemplo a ser seguido. Afinal, a **inteligência emocional** é o que difere uma **pessoa** comum da **extraordinária**.

> "Não devemos permitir que alguém saia da nossa presença sem se sentir melhor e mais feliz."
> **Madre Tereza de Calcutá**

Referências

GOLEMAN, Daniel. *Liderança: a inteligência emocional na formação do líder de sucesso*. Rio de Janeiro: Editora Objetiva, 2015.

HARVARD BUSINESS REVIEW. *As 15 doenças da liderança, segundo o Papa Francisco*. Disponível em: <https://hbrbr.uol.com.br/as-15-doencas-da-lideranca-segundo-o-papa-francisco/>. Acesso em: 25 de mar. de 2019.

MAXIMIANO, A.C.A. *Teoria Geral da Administração: da escola científica à competitividade na economia globalizada*. 2ª ed. São Paulo: Atlas, 2000.

MONTANA, P.J.; CHARNOV, B.H. *Administração*. São Paulo: Saraiva, 2000.

Ser extraordinário

Capítulo 29

A importância da gratidão para a saúde

Neste capítulo, você identificará a profunda relação entre a gratidão e a saúde, de forma sistêmica. Entender a autorresponsabilidade no processo de somatização e o poder de nossos pensamentos, sentimentos e atitudes ajudará você a encontrar equilíbrio e uma vida mais consciente e plena.

Milena Xisto Bargieri

Ser extraordinário

Milena Xisto Bargieri

Advogada graduada pela Unimes/Santos, com pós-graduação em Direito Contratual e Direito Administrativo, ambas pela PUC/SP. Pós-graduanda em Direito Sistêmico pela Faculdade Innovare, em parceria com a Hellinger Schule. Presidente da Comissão de Direito Sistêmico da Subseção de Peruíbe, OAB/SP; experiência de oito anos em gestão pública; curso de Física Quântica com Sérgio Ceccato, Ho'oponopono avançado com Regina Tavares, Cristais de Oz com Osvaldo Coimbra. Palestrante profissional, com enfoque no empoderamento feminino, pelo Instituto Gente.

Contatos
milenabargieri.com.br
milenaxistobargieri@gmail.com
Instagram: milenabargieri1
Facebook: Milena Bargieri

Milena Xisto Bargieri

Esse tema tem se tornado mais importante a cada dia, pois as pessoas estão cada vez mais doentes física, emocional, mental e espiritualmente. Provavelmente você conhece uma amiga que está em depressão, ou que está insatisfeita com a vida, que perde o convívio com os filhos, com o(a) companheiro(a) ou com os amigos em razão de um vazio existencial.

Você também deve conhecer alguém que foca toda sua atenção naquilo que lhe falta e se frustra, acreditando que o que tem nunca é o suficiente.

Talvez você se lembre de uma colega que vive dizendo ser grata, mas tem a fisionomia constantemente fechada, está sempre emburrada e reclamando das coisas.

Segundo dados da Organização Mundial de Saúde (OMS), o Brasil é campeão de casos de depressão na América Latina. Quase 6% da população, um total de 11,5 milhões de pessoas, sofrem com a doença.

Se não bastasse, nosso País tem como principais causas de morte as doenças cardiovasculares, o que resulta em 40 mortes por hora, de acordo com a Sociedade Brasileira de Cardiologia (SBC).

Você já ouviu falar no Código Isaías? Seu manuscrito ficou escondido por mais de dois mil anos, foi achado em 1946, juntamente com outros textos essênios, nas cavernas de Qnram, no Mar Morto, e revela o segredo do poder humano. Ele demonstra que temos muito mais poder do que imaginamos.

O "Grande Código Isaías" descreve o que a ciência quântica começou a compreender há poucos anos.

Greg Bradden, cientista e pesquisador, após longos anos de estudo e testes, a partir da declaração do manuscrito do profeta Isaías (Código Isaías) chegou à conclusão de que nossos pensamentos e atitudes influenciam diretamente no nosso corpo e no ambiente em que estamos. Isso é física quântica.

Sendo assim, há profunda correlação entre o que manifestamos no nosso organismo com aquilo que pensamos e sentimos. Nossas escolhas interferem a todo momento na nossa saúde.

Nos experimentos de Maseru Emoto, um investigador japonês, constatou-se que as moléculas da água se modificam de acordo com

Ser extraordinário

o ambiente ao qual estão expostas. Se as palavras forem positivas, as moléculas se harmonizam e, se não o forem, elas se agitam.

Imagine: se nosso pensamento afeta tudo fora, o que dirá dentro de nós? Somos compostos de 70% de água.

Você sabia que em média 95% do nosso comportamento é ditado pela mente subconsciente?

A neurociência já comprovou que a mente tem um papel fundamental nesse processo: apenas 5% da nossa mente consciente está no comando de nossas decisões e ações.

Porém, compete a cada um de nós implementar as mudanças que desejamos e assumir o comando de nossa vida.

A sincera gratidão, capaz de ecoar, tem se mostrado um importante preventivo contra as doenças da mente, como depressão, ansiedade, síndrome do pânico, entre outras.

Ao nos colocarmos em nosso próprio lugar, reconhecendo nosso papel frente à vida, passamos a analisar o nosso meio e o quanto interferimos nele.

Precisamos ser sinceros conosco, pois não adianta tirar alguns minutos do dia para enumerar pessoas, situações ou coisas às quais devemos gratidão, quando durante todo o resto do dia não agimos com gratidão.

É como pensar positivo apenas por algum momento: essa pequena mancha de pensamento positivo não cobrirá uma grande massa de pensamento negativo. Então, pensar positivo, nesse exemplo, não o é de verdade, mas, sim, uma forma de mascarar os pensamentos negativos.

O mesmo ocorre com a gratidão.

Não há como vibrar na gratidão e, ao mesmo tempo, ser crítico, julgador, mal-humorado. São vibrações que se excluem. A primeira é fruto do amor; as demais, do medo.

Precisamos ter a coragem de assumir nossas vidas integralmente, sem deixar nada de fora, e começarmos a interagir proativamente com o Universo.

Não há fórmula mais rápida do que vibrar na gratidão.

Sugiro que você faça uma lista diária de 5 a 10 itens que tem para agradecer, preferencialmente na primeira hora da manhã, enumerando aquilo que você já conquistou, por pelo menos 21 dias.

Neurocientistas demonstram que 21 dias é o tempo mínimo que nosso cérebro precisa para começar a programar um novo hábito.

Veja, não basta apenas falar, pensar ou escrever, mas também SENTIR. Aí está o grande segredo.

Sinta o quanto há para agradecer: ao ar, à água, ao sol, às árvores, às flores, aos animais, tudo que nos foi ofertado gratuitamente e que, em geral, esquecemos de reconhecer o valor no dia a dia.

Milena Xisto Bargieri

Agradeça ainda a seu corpo – inclusive àquela parte que você não curte tanto – sua família, seus colegas de trabalho, amigos, chefes, funcionários, enfim, agradeça a tudo e perceberá que aquilo que atualmente não agrada você terá sua permissão para ir e o novo chegará.

À noite, faça uma reflexão das realizações que deram prazer a você, de quais pessoas cruzaram seu caminho nesse dia e ensinaram algo.

A neurociência comprova que, ao tomar atitudes simples como as acima relacionadas, geramos sentimentos de gratidão e passamos a ativar o sistema de recompensa do cérebro, chamado núcleo *accumbens*, responsável pelo bem-estar e prazer do nosso corpo.

Portanto, a gratidão exercitada estimula a ação da satisfação e autoestima.

Quando o cérebro identifica que algo de bom aconteceu, que fomos bem-sucedidos, que existem coisas na vida que merecem reconhecimento e que somos gratos por isso, há uma liberação de dopamina, um importante neurotransmissor, que aumenta a sensação de prazer, elevação de emoções positivas, vitalidade e otimismo.

Além disso, os sentimentos de gratidão estimulam a produção de ocitocina, responsável por estimular o afeto, trazer tranquilidade, reduzir a ansiedade, o medo e a fobia.

Portanto, exercitar a gratidão ainda ajuda a dissolver o medo, a angústia, o sentimento de raiva, ficando bem mais fácil controlar esses estados mentais tóxicos e desnecessários.

Não há como nosso cérebro manter pensamentos de felicidade e tristeza ao mesmo tempo. Logo, ocupe seu espaço cerebral com sentimentos de gratidão, permitindo a superação dos obstáculos que se colocam no seu caminho e fazendo com que suas metas e conquistas possam ser mais facilmente atingidas.

Assim, a gratidão precisa ser construída dentro de nós, é uma DECISÃO. Isso mesmo: podemos escolher ser gratos, independentemente da circunstância em que vivemos.

Treine, exercite e constate uma vida mais saudável, abundante e feliz! Você merece!

Ser extraordinário

Capítulo 30

Mindfulness e a criação do sentido de vida das pessoas extraordinárias

Como é possível gerenciar os sentimentos e emoções, para alcançar resultados extraordinários na carreira profissional e construir relacionamentos positivos? Neste capítulo, vou compartilhar experiências de como pessoas extraordinárias fazem a diferença e contribuem para um mundo melhor.

> "Para os negócios irem bem, as pessoas precisam estar bem."
> Abraham Medina

Miriam Vieira Santos Kronka

Ser extraordinário

Miriam Vieira Santos Kronka

Formação multidisciplinar: *life coach*, *positive coach*, *carrier coach*, hipnose clínica. Licenciada em Pedagogia pela PUC/Campinas; psicologia positiva – *positive coach*, *life coach*, *líder coach*, *career coach* pela SB-Coaching; hipnose clínica - Quasar Institute; especializada em psicanálise - SBPM; cinesiologia aplicada; *practitioner* em PNL; meditação *mindfulness*, filosofias da Yoga, Ayurveda, filosofia da medicina chinesa para saúde e bem-estar. Por 23 anos, foi diretora em cinco gestões na diretoria suplente do Sindpd-SP, fazendo mediações em negociações entre empresas, sindicato e colaboradores na área de tecnologia da informação. Participou da School of Life Academy – Milão – Itália — 2017 e 2018 – *by* Ricardo Bellino. Rock In Rio – Academy – Lisboa Portugal – 2018 – "Por um mundo melhor" — *by* Roberto Medina e equipe.

Contatos
www.miriamkronka.com.br
miriamkronka.coach@gmail.com
Instagram: miriam.kronka

Miriam Vieira Santos Kronka

O que é *mindfulness*? O que faz uma pessoa ser extraordinária?

Antes de falar sobre o significado de *mindfulness*, gostaria de fazer um destaque para uma pessoa que viveu uma vida extraordinária e que deixou um enorme legado para o mundo, Steve Jobs, que foi CEO da Apple.

Neste capítulo, usarei algumas referências de Ken Segall, autor de *Incrivelmente simples*, que descreveu Jobs com um sentimento incrível de paixão e sentido de vida.

Eu pouco sabia sobre a história de Steve Jobs, no entanto, numa tarde, ao ler uma publicação no Instagram, a minha atenção foi capturada pela seguinte frase: "As pessoas malucas o suficiente para achar que podem mudar o mundo são aquelas que o fazem". O que eu descobri com esse trecho do livro *Incrivelmente simples* não foi somente sobre mudar o mundo, mas sobre qual foi o sentido que Jobs usou para melhorá-lo.

Esse conceito não estava somente nos produtos da Apple, mas no "simples" que tocava o seu coração. Isso está muito ligado ao pensamento dessa geração *millenium*, onde "o menos é mais". Segall fala sobre a paixão de Steve Jobs pela criatividade, bem como a clareza que ele define como preto no branco.

O fato de ele ter sido extraordinário não foi somente o sucesso, os valores da sua conta bancária, mas, sim, o conceito que aplicou para elevar uma marca ao topo do mundo, que também usou para liderar pessoas sem ter que pisar em ovos. Ele liderava com sentido de propósito, clareza, entendia o que era fazer conexão emocional com os clientes, ou seja, não perdia de vista o senso de humanidade, e estava consciente das suas imperfeições, afinal, ser extraordinário não significa ser perfeito, até porque nenhum de nós somos.

Segundo Segall, Steve Jobs não era um exemplo de liderança no sentido de gentileza. Conforme mencionado antes, ele podia até ser encarado como um líder carrasco, pela forma seca de lidar com a sua equipe. A clareza dele não tinha o pudor de fazer pessoas saírem de suas reuniões, se a presença delas não fosse agregar valor.

Ser extraordinário

No entanto, a franqueza era a sua marca, não tratava a sua equipe pisando em ovos, sabia ouvir críticas e não dar atenção a elas. De acordo com Segall, para Steve, "pisar em ovos era complexo".

Isso quer dizer que, mesmo quando você exerce o espírito de compaixão, humanidade dentro de uma organização, a clareza é fundamental. Segall escreveu o seguinte em seu livro:

> (...) Se você tiver qualquer ambição de trabalhar na Apple, sinto dizer que não haverá mensagens na parede ensinando como conduzir uma reunião. De forma similar, não haverá mensagens lhe dizendo como amarrar os sapatos ou encher um copo de água.

O que eu descrevi acima é o exemplo de uma pessoa extraordinária com uma mentalidade *mindfulness*. Mas o que é isso?

Segundo Calia et al. (2018), *mindfulness* é um estado mental de atenção focada no momento presente (Kabat-Zinn, 2018), ou a capacidade de autorregulação da atenção para o momento presente.

É um método científico de práticas meditativas para o desenvolvimento da atenção, desconectada de religiosidade, embora o seu fundamento tenha bases budistas.

Calia et al. (2018) escreveu em seu artigo *Mindfulness e teoria para o senso de propósito profissional*, que o *mindfulness* tem sido a prática regular de líderes organizacionais, como foi de Steve Jobs. Organizações empresariais de referência, como a Google, SAP, Intel, oferecem, regularmente, cursos de treinamento em *mindfulness* para seus funcionários.

A meditação conecta a mente com o potencial criativo, aumenta a capacidade na tomada de decisões, segundo Calia et al. (2018), atua no pensar racional do aqui e agora. Gera empatia, produzindo melhor capacidade de relacionamentos extra-pessoal e interpessoal.

O que produz sentido na sua vida? Eu costumo perguntar aos meus clientes em processo de treinamento por que e para que eles trabalham. Talvez você possa achar essa pergunta óbvia demais.

No entanto, a partir dessa reflexão e por seguir o conceito do método que ensino com uma base científica estruturada, muitas das pessoas que passaram pelo meu treinamento mudaram o estilo de vida.

A pergunta que faço agora para você que se interessou por este capítulo é: o que o motiva a levantar da sua cama cedo e ir para o trabalho?

Talvez você já tenha se deparado com essa questão de uma forma diferente, se passou por uma entrevista de trabalho recentemente, o gestor de recursos humanos pode ter perguntado: qual é a sua motivação para trabalhar nessa empresa?

Miriam Vieira Santos Kronka

Se for participar da seleção para um projeto, a pergunta será basicamente parecida: por que você acha que será útil?

E, se você é um empreendedor e busca uma parceria, no alinhamento de objetivos, a questão primária é saber se o objeto da parceria faz sentido para ambos.

Isso quer dizer que, nos relacionamentos, sejam esses profissionais, pessoais, é necessário haver um propósito, ou seja, encontrar um sentido que seja autêntico, prazeroso.

Talvez isso possa fazer sentido, não é verdade? Em algum momento da sua vida, você parou para pensar sobre os seus desejos e prazeres, sobre o que faria de graça, sem visar o retorno financeiro?

Quem sabe elaborar um saboroso prato para a pessoa amada, tocar uma música ao som do violão para os seus amigos, ensinar como tocar um piano, dar uma aula de inglês ou uma aula de automaquiagem.

Ou, então, ensinar as pessoas a meditar com atenção no aqui e agora, e observar o som dos pássaros, o aroma que as árvores da praça exalam, ou, até mesmo, sentir os diferentes sabores de comidas.

O significado da vida é inerente ao modo de cada pessoa, e poderá ser encontrado em ações pequenas e simples que poderão fazer grande diferença na vida das pessoas e no mundo.

As mudanças tecnológicas produzem forte impacto na economia global, com a chegada da Quarta Revolução Industrial, que teve início na Alemanha, em 2011, que é chamada também de *Internet* das Coisas. Essa revolução tecnológica está mudando completamente a forma como vivemos e como nos relacionamos.

Não há dúvidas de que, para acompanhar os avanços tecnológicos, as pessoas precisarão de uma mentalidade atenta e, acima de tudo, criativa. Isso quer dizer que será preciso cultivar uma mente sadia, conforme a frase do poeta Romano Juvenal: "Mente sã, corpo são."

Isso é o que as pessoas precisarão, cultivar uma mente sã num corpo sadio.

Porém, para garantir maior satisfação, felicidade e bem-estar, os extraordinários buscam viver com propósito, isso significa criar um sentido para aquilo que dá prazer na vida, não importa se você é um médico, advogado, professor, estudante, uma dona de casa, a importância sobre todas as suas ações deverá estar direcionada para algo que realmente faça você despertar todas as manhãs com alegria.

Para criar sentido em suas vidas de formas diferentes, não é preciso seguir um modelo de escalar produtos, como o de Steve Jobs, porém perseguir uma paixão por algo que dá prazer, este, sim, é um modelo para um sentido de vida e propósito sustentável.

Procure encontrar aquilo que verdadeiramente traz felicidade, que você possa perceber a sua força, aquela luz interna que é

Ser extraordinário

unicamente sua. E, assim, acessá-las, entendê-las, para mudar a sua rota, se for o seu desejo, dar um novo sentido para uma vida com mais felicidade e sucesso.

O meu propósito maior é compartilhar experiências e treinar pessoas para se conectarem com seus sonhos, criar sentido para viverem experiências positivas e, assim, mergulharem no universo da abundância, felicidade e sucesso.

Referências
ARISTÓTELES. *Tópicos/ Dos argumentos Sofísticos/ Metafísica (Livro I e II)/ Ética a Nicômaco/ Poética*. São Paulo: Abril Cultural, 1973.
ACHOR, Shawn. *O jeito Harvard de ser feliz*. São Paulo: Saraiva, 2012.
CALIA, Rogério C.; OLIVEIRA, Marcelo S. B. de; DEMARZO, Marcelo. *Mindfulness and theory u for the professional sense of purpose*. Disponível em: <http://www.scielo.br/scielo.php?script=sci_abstract&pid=S1678-69712018000500300&lng=en&nrm=iso&tlng=pt >. Acesso em: 25 de mar. de 2019.
SELIGMAN, Martin E. P. *Felicidade autêntica: usando a psicologia positiva para a realização permanente*. Rio de Janeiro: Objetiva-Ponto de Leitura, 2003.
VICTORIA, Flora. *Semeando felicidade: psicologia positiva aplicada à ciência do bem-estar e da realização máxima*. SBCOACHING Publishing, 2016.

Ser extraordinário

Capítulo 31

Mude o seu *mindset* e seja extraordinário

Descubra, neste capítulo, o quão extraordinário você pode ser por meio das mudanças do seu *mindset*, eliminação de crenças limitantes, autossabotagens e procrastinação!

Onofre Biceglia Filho

Ser extraordinário

Onofre Biceglia Filho

Master humanistic coach, analista comportamental e palestrante, com MBA em Finanças e Gestão de Pessoas pela FGV. Especialização em liderança corporativa e gestão de pessoas em tempos turbulentos pela Ohio University. Formação em *coaching* pela FEBRACIS, *master coach* pela Tetra Coach e Behavior Coach, em Curitiba. *Master coach* e analista comportamental pela SLAC, conteúdos pelo IBC, *coach* pela Escola de Negócios em São Paulo, *business coach* pela FEBRACIS, especialização e formação de *master humanistic coach* pela More Institute, em Frankfurt, na Alemanha. Administrador de empresas com 40 anos de experiência em consultoria de empresas, nas áreas administrativas com ênfase em gestão de pessoas.

Contatos
www.ibecsp.com.br
ibecsp@outlook.com
Facebook: Onofre Biceglia Filho
Instagram: onofrebiceglia
(11) 94817-3333 / (11) 94320-9957

Onofre Biceglia Filho

> As pessoas realmente se tornam completamente *extraordinárias* quando elas começam a pensar que conseguem fazer grandes coisas. Quando elas acreditam em si mesmas, adquirem o primeiro segredo do sucesso.
> **Norman Vincent Peale**

> (...) Se você conhece o inimigo e conhece a si mesmo, não precisa temer o resultado de cem batalhas. Se você se conhece, mas não conhece seu inimigo, para cada vitória ganha, sofrerá também uma derrota. Agora, se você não conhece nem o inimigo, nem a si mesmo, certamente perderá todas as batalhas...
> **Sun Tzu**

O autoconhecimento é a porta de entrada para se tornar uma pessoa extraordinária. Pense em alguns exemplos que o inspire. Quais dessas qualidades você também gostaria de ter? A maioria delas vive uma vida plena, cheia de experiências interessantes, e tenta interagir de forma autêntica com outras pessoas. Além disso, muitos indivíduos *extraordinários* aprendem a assumir riscos para encontrar uma próxima aventura.

Toda vez que qualificamos uma pessoa como extraordinária atribuímos a ela um *status* de semideus! Pensamos logo de cara em alguém que é famoso, que realiza feitos quase impossíveis e que consegue vencer situações praticamente improváveis de serem realizadas. Essas pessoas chamam a atenção da mídia, justamente por se destacarem da maioria e, muitas vezes, ganham fama e dinheiro com um talento especial de ser fora do comum. Temos muitas e excelentes referências de pessoas de muito sucesso:

O extraordinário Usain Bolt

Eu estava lendo sobre o velocista jamaicano Usain Bolt, e os dados dele são realmente impressionantes. Imagine, ele é campeão

Ser extraordinário

olímpico e mundial, recordista dos 100 e 200 metros, além de não ter nenhum competidor a sua altura, para nenhuma prova que disputa. Chegou a completar uma prova de 100 metros em 9:58 segundos e a velocidade que atingiu foi de 43,9 quilômetros por hora! Isso é realmente extraordinário!

Por trás dessa história de sucesso e dos grandes desafios que enfrentou durante a sua vida, poucos sabem que, no início da sua carreira, quase foi destruído por fortes e insuportáveis dores nas costas. Enfrentou um terrível acidente de carro que quase colocou fim à sua vida e carreira, em 2009, quando já era o mais famoso esportista do planeta.

Bolt também é um homem rico, apesar de jovem, os contratos de patrocínio com empresas de diversos ramos de atividades, desde materiais esportivos até *champagne*, o tornaram a oitava celebridade mais bem paga do mundo, segundo a revista Forbes.

O jamaicano mantém uma fundação que faz doações em dinheiro para projetos de caridade, incluindo a sua antiga escola, em Trelawny, cidade costeira do norte da Jamaica.

Dono de uma personalidade cativante, Bolt nunca se envolveu em escândalos comuns do esporte, como exames de *doping*, e segue intocável e imaculado, sendo marca registrada da sua trajetória vitoriosa e de sucesso.

Se há uma coisa que não pode ser medida em gráficos é o quanto o esporte sentirá saudades e terá como referência de atleta e ser humano, Usain Bolt, uma pessoa extraordinária.

O extraordinário Ayrton Senna!

Ainda no mundo dos esportes, não podemos nos esquecer de Ayrton Senna, considerado o piloto global mais rápido de todos os tempos.

Os seus expressivos números ajudam a explicar por que ele ganhou o *status* de mito do esporte. Foram 41 vitórias, três títulos mundiais, 65 *pole positions* e 80 pódios em dez anos, de 1984 a 1994.

Senna era mais do que isso: o brasileiro foi responsável por alguns dos momentos mais mágicos da principal categoria mundial. Estabeleceu um novo patamar de excelência no esporte, sua supremacia era evidenciada em três situações.

O desafio de guiar acima dos 300 quilômetros por hora era ainda mais intenso: na chuva, na execução de voltas perfeitas nas poles e nos circuitos perigosos de rua – em Mônaco. O brasileiro é até hoje o maior recordista de vitórias.

Nas pistas ou fora delas, conseguiu ser unanimidade entre os brasileiros que acordavam de madrugada ou aos domingos de manhã para assisti-lo. Até um *jingle* especial foi criado e é ainda hoje tocado: "Ayrton Senna do Brasil".

Onofre Biceglia Filho

Mesmo após a sua morte, deixou um legado de frases de efeito, fã-clubes, admiradores pelo mundo todo. Ninguém conseguiu e, certamente, jamais irá superá-lo. O Instituto Ayrton Senna, após 23 anos de criação, está presente em 660 municípios, em 17 estados, e beneficia mais de 1,5 milhão de alunos por ano.

Senna foi, além de tudo, um incansável esportista na busca de ultrapassar os próprios limites. Com ele na pista, tudo era possível acontecer. O seu carisma, a sua humildade, fé em Deus, o seu coração preocupado com tudo e com todos, além de sua tradicional garra e determinação o tornaram diferente, um perfeito atleta e uma pessoa realmente extraordinária.

> "A maioria das pessoas vive, seja física, intelectual ou moralmente, em um círculo muito restrito de seu potencial em toda sua existência."
> **William James**

Então, como seria considerada uma pessoa comum e uma pessoa extraordinária? Não precisa ser um atleta, muito inteligente ou ter sucesso para alcançar esse nível. O que precisa é mudar o *mindset* para ser extraordinário(a). Então, vem a questão: como mudá-lo?

Relembrando Usain Bolt, uma frase dele me chamou a atenção: "Sempre há limites. Eu não conheço os meus!". É justamente um pensamento assim que diferencia pessoas como ele da maioria da população.

Ayrton Senna também nos ensinou: "Quando penso que cheguei ao meu limite, descubro que eu tenho forças para ir além".

Vivemos em um mundo no qual muita gente vive impondo limites e não enxerga o potencial que o ser humano tem! Eu sempre falo nas minhas palestras ou para qualquer pessoa com quem eu tenha oportunidade de conversar que, mesmo que ela tenha algum problema físico, pode ir muito além do que pensa, em qualquer empreendimento que quiser realizar. A questão principal a ser considerada é justamente o querer, a vontade e a atitude!

A nossa sociedade olha para esses grandes atletas, ou qualquer um que tenha destaque por grandes feitos, como se fossem pessoas que possuem talentos sobrenaturais inatingíveis para a maioria da população. No entanto, se olharmos mais de perto, veremos que são pessoas normais que um dia decidiram ir além, que quiseram conhecer seus limites e comprovaram que é possível realizar feitos inacreditáveis para a maioria. Elas tiveram fé e acreditaram que os sonhos estavam à pouca distância de seu próprio trabalho e perseverança.

Por isso que a palavra extraordinário cabe tão bem a esse tipo de pessoa! Do latim *extra*: fora de, além de, e ordinário: comum, regular.

Ser extraordinário

Essas pessoas são fora do comum, realizam feitos além das expectativas da maioria das pessoas – em um mundo de pessoas tão iguais, realmente se destacam.

Os extraordinários de nossas vidas

Tenho descoberto na minha vida que, muitas vezes, nós construímos muros invisíveis de descrença e incapacidade ao nosso redor. E vou além, se você olhar com mais atenção a sua volta, vai ver que esses "super-heróis" talvez estejam mais próximos de você do que imaginava.

Qualquer um que seja um inconformado com a sua realidade e decida viver de forma melhor, que deseje conquistar sonhos, que seja uma pessoa coerente com seus atos e palavras e não espere as oportunidades simplesmente caírem do céu, sem fazer nada para alcançar seus objetivos, é alguém extraordinário.

No meu dia a dia, a minha inspiração vem de pessoas extraordinárias com as quais tenho ou tive o privilégio de conviver ao longo da minha caminhada. Essas pessoas, muitas vezes, não estão nas grandes telas ou nos noticiários, mas me ajudaram a construir alguns castelos de sonhos e é a elas que devo a minha gratidão e respeito.

Quer conhecer alguém extraordinário? Olhe ao seu redor! Deve ter alguém para você se inspirar. Se, por acaso, não tiver, talvez esteja andando com pessoas erradas que, ao invés de inspirá-lo, podem puxá-lo para baixo e impedi-lo de crescer.

Mas, acima de qualquer coisa, escolha ser uma pessoa extraordinária, isso não o fará ser superior aos outros, mas ser a sua melhor versão, a cada dia. Isso, com certeza, inspirará outras pessoas a decidir ir além e ser diferente, afinal, de pessoas iguais, medianas e normais o mundo está cheio!

Para se tornar alguém extraordinário, você deve decidir transformar o seu *mindset*. Mudar de forma radical a sua consciência e pensamento. A nossa mente é a inteligência de todas as coisas. A nossa consciência é a sabedoria e o pensamento, como o leme de um barco. Os pensamentos são o guia do nosso próprio caminho pela vida, de um modo bem melhor. Você pode mudar de uma realidade para outra de uma forma extraordinária, desde que deflagre alguma coisa de seu interior.

Se a nossa experiência de vida pode ser entendida por meio dos três princípios: mente, consciência e pensamento, dito de outro modo, cada coisa que experimentamos é uma função de fatos espirituais: estamos vivos, somos conscientes e pensamos.

"Um homem permanecerá preso em um quarto com uma porta destravada e que se abre por dentro, enquanto não lhe ocorrer puxá-la, ao invés de empurrá-la."

Onofre Biceglia Filho

As pessoas, na sua maioria esmagadora, pensam que a experiência e as situações chegam até elas de fora para dentro, quando, na verdade, vêm de dentro para fora.

Tudo, desde a terapia cognitiva e racional-emocional até a maioria dos movimentos de autoajuda, mostra que, se você substituir um pensamento, uma crença ou atitude negativa em relação às pessoas e situações circunstanciais por algo positivo, a sua mudança não só ocorrerá imediatamente como também muito antes de as pessoas e circunstâncias mudarem. Se isso não acontecer, pelo menos os seus pensamentos, sentimentos, comportamentos e atitudes positivas permitirão que você transforme uma situação ruim na menos péssima ou ainda na melhor possível.

Tenho uma ótima notícia para você: é possível ser extraordinário, partindo dos princípios relatados acima.

Além de fundamentalmente decidir mudar o seu *mindset* para ser uma pessoa extraordinária, deixo algumas dicas de como ter uma vida transformada a partir da decisão dessa mudança.

1 – Aceite a vida como ela é
Reconheça que a única coisa que podemos mudar somos nós. Sorria sempre, pois o sorriso não gasta energia e emite muita luz, além de resgatar a criança que tem dentro de você.

2 – Viva o presente
Perceba os momentos do hoje e não deixe a parte boa da vida para depois. Viva intensamente o agora sem o peso do ontem e a angústia do amanhã.

3 – Relaxe e medite
Destine ao menos uma hora por dia para meditar e ouvir a sua voz interior. Será um momento somente seu que trará a desconexão do mundo e suas mazelas e encontrará as respostas que estão dentro de você.

4 – Descomplique e desacelere
Encontre as suas respostas interiores e descomplique. Seja leve, releve e desacelere. Evite a síndrome do pensamento acelerado.

5 – Não exagere e nem superestime os seus problemas
Não se vitimize mais. As dificuldades e as agruras da vida sempre existirão. Enxergue as suas dificuldades e os seus problemas como lições e aprendizados. Tenho uma boa notícia: os dias ruins também acabam.

Ser extraordinário

6 – Paciência e resiliência
Seja paciente e saiba esperar, suporte as pressões no trabalho e na vida pessoal e não sofra por antecipação por coisas que, provavelmente, nem ocorrerão.

7 – Dê o real valor ao dinheiro
Tenha a real consciência de que partes muito mais importantes da vida o dinheiro não pode comprar.

8 – Seja grato
A gratidão é essencial para a vida, para sua saúde física e mental. Agradeça todos os dias a Deus pelos talentos, habilidades, pela sua vida, sua carreira, sua família e pessoas ao seu redor.

9 – Perdão
O perdão é um ato de inteligência. Perdoe sempre, porque nascemos para sermos felizes e não perfeitos. Comece pelo perdão por seus erros, enganos e, principalmente, aos que o feriram, pois nem merecem o seu perdão, você merece a paz. Melhor ser feliz do que ter razão.

10 – Amor
Ame sempre. O amor é a força mais sutil do universo. Ame a todos indistintamente, ame o seu trabalho, a sua família, os seus amigos, mas, antes de tudo, ame-se.

Para ser uma pessoa extraordinária, você não precisa ser um Usain Bolt, um Ayrton Senna. Ser uma pessoa extraordinária é, sobretudo, mudar o *mindset* e encarar a vida com bom humor, otimismo, fé, caridade, perdão. É amar o próximo como a si mesmo, fazer o bem sem olhar a quem, dar o melhor todos os dias, mesmo parecendo que não vale a pena. Viver cada dia como se fosse o último, entender que é preciso subir um degrau de cada vez com coragem para superar, mudar, aprender e jamais pensar em desistir!

Reprograme agora a sua mente para uma vida plena, feliz e equilibrada, afinal ser extraordinário é questão de escolha!

Referências
BOLT, Usain. *Mais rápido que um raio: minha autobiografia*. Planeta do Brasil, 2014.
NEILL, Michael. *A revolução do pensamento: a única coisa que você precisa saber para mudar sua vida*. HarperCollins, 2014.
ROBBINS, Tony. *Poder sem Limites: a nova ciência do sucesso pessoal*. BestSeller, 2017.
SENNA, Ayrton. *Legado e biografia*. Disponível em: <https://www.ayrtonsenna.com.br/>. Acesso em: 12 de jun. de 2019.

Ser extraordinário

Capítulo 32

Seja extraordinário, transforme a realidade de seu negócio

Este trabalho visa despertar o empresário para organizar e desenvolver um pequeno negócio, de forma prática e assertiva. Abordarei desde a mudança do *mindset* do empreendedor, o aprimoramento diário dos processos, até a emissão de relatórios mensais que demonstram controle geral de tudo o que acontece na empresa, em todas as áreas do negócio, sem perder de vista os objetivos, missão, visão e valores da empresa.

Paulo Sérgio Moreira Brasil

Ser extraordinário

Paulo Sérgio Moreira Brasil

Engenheiro civil, graduado pela Escola Politécnica da Universidade Federal da Bahia (1977); especializado em engenharia econômica; pós-graduado em Gerenciamento e Controle de Obras pelo SENAI – Cimatec; certificado como analista comportamental e *life coach* pela Line Coaching. *Executive & personal coach* pela FAPRO – Faculdade Profissional, dentre outros, atuando como *coach* empresarial. O seu diferencial é ser apaixonado pelo desenvolvimento pessoal e empresarial.

Contatos
paulo-brasil@live.com
Instagram: paulosergiomoreirabrasil
(71) 99181-1638

Paulo Sérgio Moreira Brasil

> "Os planos fracassam por falta de conselhos, mas são bem-sucedidos quando há muitos conselheiros."
> **Rei Salomão**

A melhor estratégia para seguir avançando, realizando e conquistando é ouvir, por meio da meditação, todos os dias, a voz de Deus, e seguir os seus planos. Acredite em você e siga em frente.

Introdução

O objetivo deste capítulo é despertar no empreendedor a vontade de ser um vencedor, de criar uma empresa próspera, contribuir com a sociedade, proporcionando ambiente onde as pessoas possam se realizar, se autodesenvolver, movimentando a economia, gerando renda para o país, fugindo da estatística feita pelo IBGE, na qual 48% das empresas fecham as portas em torno de três anos.

Essa realidade deve-se à falta de conhecimento na área empresarial, onde se deve ter sócios com conhecimento específico em todos os setores, e não apenas na área técnica. Por exemplo, um bom cabeleireiro acredita que esse fato é suficiente para constituir um salão de beleza, idem para um bom cozinheiro em relação a um restaurante, um engenheiro civil para uma construtora etc. O apoio de um profissional em *coaching* é uma alternativa muito bem acertada para o alcance dos objetivos.

As causas do insucesso são as mais variadas possíveis, passando pela falta de um modelo de negócio, uma apresentação formal da empresa, papéis bem definidos de cada gestor/colaborador até à inexistência de relatórios financeiros que comprovem a saúde da empresa, demonstrando que a mesma está na direção para ser considerada uma empresa madura.

Um pouco de neurociência

Existem três áreas distintas no cérebro de um ser humano, é o que se denomina Cérebro Trino. Neocórtex é a parte pensante,

Ser extraordinário

racional, a que deveria mover todas as atitudes e decisões das pessoas, dos empresários. O mamífero, responsável pela parte emocional, e o reptiliano, responsável pela autopreservação que, por meio de sua ação, o indivíduo não pensa, apenas reage por instinto, é responsável pela situação de vida de uma pessoa, seja em relação às finanças, saúde, relacionamentos, bem como pela luta de poder dentro da sociedade e devido ao paradigma vigente, modelo aceito da realidade que condiciona a nossa percepção, forma de pensar, avaliar e agir, fruto de aprendizados construtivos ou equivocados durante a vida. Por conta do paradigma vigente, as decisões tomadas pelos gestores, por meio de seus egos, normalmente, têm uma grande possibilidade de equívoco. O empresário precisa estar atento a essas informações, e agir sempre que possível com o neocórtex.

Mindset – é com quais óculos enxergamos o mundo

Se pensamos, sentimos e agimos positivamente, formos coerentes, alinhados com a nossa essência, teremos sucesso, nos tornamos empreendedores conscientes, esse processo passa a ser um estilo de vida, uma forma específica de fazer negócio, de ver o mundo, de agir no mundo, possibilitando gerar liberdade para si e para as pessoas inseridas no contexto, contribuindo para que o mundo funcione de forma holística, sistêmica, afinal, cada um de nós é uma essência individualizada de Deus, juntos formamos algo que é muito maior do que a soma das partes.

Propósito é o significado que nós damos a algo, é o que define o porquê de você fazer o que faz, o que o motiva e orienta suas ações, é a bússola que vai direcioná-lo para uma vida cheia de realizações alinhadas com a sua essência.

A empresa deve caminhar nessa direção, na realização do sonho do empresário, na realização de seu propósito, depois de definido o seu propósito, visão de futuro e valores pessoais, o empresário, totalmente consciente, energizado, poderá dizer a sua empresa o que fazer, como trabalhar.

A visão de futuro são imagens mentais que nos inspiram a agir e a tornar os nossos sonhos realidade; nos dão direção e podem criar objetivos de vida.

A importância da liderança

Os líderes de equipe mais experientes sabem que a melhor forma de gerir as suas pessoas, mesmo em momentos de crise, é tranquilizando o grupo, encorajando-o a fazer melhor, inovar a cada dia, demonstrar confiança na capacidade das pessoas e, se necessário, mostrar como se faz, e participar das atividades mais críticas, ou seja, levá-los à academia do neocórtex, à academia do pensamento.

Liderança é influência, é ter seguidores, é quando as pessoas seguem um líder por sua própria vontade, também em razão da sua visão de futuro, para o projeto no qual ele lidera, reconhece-se um verdadeiro líder pelo desempenho superior demonstrado por sua equipe, de uma forma consistente, o que faz um líder é a sua habilidade de fortalecer os outros, de formar outras pessoas, as pessoas seguem o líder em razão de quem ele é e do que representa para elas. Esse é o estágio mais alto e mais difícil de alcançar, é o estágio da integridade, é o estágio em que o líder não visa lucro, não visa dinheiro, visa apenas a satisfação de ver as pessoas evoluindo, se realizando, crescendo, o retorno financeiro é consequência.

Situação corriqueira

A empresa encontra-se numa situação de desencontro de ideias das pessoas que nela trabalham, a despesa com pessoal não é condizente com o que se produz, quando o dono não está presente, a produtividade cai mais ainda, o tempo inteiro o dono tem que "apagar incêndios", a rotatividade de pessoal é muito alta devido à falta de treinamento, as regras do jogo não são claras com relação às funções das pessoas, não existe controle de estoque, tampouco relatórios que comprovem a lucratividade da empresa, por consequência, os donos vivem tomando dinheiro emprestado a bancos etc. É o caos instalado.

Definição de papéis

Segundo Michael Gerber, em *O mito do empreendedor*, todo aquele que entra no mundo dos negócios leva em si três personalidades: o empreendedor, o administrador e o técnico.

Para criar uma empresa moderna, instigante, que dê ao dono tudo o que ele quiser, sem exigir a sua presença constante, que possua o potencial de ser incrivelmente única, que continue a provocar comentários dos clientes, muito tempo depois da primeira e deliciosa experiência, cujo toque especial atraia os clientes para novos negócios, é preciso haver equilíbrio, é necessário que essas três personalidades recebam as mesmas oportunidades.

A personalidade empreendedora transforma a condição mais trivial em oportunidade excepcional. É o visionário que existe em nós, o sonhador, a energia por trás de toda atividade humana, a imaginação que acende a centelha do futuro. É o catalisador da mudança, o grande estrategista, o inovador, aquele que desenvolve métodos para penetrar em mercados já existentes ou criar novos, é a função

Ser extraordinário

exercida pela personalidade empreendedora desde o nascimento até todos os estágios de desenvolvimento de uma empresa.

A personalidade administradora é pragmática, sem um administrador não haveria planejamento, previsibilidade, ordem, organização nem direção.

O empreendedor vive no futuro, o administrador vive no passado, enquanto o empreendedor, invariavelmente, percebe a oportunidade nos acontecimentos, o administrador sempre enxerga os problemas, vai atrás do empreendedor e arruma a bagunça deixada por ele.

O técnico sabe que, se não fosse por ele, o mundo estaria ainda mais encrencado, haveria muita gente pensando e ninguém realizando, o técnico é gente que faz. Se o empreendedor vive no futuro e o administrador no passado, o técnico vive no presente.

O técnico é fortemente individualista, defende o seu território, produz de dia o pão que vai comer à noite, representa a espinha dorsal de toda a tradição cultural e, o mais importante, de cada um de nós, se o técnico não fizesse, ninguém faria.

Criando uma empresa modelo

Um modelo ideal de negócio deve, constantemente, superar as expectativas dos clientes, empregados, fornecedores, credores, sociedade e proprietários. De preferência, o modelo deverá ser executado corretamente por pessoas sem experiência no ramo, replicável apenas se os sistemas puderem ser colocados em prática por pessoas não especializadas.

O modelo deve ter um sistema amplamente abrangente para toda a estrutura organizacional, de modo que os clientes, empregados, gestores e proprietários tenham todo tipo de informação em tempo real.

Deve-se criar um manual de operações, de forma que toda a organização tenha a mesma linguagem, facilitando a articulação das etapas, das tarefas e especificando os padrões de qualidade e produtividade.

Deverá haver uma padronização dos produtos/serviços, fazer as mesmas coisas da mesma forma, todas as vezes que o cliente contrata a empresa, passa a ser um selo de qualidade.

A empresa deve ter um código de cores, etiquetas e instalações que sejam sempre os mesmos, com bastante atenção a todos os detalhes, por mais insignificantes que possam parecer; não menos importante é a escolha das formas, logotipos, objetos de demonstração etc.

Ação

Crescer significa sair da zona de conforto, trabalhar muito e ir soltando pelo caminho aquilo que impede o nosso crescimento, que são os desejos do nosso ego, e ir executando, de acordo com o que está nos procedimentos, fazer o sistema de gestão funcionar, como uma máquina de precisão.

O investimento de energia e trabalho para o crescimento é muito menor do que o do fracasso ou da estagnação. Crescimento ou evolução envolve mudança constante, sair da zona de conforto todos os dias, estudar muito, trabalhar para a empresa como empreendedor, olhando de cima, sair do operacional. Quando se faz tudo da melhor forma, a cada dia que passa, o crescimento será exponencial, inovando sempre.

Providências básicas

Fazer levantamento das dívidas e negociá-las, buscando prazos de pagamentos mais elásticos, priorizando as dívidas de juros mais altos etc. Olhar com critério todos os custos e despesas e eliminá-las ao máximo, reduzir eventuais investimentos, salvo aqueles que estão dando retorno imediato. Dentro do possível, sacrificar as dívidas pessoais, é imprescindível separar o pessoal do empresarial.

A matéria-prima fundamental de seu negócio é o dinheiro, foque todos os dias no fluxo de caixa, ele é o retrato de como está a saúde de sua empresa, é indispensável o acompanhamento diário, essa é a "bola de cristal" do empreendedor. Sem esse controle, ele não consegue ver o tamanho de seu lucro ou prejuízo, não consegue desenvolver um plano de ação, um *software* de gestão é uma providência da mais alta valia.

Se o setor de atuação do seu negócio encolheu, por conta de eventual crise, é preciso buscar novos mercados para seus produtos e serviços, o Canvas é uma ferramenta muito eficiente para essa finalidade. Fazer uma reunião mensal com os funcionários e apresentar os números, o DRE, analisar exaustivamente, colocar metas atingíveis, para que todos possam estar envolvidos.

Não menos importante é o cuidado com os orçamentos, a formação dos preços de venda, estes, se não forem feitos com bastante critério, podem afundar mais ainda a empresa, ter bem definido o ponto de equilíbrio para definir a margem de lucro desejada.

Considerações finais

Para ser extraordinário e transformar a realidade de um pequeno negócio, o empresário tem um caminho que, a nosso ver, sendo trilhado com metodologia, foco e determinação, é perfeitamente possível, desde que esteja aberto a uma mudança do *mindset*, acreditar na transformação e agir.

Ser extraordinário

A busca constante da melhoria do produto ou serviço, inovação sempre, organizar a venda, o *marketing* e a distribuição do produto de uma forma correta, ter um sistema integrado para toda a empresa, a administração financeira é a bússola de qualquer negócio.

Um processo de *coaching* é um valioso instrumento para auxiliar o empresário a se realizar, acima de tudo, como ser humano, ter uma vida saudável, alegre, feliz, íntegra, para que possa conduzir o seu negócio de maneira adequada, afinal de contas, a caminhada é tão importante quanto o destino.

Referências
BARBOSA, Christian. 60 *estratégias práticas para ganhar mais tempo*. Editora Sextante, 2013.
COUTO, Hélio. *Negócios quânticos*.
GERBER, Michael E. *O mito do empreendedor*. Editora Fundamento, 2014.
LUIS, Clailton. *Business coaching*.

Ser extraordinário

Capítulo 33

Ikigai – o segredo das pessoas extraordinárias

O que faz você se sentir extraordinário? Quando abro as minhas palestras com esta pergunta, a transformação no clima da plateia é imediata. A simples lembrança do que desperta o lado mais extraordinário nas pessoas já as faz sorrir, e a felicidade toma conta do ambiente. Neste capítulo, realizaremos uma Jornada *Ikigai* repleta de descobertas sobre o que torna as pessoas extraordinárias.

Rafael Takei

Ser extraordinário

Rafael Takei

Palestrante de propósito e consultor empresarial. Mestre em gestão e desenvolvimento regional, MBA em Gestão de Recursos Humanos, administrador de empresas, embaixador e *master coach Ikigai*. Coordenador e professor de cursos universitários de graduação e pós-graduação em Gestão. Apresentador de programas de TV (*Heróis de Propósito*) e rádio (*Valor Humano*). É especialista em despertar o lado mais extraordinário das pessoas, aliando propósito e *performance*.

Contatos
www.moaiikigai.com.br
rafael.takei@moaiikigai.com.br
Redes sociais: @rafaeltakei
(12) 99637-0776

Rafael Takei

O que diferencia nossos dias medíocres dos mais extraordinários das nossas vidas? Como acessar o lado mais extraordinário das pessoas? Essas perguntas me instigaram ao longo da vida e me motivaram a mergulhar em uma incessante jornada de desenvolvimento humano.

Nessa jornada, descobri incontáveis caminhos que buscam responder a esses questionamentos, mas nenhum deles me trouxe tanto significado quanto uma palavra originária da terra dos meus ancestrais: *Ikigai*.

生き甲斐

IKI (Viver)　　GAI (Razão)

Ikigai é uma palavra japonesa, originária da região de Okinawa, que une os conceitos *Iki* (Viver) e *Gai* (Razão). Portanto, *Ikigai* é a sua "razão de viver", seu motivo para acordar todos os dias e superar os desafios da vida: o seu propósito.

Era justamente isso que eu vinha procurando, quando o *Ikigai* surgiu em minha vida: um propósito, um gatilho para ativar a minha força de vontade, algo que me trouxesse motivação mesmo nos momentos mais sombrios e desafiadores da vida.

Passei então a observar que cada pessoa extraordinária que eu havia conhecido e cada momento extraordinário vivido por mim possuíam um denominador comum: clareza de propósito.

Inspirado com essa descoberta, criei a palestra "*Ikigai*: O Segredo das Pessoas Extraordinárias", na qual conduzo os participantes em uma jornada de perguntas e experiências que contribuem para clarificar seus propósitos e elevar sua *performance* pessoal e profissional.

Essa é a jornada que compartilharei com você nas próximas páginas. Recomendo que, deste ponto em diante, pegue uma folha de papel, na qual escreverá as suas respostas para cada uma das descobertas que faremos juntos.

Chamaremos essa folha de sua "Jornada *Ikigai*" e ela o acompanhará daqui para frente, a cada novo aprendizado que faremos sobre o seu propósito. Vamos despertar o seu lado mais extraordinário?

Ser extraordinário

(Diagrama de Venn com quatro círculos: AMOR, TALENTO, VIVER, CAUSA — com IKIGAI no centro)

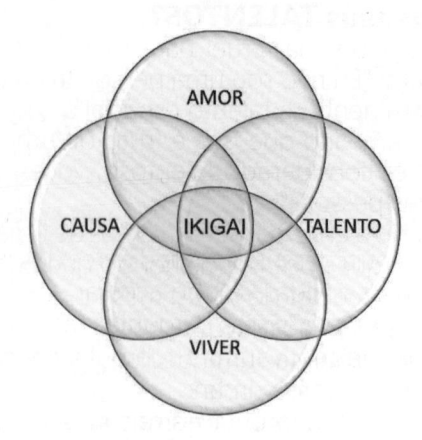

O que você AMA fazer?

Fazer o que ama ou amar o que faz? Ambos os caminhos o conduzem à felicidade. O primeiro, "fazer o que ama", é uma busca externa, de encontrar formas para viver das coisas que você ama fazer. O segundo, "amar o que faz", é uma jornada interna, de aprender a amar e agradecer as oportunidades que a vida nos traz.

Independentemente de qual seja o seu caminho, existem algumas pistas que nos ajudam a identificar as coisas que realmente amamos fazer. Ao entrar em contato com aquilo que amamos, entramos em *flow*, um estado de fluidez que nos faz ficar:

Selfless (desapegado) – ficamos tão concentrados no que fazemos, que deixamos de nos preocupar com o que os outros pensam e passamos a simplesmente curtir o momento. Com isso, nos tornarmos aquilo que fazemos.

Effortless (sem esforço) – quando estamos em *flow*, não há sensação de sofrimento ou esforço para realizar uma atividade, por mais trabalhosa que ela seja.

Timeless (desligado do tempo) – sabe aquela sensação de que o tempo voou? Na realidade, quando estamos fazendo aquilo que amamos, simplesmente esquecemos do tempo e por alguns momentos ele deixa de existir para nós.

Essas são algumas dicas que o ajudam a perceber as coisas que você realmente ama fazer. O fato é que, ao longo das nossas vidas, experimentamos uma série de coisas que amamos, mas acabamos ficando amortecidos com a nossa rotina, com os desafios diários, e acabamos deixando as coisas que amamos de lado. Isso explica o imenso número de pessoas infelizes com o que fazem.

Vamos então ao primeiro passo da nossa "Jornada *Ikigai*". Escreva na sua folha: O que você AMA fazer?

Rafael Takei

Quais são os seus TALENTOS?

Essa pergunta pode soar cruel para muitas pessoas, pois é comum elas pensarem: "Eu não sou uma pessoa talentosa... sou só uma pessoa normal, sem nenhum talento especial".

Sinceramente, acredito que isso é fruto de uma visão equivocada de que, para ser considerado talentoso, você precisa fazer algo "melhor que outras pessoas".

Quero convidá-lo a enxergar seus talentos de uma forma diferente: talento não é aquilo que você faz melhor do que outras pessoas, mas algo que busca fazer melhor do que si mesmo, a cada oportunidade.

Os japoneses têm uma palavra especial para esta forma de talento: *Kodawari*, que significa "uma dedicação constante a tornar-se cada vez melhor em uma atividade".

O interessante é que quando estamos aprendendo algo novo, o desenvolvimento pode ser muito rápido no início e ficamos empolgados, mas, a partir de determinado ponto, passa a requerer muito esforço e dedicação para conquistarmos pequenas melhorias que, muitas vezes, as pessoas nem percebem, e é neste ponto que desanimamos. Porém, quando continuamos a nos dedicar e a desenvolver melhoria após melhoria, dia após dia, essa dedicação vai nos tornando únicos, inigualáveis naquilo que fazemos.

Cada um de nós tem um conjunto de coisas que sente vontade de fazer cada vez melhor. Algumas delas ainda são apenas um *hobby* ou uma dentre várias atividades que executamos diariamente em nossas rotinas.

Responda na sua Jornada *Ikigai*: quais são as coisas que você quer fazer melhor a cada vez que as faz? Quais os seus TALENTOS?

Qual é a sua CAUSA?

No começo, quando chegava a esse ponto da palestra, eu perguntava às pessoas: "De que o mundo precisa?".

Logo percebi que essa era uma pergunta muito vaga, pois o mundo possui inúmeras necessidades e essa lista sem fim não nos levaria a lugar algum.

Passei então a perguntar: "De que o seu mundo precisa?", me referindo ao "seu mundo", como as pessoas à sua volta, as empresas, a sua cidade. Mesmo assim, essa pergunta ainda era muito aberta, pois a maioria das pessoas acredita, por exemplo, que seu mundo precisa de políticos mais honestos e competentes, mas são poucas as que estão dispostas a se candidatar. Isso ocorre porque o seu mundo precisa de uma série de coisas, que não cabe necessariamente a você resolver. Você não irá resolver todos os problemas do mundo.

Por outro lado, existem necessidades no seu mundo que você sente que é você quem pode resolver. Coisas que quando malfeitas o deixam indignado e, quando bem-feitas, o inspiram. Isso é a sua CAUSA.

Ser extraordinário

Quando eu vejo pessoas se arrastando para viver, sofrendo a vida, ao invés de vivê-la plenamente, fico indignado. Não com as pessoas, mas com a situação, pois imagino todo potencial desperdiçado e como o mundo pode ser melhor com esta pessoa vivendo seu potencial máximo. Porém, quando, após minhas palestras, cursos e treinamentos, as pessoas me procuram para relatar como passaram a perceber seus propósitos com mais clareza e construir vidas extraordinárias, fico profundamente inspirado. Essa é a minha causa.

Uma causa não precisa necessariamente ser algo absolutamente altruísta: é apenas a sua contribuição para melhorar a vida das pessoas e o mundo à sua volta. Por exemplo: um contador que organiza as finanças de uma empresa, garantindo que ela pague em dia seus tributos, salários e fornecedores, está se dedicando a uma causa.

Você pode ter mais de uma causa e, na verdade, encontrar a causa por trás das coisas que já faz em sua vida. Para encontrar as suas causas, responda à pergunta: "Eu sirvo para"?

Sim, é servindo que passamos a encontrar nosso lugar no mundo e os diversos caminhos alternativos para viver nosso propósito.

As duas primeiras perguntas da nossa jornada, AMOR e TALENTOS, o fazem olhar para dentro e aumentar seu autoconhecimento. Essa terceira pergunta, sobre a sua CAUSA, o faz passar a perceber, dentre todas as coisas de que seu mundo precisa, aquelas que despertam seu desejo de dedicar amor e talento.

Escreva em sua Jornada *Ikigai*: qual ou quais são as suas CAUSAS?

Quais são os LIMITES que você irá superar?

Olhe para todas as coisas maravilhosas que você escreveu neste papel até agora. Todas essas coisas que ama, que quer fazer cada vez melhor, essa causa que o inspira, e responda:

O que o impede?

O que está impedindo-o de viver daquilo que você ama, de desenvolver seus talentos, de impactar o mundo à sua volta?

Dinheiro costuma ser uma das razões mais comuns que as pessoas dão, baseando-se nas mais diversas crenças: "Não dá para ganhar dinheiro com isso", "Preciso pagar as contas", "Tenho que escolher entre ganhar dinheiro OU fazer o que amo". Que tal se você puder ganhar dinheiro E fazer o que ama?

Para isso, precisamos começar desconstruindo o famoso ditado "dinheiro não traz felicidade". Que tal repensarmos esse ditado de uma forma muito mais poderosa?

Dinheiro não é felicidade, mas um recurso poderoso capaz de amplificar quem você é e o que faz.

Imagine, por exemplo, que você acaba de ganhar 10 milhões de dólares. Isso mesmo! Pense em todas as coisas maravilhosas que você poderá fazer com esse dinheiro.

Agora, o que acontece se eu der os mesmos 10 milhões nas mãos de uma pessoa que está destruindo sua vida com drogas como o *crack*? Provavelmente, ela terá uma overdose e ainda vai arrastar diversas pessoas consigo. Os mesmos 10 milhões, com resultados tão diferentes. Mas, por que isso acontece? Porque dinheiro não é felicidade, mas um recurso poderoso capaz de amplificar quem você é e o que faz.

De fato, o dinheiro é apenas um dos muitos recursos que empregamos na jornada de viver o nosso propósito. Nosso caminho também é construído com pessoas, competências, tempo e, acima de tudo, com a superação dos nossos próprios LIMITES. Só existe uma pessoa neste mundo capaz de determinar quais são os seus limites: você.

Cada um de nós enfrenta dificuldades diferentes na vida. O que é fácil para alguns, pode necessitar sacrifícios imensos para outros. Mas, quantas histórias de superação de limites conhecemos ao longo da vida? Cada uma delas nos ensina que você é capaz de tudo o que estiver disposto a fazer, além de ser capaz de superar os devidos sacrifícios para essa realização.

Então coloque no papel: o que vem impedindo-o de viver o seu propósito? Quais são os LIMITES que você irá superar?

Como VIVER o seu *Ikigai*?

Tenho um presente para compartilhar com você que chegou até este ponto da nossa jornada: que tal ter acesso a centenas de histórias inspiradoras de pessoas que encontraram caminhos para viver os seus propósitos? Para receber esse presente, pesquise no YouTube pelos meus programas de TV "Heróis de Propósito" e de rádio "Destaques do Valor Humano".

Nesses programas, você irá conhecer as histórias de pessoas com as mais diversas origens, idades, áreas de atuação, enfim, você terá uma fonte imensa de inspirações para começar a escrever a história que realmente interessa: a sua!

O filósofo Aristóteles dizia: "Onde os seus talentos e as necessidades do mundo se cruzam: aí está a sua vocação". Existe uma dica poderosa para ajudá-lo a construir esse cruzamento: **comece aos poucos**. Uma frase tão curta e tão completa, que serve para dois tipos básicos de pessoas:

i. Para quem é bastante cauteloso, planeja suas ações com o máximo de detalhes, mas tem dificuldade de colocar em prática, pois fica esperando um momento ideal: comece!

ii. Para as pessoas aceleradas, que se jogam em um desafio sem pensar duas vezes, correndo riscos e cometendo erros que poderiam ser evitados com mais cautela: aos poucos.

Ser extraordinário

As pessoas costumam confundir-se, achando que o seu propósito é algo estático e definitivo, que você descobre e, a partir desse ponto, sua vida está resolvida. Porém, é preciso ficar claro que viver o seu propósito não é um ato, mas, sim, um hábito construído diariamente, conforme você expande seu autoconhecimento, sua percepção das oportunidades e sua competência para aproveitá-las. Tudo isso é conquistado por meio das experiências que você se permite viver.

Portanto, em vez de se preocupar em elaborar agora um plano completo e infalível, apenas liste na sua Jornada *Ikigai*: quais são as pequenas coisas que você pode fazer a partir de hoje, que irão contribuir para você começar a viver o seu propósito?

E agora? Perseverança!

Evoluir requer mudanças e mudar significa abrir mão do que se tem para conquistar o que se quer.

Uma das principais renúncias que fazemos na busca de viver nosso propósito é superar a famosa zona de conforto e criar hábitos que nos levarão à zona de conquista. Nesse processo, passamos por muitas dúvidas e provações que podemos chamar de zona de conflito, conforme o diagrama abaixo:

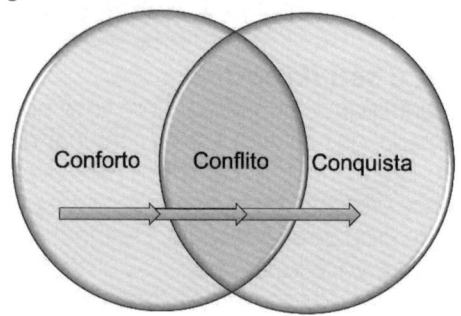

Conforto — Conflito — Conquista

Quando esse momento de conflito chegar, minha mensagem para você é: persevere! O que diferencia as pessoas que vivem seus propósitos daquelas que levam vidas sem sentido não é a sua origem ou o que acontece com elas ao longo da jornada, mas, sim, como elas encaram cada um desses acontecimentos.

> "Quando a circunstância é boa, devemos desfrutá-la; quando não é favorável, devemos transformá-la e quando não pode ser transformada, devemos transformar a nós mesmos."
> **Viktor Frankl**

Que você transforme seu propósito em *performance* e tenha uma vida extraordinária!

Ser extraordinário

Capítulo 34

Como a águia: a escolha por uma virada extraordinária

Neste capítulo, vamos tratar de um assunto muito comum em nossa realidade, mas pouco comentado. Para isso, precisamos começar trazendo alguns significados importantes desse nosso tema, vamos também descobrir algumas novidades e conhecer outras realidades. Após a leitura, a sua vida só será a mesma caso faça muita questão disso.

Robson Luiz Lima

Ser extraordinário

Robson Luiz Lima

Professor acadêmico, gerente de RH, *life & business coach*, escritor e palestrante. Superior em Processos Gerenciais, MBA em Gestão de Pessoas e *coach* para líderes.

Contatos
www.robsonsilvacoach.com
www.palestrantesdobrasil.com
robson@robsonsilvacoach.com
robson.coachrs@gmail.com
Instagram: robsoncoach.rs
LinkedIn: https://bit.ly/2IIAXXa
(51) 99240-2626

Robson Luiz Lima

Significados

Águia: essa é a rainha das aves, um símbolo de poder e coragem, que possui uma ótima visão. Na mitologia grega, é o símbolo de Zeus, o mais poderoso dos deuses, já para a cultura celta, é o símbolo da renovação e do renascimento.

Escolhas: ato ou efeito de escolher, preferência que se dá a alguma coisa que se encontra entre outras; predileção, opção entre duas ou mais coisas, ato de eleger; eleição, capacidade de escolher bem, com discernimento.

Extraordinário: que foge do usual ou do previsto; que não é ordinário; fora do comum, não regular, fora do estabelecido, que se caracteriza por ser raro, excepcional, notável, que se caracteriza pela estranheza; esquisito, que é digno de grande admiração; fabuloso, inacreditável, que é excessivo em quantidade ou em intensidade, que foi encarregado de tarefa especial, aquilo que não se faz de maneira habitual, acontecimento imprevisto.

Certa lenda...

Há uma lenda que nos fala algo sobre a águia, nos ensina muito, por isso vou dividir com você. Embora seja apenas uma história (não sabemos se é real ou não), a moral é extraordinária.

> A águia é uma ave que possui alta longevidade. Vive cerca de 70 anos, porém, para chegar a essa idade, aos 40 anos ela precisa tomar uma séria e difícil decisão. Nessa idade, suas unhas estão compridas e flexíveis, por isso não conseguem mais agarrar as presas das quais se alimenta. O bico, alongado e pontiagudo, se curva. Apontando contra o peito estão as asas, envelhecidas e pesadas, em função da grossura das penas, voar aos 40 anos já é bem difícil! Nessa situação,

Ser extraordinário

a águia só tem duas alternativas: morrer ou enfrentar um dolorido processo de renovação que durará 150 dias. Esse processo consiste em voar para o alto de uma montanha e lá recolher-se em um ninho que esteja próximo a um paredão. Um lugar de onde, para retornar, ela necessite dar um voo firme e pleno. Ao encontrar esse lugar, a águia começa a bater o bico contra a parede até conseguir arrancá-lo, enfrentando, corajosamente, a dor que essa atitude acarreta. Espera nascer um bico, com o qual arrancará as suas velhas unhas. Com as novas unhas ela passa a arrancar as velhas penas. E só após cinco meses, transformada e renascida, sai para o famoso voo de renovação, para viver, então, por mais 30 anos. Muitas vezes, em nossas vidas, temos que nos resguardar, por algum tempo, e começar um processo de renovação. Devemos nos desprender das (más) lembranças, (maus) costumes e outras situações que nos causam dissabores, para que continuemos a voar. Um voo de vitória. Somente quando livres do peso do passado (pesado), poderemos aproveitar o resultado valioso que uma renovação sempre traz. Destrua, pois, o bico do ressentimento, arranque as unhas do medo, retire as penas das suas asas dos maus pensamentos e alce um lindo voo para uma nova vida. Um voo de vida nova e feliz.

(Carlos Torres)

Comparando a lenda

Há uma crença limitante no coletivo comum que nos passa a informação de que a depressão é um sinal de fraqueza e de incapacidade, de senilidade ou de frescura, de fingimento e de falta de atenção, porém não é nada disso. Lutar contra essa enfermidade é difícil, cansativo, triste e árduo, exige coragem e força para continuar combatendo a doença e todo o preconceito a sua volta. É como o voo da águia para um lugar de sofrimento, que só com determinação permite continuar a jornada!

Essa realidade não pode ser ignorada, apesar de nossa ciência avançada, a sociedade moderna ainda entende que doenças emocionais e psicológicas são sinônimos de fragilidade e vulnerabilidade. Visto que a depressão não é uma enfermidade visível aos olhos, é normal ouvirmos coisas para animar que acabam desanimando e piorando a situação.

Devemos dar a importância merecida para essa dor emocional, levando a conscientização ao máximo de pessoas. O fato é que não devemos ignorar machucados, feridas e dores físicas, por isso também não devemos ignorar as emocionais e psicológicas. Nenhuma das enfermidades se curam sozinhas, todas devem ser tratadas na raiz. Ao descobrir que é celíaco, a pessoa deixa de consumir glúten, da mesma forma que o depressivo deve deixar de consumir os pensamentos, circunstâncias, pessoas e situações que infeccionam a ferida emocional.

Nesses casos, tratamentos paliativos não são válidos, as feridas devem ser limpas e curadas verdadeiramente na sua origem. Sentir que o seu mundo está coberto por uma névoa, que a sua alma está mergulhada em uma escuridão é não ter esperanças, ilusões ou perspectivas, nada anima, fica difícil para estudar, trabalhar, sair, conversar, comer, interagir. A tristeza, o cansaço e a irritabilidade tomam conta da pessoa.

É extremamente importante perceber a hora de buscar um profissional habilitado que possa dar o suporte emocional necessário. Essa enfermidade é uma situação da qual ninguém está livre, embora possa parecer, ela não surge da noite para o dia, como um copo embaixo de uma torneira pingando com dificuldades, esgotamentos físicos e emocionais, escolhas pessoais erradas, problemas profissionais não resolvidos. Ninguém diz que vai ter gripe, ter febre, depressão, pois no descuido é que essas enfermidades surgem e, muitas vezes, no pensar "isso não acontece comigo."

É possível que, em algum momento da vida, cada um de nós encontre com a depressão, de forma direta ou de forma indireta, por isso já fica a dica de jamais se julgar ou julgar alguém por viver com essa luta, pois é a força de cada um que faz o depressivo continuar vivo lutando contra essa névoa que acinzenta toda a vida!

Você não está sozinho

Nem tudo são flores nos jardins mais belos, muitas vezes, onde há mais brilho pode estar uma sombra sufocando uma alma, pode ser que os holofotes que aparentam jogar luz remetam dor e sofrimento. Enquanto anônimos, já é difícil para muitos, imagine quando em capas de revistas, televisionados e jogados na *Internet*. Porém, nem tudo está perdido, e essa é a frase que se deve ter para que haja esperança. Muitas celebridades sofrem ou sofreram dessa enfermidade obscura e conseguiram dar a volta por cima, o que prova que é possível sair do fundo do poço, mas é preciso ter muita força, vontade, ajuda e foco. Vamos ver alguns casos:

Ser extraordinário

Britney Spears: entregou-se à dependência química, após a separação em 2006. Hoje, com a carreira retomada e a aparência melhorada, voa com a vitória;

Drew Barrymore: famosa desde os sete anos, aos 16 viciou-se no álcool e viu a carreira desabando. Hoje já é uma atriz aclamada, como águia em Hollywood;

Robert Downey Jr.: teve a adolescência conturbada. Ele foi viciado em cocaína, craque, heroína e álcool nos anos 1980 e 1990, mas deu a volta por cima e se tornou a estrela da Marvel em "O homem de ferro", superou as dores e deu espaço para as novas penas o levarem além;

Mariah Carey: foi internada no hospital em 2001, após o término de seu noivado, o filme "Glitter" e a perda de seu contrato com a gravadora Virgin. Hoje brilha nos céus da fama;

Demi Lovato: em 2010, teve um surto nervoso enquanto abria a turnê dos Jonas Brothers, e teve que ser internada por dependência química e transtornos alimentares. Após superar os incidentes, voa no céu da fama;

Kanye West: em 2009, perdeu a mãe e recebeu várias críticas por ter interrompido Taylor Swift no VMA. Hoje, é um dos cantores mais bem-sucedidos do mundo, tendo alto voo após o período de dores;

Charlie Sheen: destruiu o quarto de um hotel e foi hospitalizado, tentou matar a ex-esposa com uma faca e foi demitido de *Two and a half men*, por aparecer alcoolizado nas gravações. Hoje, estrela "Anger management" e não dá mais problemas. Em 2012, foi preso por dirigir alcoolizado. Hoje em dia, parece estar limpo e pronto para voltar a atuar, de maneira transformada e renovada;

Mais casos de superação

Albert Einstein: estudou em escolas públicas, aos dez anos, desenvolveu uma timidez imensa e entrava em diversas confusões. Não foi um aluno exemplar, sempre com notas ruins, os seus pais eram frequentemente chamados à escola, sofria *bullying*. Mais tarde, iniciou um curso técnico, mas não concluiu. Certa vez, resolveu brincar com a física, analisando os livros, antes sem importância. Dizem que o cientista lia rapidamente e tirava suas conclusões. Hoje, é conhecido como um gênio!

Steve Jobs: ex-CEO da Apple, filho de mãe solteira e dado para adoção. Após algumas tentativas, foi adotado pela família Jobs. Aos 17 anos, Steve entrou no Reed College, mas com 18 meses dentro da faculdade, desistiu. Declarava que, graças às aulas de caligrafia da faculdade (Jobs criou uma fonte), ganhou reconhecimento de *design* e isso fez muita diferença na história da Apple. Ao conhecer Steve Wozniak, fundaram a Apple. Após fundar a empresa, foi despedido pelo sócio, casou-se e fundou a Pixar e a NeXt. Em 1996, a NeXt foi comprada pela Apple e Steve voltou para a Apple, até agosto de 2011, por conta do câncer descoberto. Uma das citações que Jobs deixou foi: "A morte é a melhor invenção da vida. Ela tira o que é velho do caminho e abre espaço para o novo".

Michael Jordan: jogador de basquete americano, quando novo, desenvolveu interesse pelo esporte, com 1,88m de altura, foi rejeitado pela equipe de esportes da escola, por ser baixo para a função. Jordan desanimou. Em 1981, entrou para um time da Universidade da Carolina do Norte, onde ficou por três anos. Hoje, é o primeiro ex-jogador de basquete a ser dono de uma equipe, a Charlotte Bobcats.

João Carlos Martins: pianista brasileiro de grande destaque mundial, porém por problemas osteomusculares nas mãos, parou de tocar. Por sua determinação, tornou-se um maestro de grandes orquestras.

Marcelo Batista: vivendo nas ruas de Belo Horizonte, passando fome, frio e perigos, sem condições de higiene pessoal, não havia esperanças de um futuro digno, mas conheceu a biblioteca de um abrigo e começou a estudar para concursos públicos. Passou em primeiro lugar devido a sua dedicação.

Esses casos exemplificados são de pessoas famosas que podem inspirar e comprovar que é possível ter uma vida extraordinária, apesar do seu histórico de vida ou de sua atual situação. Existem inúmeros casos como esses, outros piores e outros melhores, alguns mais fortes de pessoas anônimas que podem servir de ajuda para superar uma depressão. Assim como a águia, essas pessoas tiveram que quebrar o bico da vergonha, despir-se das penas do orgulho e arrancar as garras da sombra da alma, e depois de muita, muita dor mesmo, serem renovadas para alçarem voos mais altos e de sucesso.

Cada pessoa possui uma força interior que é capaz de voos impensáveis, é um poder interno que torna o indivíduo mais confiante e capaz de ultrapassar barreiras, vencer desafios, é o que dá motivação para continuar, é o que gera crenças reais e positivas. Eu costumo dizer que cada ser humano possui um elefante dentro de si (você já conhece a história do elefante de circo?), amarrado pela pata com uma corda presa a uma cadeira, mas se ele descobrir do que é capaz...

Então, é possível escolher o extraordinário:

Descobri-me depressivo de forma repentina e, junto ao tratamento médico, coloquei em prática o *autocoaching*. Seguindo com a mesma determinação dos casos exemplificados aqui, escolhi viver o extraordinário que há para mim. Sei que, talvez, ao ler este capítulo, você se identifique, por isso fiz questão de dividir esse tema, pois é possível dar

Ser extraordinário

a volta por cima, sair do zero, do fundo do poço, direto para uma vida de sucesso e prosperidade que, com foco, força, fé, paixão, determinação, sem se entregar, dá para alcançar o melhor que está reservado.

Por isso, o convido a seguir ou dividir com alguém que possa se beneficiar desta leitura, aproveitando as dicas deste capítulo. Agora que está na dor do bico quebrado, no sofrimento de perder as penas e na tristeza de arrancar as garras, possa se permitir sentir o prazer de um bico novo, a alegria das novas penas e o desfrute das jovens garras, jogando-se assim ao voo da renovação, da libertação e da restauração! Desejo de coração que, ao findar este capítulo, venha se motivar a continuar a caminhada da vida, ao concluir a leitura deste livro, venha escolher o extraordinário para viver, embora seja difícil, porque, sim, é possível e é uma questão de escolha. Grato por sua leitura! Graça e paz a você, sua casa e sua família!

Ser extraordinário

Capítulo 35

Gestão e liderança

Neste capítulo, você terá uma visão de como liderar ou gerenciar sua equipe de trabalho com tópicos que o farão compreender que gerenciar pessoas, começando por nós, é uma arte. Também aprenderá que liderança ou gerenciamento de pessoas não se aplica apenas à equipe, mas a todos que entram e saem rotineiramente do nosso local de trabalho.

Sueli Simões

Ser extraordinário

Sueli Simões

Coach de inteligência espiritual, *executive personal* formada pela Line Coach e Profissão Coach, terapeuta holística, certificada pela ABRATH, graduada em *Marketing* pela UNIP e secretária executiva pela FECAP. Especializada em PNL, hipnose, crenças limitantes, reiki, *Access Consciousness*. Criadora dos cursos "Memória, Foco e Concentração e Sendo Você". Apaixonada por autoconhecimento, desenvolvimento humano e de carreiras.

Contatos
suelisimoescoach@gmail.com
Facebook: https://bit.ly/2NHLtd2
Lista de Transmissão: https://bit.ly/2Dx1sai
Instagram: https://bit.ly/2SbaKM2

Sueli Simões

Influenciando a equipe

"Em todo o tempo você está sempre sendo observado por todos. O seu comportamento diz muito mais de você do que as suas palavras, grave isso!"

O líder de impacto tem como característica a autoliderança: ele se molda, é honesto, íntegro, respeita o próximo e, principalmente, tem tempo para ouvir seus colaboradores. A liderança de alto impacto não manipula: ela é geradora de confiança, passa credibilidade, influencia as pessoas, fazendo-as seguir o exemplo.

Se isso não estiver acontecendo, se não há pessoas que se espelham em você, sua missão está incompleta: não está fazendo o papel de um bom líder. A curto prazo, você pode até conseguir diversas coisas, irá ser bem-sucedido e causará uma boa impressão. Chegará até a voar conforme a direção do vento, mas não fará o principal: criar alicerce. Não haverá valor permanente e sua equipe, em pouco tempo, ficará desmotivada.

O que de fato irá gerar, a longo prazo, cooperação, crescimento pessoal e da equipe serão a integridade e a honestidade, que são a base da confiança. Fazemos a diferença quando servimos ou contribuímos. A qualidade do serviço melhora incrivelmente quando eles observam o que fazemos. Devemos trabalhar nossas práticas diárias, nossos comportamentos e atitudes.

O líder só irá crescer se sua equipe crescer junto. Não estamos neste mundo sozinhos: nascemos para ser rodeados de pessoas. O legado de um bom líder é aprender ensinando e fazendo, ser exemplo antes de qualquer coisa. Reflita sobre isso: o que é liderança para você?

Olhe para dentro de você

Pare um instante e olhe para dentro de si. Sinta seu corpo, sua mente, seus batimentos cardíacos. Ouça sua voz, feche seus olhos e sinta seu sangue correndo dentro de você. Pense como sua mente trabalha: perceba se ela é alerta, rápida, se está ativa ou vagando em outro lugar. Autoavalie-se: neste momento, quais são seus hábitos? Entenda que não somos movidos por nossos sentimentos ou emoções.

Agindo dessa forma, podemos medir o nível da nossa eficácia. A

Ser extraordinário

nossa autoconsciência irá nos mostrar até como enxergamos as outras pessoas. Como você tem olhado para a sua equipe? Você é um gestor fechado, autoritário ou cumprimenta a todos e fica um pouco além do seu horário para ouvir o outro turno? Pense, neste exato momento, quem você está gerenciando: pessoas ou coisas?

O que acontece quando você é tratado como coisa? Como você se sente? Insultado, com baixa confiança, revoltado. Agora imagine o seu colaborador: como ele deve se sentir? Você tem a opção de escolha. Se identificou algo em si que não o agrada ou sabe que não agrada ao próximo, tem a liberdade de escolher mudar isso. Somos responsáveis por nossas próprias vidas. Não devemos culpar o nosso passado pelo que somos hoje. Somos o resultado das decisões tomadas ao longo da nossa vida.

Incentivando a equipe

Incentive sua equipe a ser ativa: delegue funções e a deixe fazer, dê a ela poderes para criar as circunstâncias. Mostre que tomar iniciativa não é o mesmo que ser abusado, autoritário, agressivo, desagradável, mas, sim, ter responsabilidade de fazer as coisas acontecerem e serem solucionadas sob o seu olhar.

Quando você orienta, no sentido de responsabilidade, não está diminuindo ninguém, está criando um elo entre vocês e fazendo com que os orientados sejam proativos. Mude o seu modo de falar com eles. Comece a usar as expressões: "vamos!", "podemos", "precisamos". Faça isso de tal forma que eles sintam que estão juntos com você nas tarefas diárias.

Quer ter uma equipe leal a você? Ajude-a a evoluir, a alcançar o seu potencial, a realizar o trabalho com maior eficácia.

Mentalidade de sucesso

"Um homem de caráter se torna digno de qualquer posição que receber."
Mahatma Gandhi

Crie em você e sua equipe a mentalidade de sucesso. Retire do seu vocabulário palavras e frases como "difícil", "impossível", "isso não dará certo", "dúvida", "medo", "escassez", "fracasso", "eu não posso" e "não me sinto confortável fazendo isso".

Entenda que o medo só existe na sua cabeça: você o colocou lá, consciente ou inconscientemente. Ele é um produto da sua imaginação, de coisas que podem nem chegar a existir ou acontecer. Tenha um bom caráter, independentemente de ter sucesso ou não no futuro. Quem tem o caráter fraco se perde no meio do caminho.

É possível trilhar o seu caminho, comece agora, tudo só depende de você. Quanto mais se concentrar em valorizar as pessoas, praticando a autoliderança e adotando bons valores, mais você fortalece seu caráter.

Sueli Simões

Meu desejo é que você, ao ler este livro, sinta que algo marcou sua vida e que uma das coisas seja esta simples frase: "Viva a sua vida com propósitos, sendo íntegro com você e com os outros ao seu redor".

Devemos gerar confiança em nós, em nossa equipe e mesmo nas pessoas que, de alguma forma, estão ligadas conosco: sejam elas da família, prestadores de serviços, parceiros ou amigos.

A falta de confiança é o que cria a maior rotatividade dentro da empresa e acaba com todo e qualquer tipo de relacionamento. Quando geramos confiança, criamos respeito, e a equipe se torna única e mais forte.

A partir do momento em que decidimos viver com integridade, o caráter e a confiança vão sendo gerados diariamente. É uma conquista: é como construir uma casa firme, com tijolos, um a um.

Os grandes líderes não nasceram com essas características instaladas dentro deles. Eles foram construindo, conquistando e aprendendo. Leva tempo: persistir e não desistir é a chave para o grande sucesso. Eu sempre digo aos meus clientes: "Se fosse fácil, qualquer um faria, mas, como não é, você foi o escolhido"!

Quando falamos de integridade, nos deparamos com algumas questões importantes para avaliar em nosso dia, perguntas que podemos fazer a nós mesmos e ficar atentos às respostas que recebemos:

- Eu sou a mesma pessoa quando estou sozinha ou na companhia dos demais?
- As decisões que tomo só beneficiam a mim ou englobam todos?
- Sou capaz de reconhecer o esforço e a contribuição que todos geram ao meu sucesso?

Quando conseguimos responder a essas perguntas, é sinal de que estamos mudando o nosso *mindset*, nosso modo de pensar: deixamos de pensar somente em nós e pensamos em todos ao nosso redor. Olhamos as coisas como um todo: se eu cresço, minha equipe cresce; se eu conquisto, ela conquista. Outras características importantes, que andam lado a lado no processo, são a humildade e a coragem.

Muitos acham que ser humilde é ser bobo, é abaixar a cabeça e dizer sim a tudo e a todos. Enganam-se: a humildade é algo muito maior do que nós, é reconhecer que não somos nada, ter a plena consciência de que vivemos o bem e o mal, reconhecer que somos totalmente dependentes uns dos outros e, principalmente, da nossa força suprema – Deus ou algo maior em que você acredite, uma força superior.

O líder que tem a humildade reconhece e assume os erros, comemora as grandes e pequenas vitórias e divide os créditos com as pessoas que o ajudaram. Sabemos que o principal valor da humildade é o servir. O quanto você tem servido as pessoas? Começando pela pessoa que limpa o seu escritório: que diferença você tem feito na vida dela?

Ser extraordinário

Não importa quanto tempo você trabalhe ao lado de uma pessoa: o que importa é o que você tem passado para ela, quais são os frutos dessa relação. Queira que, quando ela não estiver mais do seu lado, diga: "Ele fez diferença na minha vida, foi meu amigo, sentou ao meu lado e rimos juntos".

Liderando a mudança

"Não é tanto o medo de mudar que tememos nem a paixão antiga pelos velhos hábitos, mas, sim, esse espaço intermediário, é como estar entre dois trapézios e não ter no que segurar."
Marilyn Ferguson

Quando o líder tem a intenção positiva e faz sua equipe se conscientizar desse processo, a mudança acontece de forma clara, rápida e segura para todos. Não se acomode com o que está dando certo hoje: quando entramos na rotina, perdemos os olhos para o que está visível. Revise o que sua equipe faz e estabeleça o que precisa ser mudado ou alterado. Esteja vigilante, atento às mudanças.

Entenda que, a princípio, a mudança não é bem-vinda, mas o resultado final compensa e gera crescimento: mudamos nossa conduta quando precisamos tomar decisões e passam a nos ver com bons olhos.

O que faz você diferente de outros líderes

"Não há nada brilhante nem excelente no meu histórico, exceto talvez por uma coisa: eu faço o que acredito que deva ser feito e quando decido fazer algo, eu ajo."
Theodore Roosevelt

A atitude é o seu diferencial. Crie possibilidades, incentive, participe do todo. A atitude o faz crescer, faz com que você deixe de agir de uma certa maneira, pois não ficará estático. Uma atitude positiva transforma todo um dia, muda uma situação.

Faça o que for necessário para mudar a mentalidade da sua equipe: incentive-a a pensar de forma aberta, ver além do que está vendo.

Quando você tem foco, determinação, comprometimento e demonstra isso a sua equipe, automaticamente ela irá mudar.

Disciplinas que mudam o seu dia

"O primeiro ritual que você faz no dia é o ritual com maior alavancagem, de longe, pois ele tem o efeito de configurar sua mente, e de configurar o contexto, para o resto do seu dia."
Eben Pagan

- Seja grato e dedique tempo à família;
- Leia algumas páginas de um livro diariamente;

Sueli Simões

- Relacione-se com pessoas que o façam crescer;
- Planeje o seu dia e elogie a atitude de uma pessoa;
- Saiba identificar o seu papel em cada situação.

Pare de se contentar com menos do que merece e crie os níveis de sucesso que deseja. Dedique, diariamente, tempo para se tornar a pessoa que precisa ser: alguém qualificado e capaz de atrair, criar e sustentar consistentemente os níveis de sucesso que pretende alcançar.

Cerque-se de pessoas realizadoras de sucesso, pois os hábitos delas serão refletidos em você. Deixe isso marcado em sua vida: o sucesso é algo que atraímos pela pessoa que nos tornamos.

Tempo

"O tempo não pode e não será gerenciado e você nunca conseguirá mais dele."
Jamie Cornell

Cuidado com os roubadores de tempo: priorize suas atividades, pense e as execute por ordem de importância. Feche as portas para distrações; faça sua agenda do dia seguinte na noite anterior, estipule prazos e não se perca com tarefas comuns.

Lembre-se de que não pode ter tudo, mas pode realizar seus objetivos. Faça escolhas e priorize o importante: o bom é inimigo do melhor.

Não encare como problema o dia em que não conseguir realizar tudo o que produz. Faça no dia seguinte: aprenda a viver com leveza e clareza, fazendo o que é certo, sem se cobrar.

Analisando seus resultados no trabalho

"Quando a oportunidade surge, é tarde demais para se preparar."
John Wooden

Considerando o fato de que passamos oito horas ou mais em nosso ambiente de trabalho, com clientes, fornecedores, líderes, equipe e colaboradores, faça as perguntas abaixo e analise os seus resultados:

- Como me conecto com essas pessoas?
- Como têm sido os resultados?
- Eu tenho contribuído com meus parceiros?
- Como tem sido o meu desempenho com minha equipe?
- Temos trabalhado de forma colaborativa?
- Os resultados que estamos obtendo são motivos de orgulho?

Dessa forma, você consegue mensurar se tem uma equipe de alta *performance*, com uma forte conexão e deixando a vaidade e as diferenças pessoais de lado. Leve as perguntas a sua equipe e deixe que ela também reflita sobre isso. Faça-a colocar as respostas em um papel, pois terá uma visão melhor da autoanálise.

Ser extraordinário

Gratidão
"Existem apenas duas maneiras de viver a vida. Uma é como se nada fosse um milagre. A outra é como se tudo fosse um milagre."
Albert Einstein

Seja grato em todas as circunstâncias. Quando a gratidão se torna um hábito, a vida flui muito melhor. Quando somos gratos, o medo desaparece e a fé toma o seu lugar, nos motivando a agir. O ato da gratidão elimina a negatividade: o cérebro passa a esquecer o que é negativo e transforma tudo em agradecimento. Quando agradecemos, nos tornamos fortes, centrados em nós.

Faça a diferença
Existem alguns pontos primordiais para a liderança:
- Reconheça o esforço da sua equipe;
- Dê o salário compatível com o mercado;
- Crie metas que todos são capazes de alcançar;
- Invista em si mesmo e ressignifique o ego;
- Assuma a responsabilidade dos resultados;
- Valorize as pessoas e seja um líder apoiador;
- Dê exemplos e produza resultados;
- Pergunte-se o que pode fazer para parar de fazer coisas urgentes sem importância;
- O que pode mudar para tentar não fazer de tudo?
- Tenha olhos para identificar em que pode ser mais inteligente com menos esforço;
- Não se sinta superior em relação aos que trabalham para você;
- Lembre-se sempre dos seus mentores e de quem os incentivou;
- Tenha valores positivos;
- Pergunte-se: como lido com os problemas diz o que sobre mim?
- Pergunte-se: minha ambição de liderança é em conjunto ou individual?
- Pergunte-se: como posso me desenvolver de forma a ajudar minha equipe a evoluir?

Termino este capítulo com a seguinte frase: "A questão não é aonde você consegue chegar, mas aonde você consegue levar seu pessoal" (John C. Maxwell).
Seja você um grande líder!

Referências
DWECK, Carol S. *Mindset, a nova psicologia do sucesso*. [S.l]: Objetiva, [s.d]
MAXWELL, John C. *Você nasceu para liderar*. Tradução: Elenice B. Araujo. 2 ed. Rio de Janeiro: Ed. Vida Melhor, 2018.
ELROD, Hal. *O milagre da manhã*. BestSeller: Rio de Janeiro, 2018.

Ser extraordinário

Capítulo 36

Convivendo com as diferenças

Vivemos atualmente numa sociedade repleta de julgamentos, devido à proximidade com as redes sociais, onde investimos muito tempo de nossas vidas comparando-nos, buscando a felicidade, beleza e perfeição. Entretanto, compreendermos que não somos iguais, mas apenas semelhantes, é, além de tudo, a busca pelo autoconhecimento, aceitação e respeito pelas diferenças de acordo com nossos valores pessoais, base para significativa melhoria da qualidade em nossas relações interpessoais.

Verena Langeani

Ser extraordinário

Verena Langeani

Formada em Economia pela Universidade Mackenzie/SP, e em cursos voltados a *life & executive coaching*, neurociência, inteligência emocional, PNL, Crenças e Hipnose aplicados ao *coaching*. Apaixonada por desenvolvimento humano, criou o projeto "Convivendo com as diferenças", direcionados às pessoas que buscam um melhor desempenho, tanto no plano pessoal quanto em seus relacionamentos interpessoais, com ênfase em neurociência. Atualmente cursando pós-graduação com especialização em análise comportamental pela FAPRO. Possui vasta experiência profissional em grandes empresas, onde atua nas áreas de desenvolvimento pessoal.

Contato
velangeani@gmail.com
Instagram: verena_langeani
(12) 99204-2085

Verena Langeani

Criamos a nossa realidade de acordo com estímulos positivos e negativos recebidos durante a vida, formando nossos pensamentos e sentimentos que dão base às crenças formadas, nossas convicções de ser, fazer e ter. E, quando nos deparamos com ideias contrárias as nossas memórias registradas em nosso subconsciente, surgem as diferenças entre as realidades.

Mas, será que é possível mudar aquilo que mais nos incomoda? A neurociência tem muito a explicar sobre isto.

Por que você é o que é? Afinal, o que nos faz diferentes?

Quantas vezes já nos deparamos com ideias contrárias as nossas ou fomos surpreendidos com reações agressivas verbais ou físicas, e depois nos arrependemos? Por que é muito mais fácil nos deixar levar por pensamentos negativos e o que nos faz agir dessa maneira?

Como seres humanos extremamente sociáveis, necessitando de reconhecimento e afeto, procuramos por grupos com os quais mais nos identificamos. Assim, ao conhecermos uma pessoa, o nosso cérebro faz, rapidamente, um "escaneamento," avaliando questões físicas, comportamentais e emocionais. É simpático? Será uma pessoa leal ou uma ameaça? Será que me entenderá e me ajudará a resolver os meus problemas, ou irá me explorar? Posso confiar?

"O comportamento pode ser definido como um conjunto de atitudes e reações do indivíduo, determinados por fatores genéticos e também ambientais", segundo a médica geneticista clínica e professora da Pontifícia Universidade Católica de São Paulo, Marta Wey Vieira.

Partindo do pressuposto de que não somos iguais, porém semelhantes, neurologicamente não existe dois cérebros idênticos, mas, sim, com o mesmo padrão de funcionamento, estruturados à medida que o sistema nervoso central se desenvolve, combinando informações genéticas, moleculares, bioquímicas.

E quando tudo começa?

A primeira fase de desenvolvimento do cérebro se dá nas primeiras semanas de gestação e, desde que nascemos, é muito parecido

Ser extraordinário

com o que teremos por toda a vida. O que difere é a forma como os neurônios se estruturam, exercendo o seu papel de forma adequada.

Apesar da complexa formação da estrutura cerebral, há séculos, estudiosos buscam respostas para entender o motivo pelo qual as pessoas se posicionam e reagem tão diferentemente umas das outras, frente às mesmas situações, criando cenários conflitantes.

E as mais diversas perguntas surgem: por que determinadas pessoas são calmas e ponderadas enquanto outras são agressivas e egoístas? Por que algumas desenvolvem melhor o trabalho quando isoladas, enquanto outras não se importam com barulhos ao seu redor? Aquelas que tomam decisões rapidamente são críticas, enquanto outras são extremamente detalhistas ou inseguras?

Um exemplo clássico são gêmeos idênticos: possuem o mesmo DNA, são educados da mesma maneira, mas por que têm comportamentos e personalidades tão diferentes? Estudos científicos apontam que o DNA favorece alguns tipos de comportamento, mas não determina o que a pessoa vai ser.

Então, quais fatores influenciam? Genética? Educação? Comportamento? Influências do meio familiar? Do meio externo? Cultura?

Desde que nascemos e ao longo do tempo, recebemos estímulos positivos e negativos por meio de frases ou palavras como "o bicho papão vai pegar você"; "quando o seu pai chegar, você vai ver"; "você não faz nada direito"; "homem não presta", "você não tem capacidade"; "o mundo é perigoso", ou mesmo por meio de traumas por acidentes, estupros e assaltos.

E, com o tempo, construímos o nosso modelo mental, enxergando o mundo de maneira muito individual, não correspondendo à realidade dos outros. Formamos opiniões diferentes, arrumamos culpados, enfim, nos comportamos de forma a nos proteger das situações que nos incomodam.

Portanto, compreender o outro é, primeiramente, compreender-se. Muitos dos nossos comportamentos são aprendidos e não simplesmente programados pelos processos naturais como aprender a andar, falar, por exemplo. As crianças, em especial, como ainda não apresentam um cérebro totalmente formado, são mais propensas a sofrer maior impacto emocional, armazenando no subconsciente modelos mentais ao longo do tempo.

Assim, podemos citar pessoas que, mesmo tendo privilégios com boas condições financeiras, e de saúde, levam uma vida cheia de fracassos, enquanto outras menos favoráveis são muito mais realizadas. Podemos dizer que isso se deve ao seu *mindset*, ou seja, naquilo em que elas acreditam com toda fé e já têm todos os argumentos necessários para discutir racionalmente com ideias contrárias as nossas.

Verena Langeani

Ciclo da Realidade

SER — FAZER — TER → Eu vejo → Eu crio → SER

O mundo como o vemos cria a nossa realidade, portanto precisamos primeiro ser para fazer e ter o que desejamos. Embora essa premissa seja muito mais racional, as pessoas ainda se prendem a "eu quero ter dinheiro, boa saúde, bons relacionamentos, equilíbrio emocional, promoção", esquecendo-se que, primeiramente, devem ser mais determinadas, focadas, disciplinadas, conscientes das necessidades das mudanças.

Como exemplo: para ter uma boa saúde, devemos ser mais saudáveis em busca de bons hábitos alimentares. Um dos estudos interessantes que retrata o descrito acima é o efeito placebo: um remédio ou terapia oferecidos a um grupo de pessoas, não apresentando nenhuma propriedade farmacológica, nem atuando diretamente nas doenças. Mesmo não sabendo, esses placebos demonstraram alguma eficácia, uma vez que os pacientes acreditaram que o "medicamento" traria benefício.

Outro exemplo são as notícias que a mídia ou redes sociais nos trazem diariamente sobre roubos, assassinatos, sequestros, informando ao seu cérebro que o mundo lá fora é perigoso. Assim, você teme o mundo e passa a não perceber e realizar as boas coisas da vida.

Coincidência? Não. Quando você foca, você expande, consequentemente, os neurônios ficam muito mais atentos a essas informações, identificando muito mais facilmente as oportunidades. Assim funciona o Sistema Ativador Reticular Ascendente, conhecido como SARA, responsável pela nossa consciência e, consequentemente, pela filtragem das informações que recebemos, deixando passar apenas o que consideramos importante.

Se você compreendeu que, por meio dos modelos mentais, criamos a nossa realidade e como agimos contribuindo

Ser extraordinário

significativamente por meio dos pensamentos a uma vida mais equilibrada ou não, já é um bom início.

Observe que todo comportamento gera uma recompensa, mas, para tanto, existe um gatilho, um "disparo" mental que faz com que você aja de determinada forma. Como exemplo, temos pessoas que, no dia a dia, se distraem facilmente com notificações sinalizadas pelo WhatsApp.

Uma vez que o celular emite um sinal de alerta, imediatamente, o seu cérebro passa a informação de que alguém está interagindo – o som é o gatilho –, é hora de checar a mensagem recebida. A recompensa é de que fomos lembrados, logo somos importantes recebendo atenção. Compreendido o que faz você agir de tal forma, o correto é eliminar o gatilho, estabelecendo alguns horários para essa checagem.

Todos nós aprendemos com as nossas próprias experiências, mas é muito difícil saber exatamente o que devemos aprender. Conhecemos pessoas que estão sempre cometendo o mesmo erro, ainda que tenham de arcar com as consequências, ou que, depois de uma desilusão amorosa, chegam à conclusão de que não podem confiar em mais ninguém.

Muitas vezes, atitudes semelhantes às descritas acima, mesmo carregadas de tristeza, medo, sentimento de incapacidade, levam-nos à autossabotagem e, na maioria das vezes, essa resistência é inconsciente. De alguma forma errada, no passado, aprendemos que, diante de determinadas situações, devemos agir daquela maneira.

Ter a consciência de que determinados padrões de comportamento são repetitivos e negativos é necessário à mudança em direção ao autoconhecimento, diante de algumas perguntas: "O que é que eu quero ser?", "Como é que quero me sentir no futuro?", "Quais são os meus objetivos?".

Quando o nosso cérebro é "forçado" à mudança de hábitos, novos caminhos neurais são estabelecidos, sobrepondo os anteriores, obtendo maior capacidade, ganho e poder. Gustavo de Carvalho explica: "A plasticidade cerebral é uma incrível propriedade do nosso sistema nervoso central de modificar a organização estrutural e funcional do cérebro". Ele é muito mais maleável do que se imaginava há algum tempo.

Alterar hábitos pode não ser tarefa fácil, no entanto, também não é impossível. A neurociência explica que, dentre os mais variados desejos, sejam redefinição de crenças limitantes, emagrecimento, viagens, mudança de emprego ou compra de bens, é necessário construir metas neurologicamente corretas. Ninguém obtém resultados diferentes fazendo sempre as mesmas coisas.

A seguir, algumas dicas:

Verena Langeani

1. Qual tipo de crença o incomoda? É algo material ou não? Uma casa, um carro, um novo emprego, uma crença, um hábito, um relacionamento?
2. Qual a sua situação no momento, suas limitações? O que o leva a crer que pode ou não?
3. Como você se imagina quando alcançar o seu objetivo? Quais sentimentos terá? Quem sentirá orgulho de você? Com quem estará?
4. Visualize mentalmente o seu sonho, estabelecendo pequenas metas. Se quiser adquirir um carro, defina suas características: cor, marca, modelo, ano, datas de início, término do desejo, como vai ser adquirido? Se for uma crença, como você vai se sentir em relação ao novo hábito?
5. Metas não devem gerar dores para você, muito menos ferir seus valores pessoais ou com quem convive.
6. O seu desejo depende somente de você? Dependendo do caso, como, por exemplo, melhorar um relacionamento, só uma parte dependerá de você.
7. Determinar o tempo – data de início e término – para a conquista da meta é importante. Se o prazo entre o início e o final for demasiadamente longo, crie pequenas metas, pode ser mais prazeroso, evitando desânimo ou ansiedade.

Ao criarmos imagens positivas, ricas em detalhes, o cérebro cria não somente uma realidade imaginária, como estimula sentimentos de realizações, poder, não sendo apenas um pensamento positivo. Além disso, a "excitação emocional" provoca a liberação de alguns hormônios – serotonina, endorfina, dopamina e ocitocina – e substâncias neuroquímicas importantes que passam a determinar vários comportamentos fisiológicos em nosso corpo.

O importante é sempre não desistir. Thomas Edison, o inventor da lâmpada incandescente, justifica-se: "eu não falhei, encontrei dez mil soluções que não davam certo". Portanto, tirar proveito das falhas é estabelecer novos caminhos.

Referências

CARVALHO, Gustavo. *Neurociência aplicada ao coaching e inteligência emocional.*
CAMPOS, Vanessa. *Quais são seus modelos mentais e como eles afetam seu comportamento?* Disponível em: <https://crescimentum.com.br/quais-sao-seus-modelos-mentais-e-como-eles-afetam-seu-comportamento/>. Acesso em: 15 de jul. de 2019.

Ser extraordinário

CURI, Renato. *Nosso modo de agir é a chave de mudança.* Disponível em: <https://crescimentum.com.br/nosso-modo-de-agir-e-a-chave-de-mudanca/>. Acesso: 15 de jul. de 2019.

ROSA, Ana Beatriz. *O que acontece com o seu cérebro em situações de medo e insegurança?* Disponível em: <https://www.huffpostbrasil.com/2018/02/22/o-que-acontece-com-o-seu-cerebro-em-situacoes-de-medo-e-inseguranca_a_23367745/>. Acesso em: 15 de jul. de 2019.

SEABRA, Rafael. *Como criar e modificar hábitos.* Disponível em: <https://queroficarrico.com/blog/habitos/>. Acesso em: 15 de jul. de 2019.

VALÉRIO, Joana Simão. *Auto-sabotagem... ou o medo do desconhecido?* Disponível em: <http://www.psicologia.pt/artigos/ver_carreira.php?auto-sabotagem-ou-o-medo-do-desconhecido&id=341>. Acesso em: 15 de jul. de 2019.

WANG, Sam. *Bem-vindo ao seu cérebro.* Editora Cultrix, 2008. p. 108.

Ser extraordinário

Capítulo 37

O despertar do ser extraordinário por meio do processo de hipnoterapia

Neste capítulo, compartilho minha experiência no atendimento a uma jovem em estado emocional e físico caótico que, após passar pelas sessões de hipnoterapia, conseguiu se reabilitar e reencontrar motivação para viver. Descubra, por meio de um *case* real de sucesso, como se livrar de traumas, bloqueios e crenças limitantes, reprogramando sua mente para uma vida leve e feliz!

Wall Rocha

Ser extraordinário

Wall Rocha

Psicanalista, hipnoterapeuta, *master coach* e palestrante. Doutoranda em Psicologia, mestre em Gestão e Avaliação da Educação Pública, mestre Reikiana, *practitioner* em PNL, *master coach* analista comportamental e pós-graduanda em Neuropsicopedagogia. Dezenas de vidas transformadas no atendimento clínico presencial e *online*. Quase 20 anos de atuação como servidora pública estadual na área da educação. Casada há 19 anos e com três lindos filhos.

Contatos
wallrocha.hipnoterapeuta@gmail.com
Facebook: waldinea.alvesfarias
Página no Facebook: institutopositivemindset
Instagram: wallrocha_hipnocoach
(38) 99146-0526

Wall Rocha

A hipnoterapia é uma técnica empregada de forma complementar no tratamento de patologias físicas e mentais: insônia, gagueira, fobias, medos, transtorno da ansiedade, dores, estresse, tabagismo, baixa autoestima, perdas (mortes, casamento, namoro), obesidade, problemas no relacionamento conjugal e familiar, depressão, problemas de sexualidade, uso de drogas, tiques, procrastinação, etc.

O processo de hipnoterapia realizado por mim tem por base clínica a análise psicanalítica. Enriqueço o processo utilizando ferramentas de programação neurolinguística (PNL), reiki, *coaching* e EFT. O *coaching* e a PNL não são ferramentas especificamente terapêuticas, mas a inserção dessas potencializa a resolução das demandas trazidas pelos clientes. A PNL, o EFT e o Reiki promovem a dessensibilização das cargas emocionais negativas arquivadas no subconsciente dos clientes (traumas, bloqueios e crenças limitantes), o *coaching* traz perguntas poderosas que auxiliam nos *insights* de respostas mais assertivas quanto aos problemas vivenciados, permitindo o deslocamento do sujeito do estado atual para o estado desejado. Além do esvaziamento dos sentimentos negativos do passado, o processo atua na construção de trilhas neurais futuras, o que a cada dia faz com que o cliente esteja em uma postura mais positiva diante da vida.

O que é hipnose?

A hipnose é um estado alterado de consciência, onde o indivíduo fica altamente concentrado nos comandos do hipnotista, de tal maneira que tudo ao seu redor se torna secundário, perdendo a momentânea noção de tempo e espaço real. Uso a seguinte metáfora para melhor entendimento dos clientes: lembre-se de algum momento em que ficou parado, imerso em algum pensamento, e alguém o chamou algumas vezes sem que você percebesse e ao ser tocado se assusta e diz "desculpe-me, estava aqui no mundo da lua e não vi quando me chamou".

De acordo com Tom Lucas, "o estado de transe hipnótico é frequentemente comparado ao estado de sono – daí vem o termo hipnose (hypnos = sono) – devido ao relaxamento profundo que ele provoca no sujeito

Ser extraordinário

hipnotizado, apesar de se tratar de um estado completamente diferente. Hipnose se trata de um estado de foco e concentração, fazendo com que nossa imaginação abra acesso a uma parte especial de nossa mente, capaz de reprogramar nossos hábitos e mudar comportamentos".

Nos processos de hipnoterapia, diante dos diferentes *mindsets* e seus modos de ver o mundo, não há como seguir protocolos fixos. Afinal, cada pessoa chega até mim trazendo situações-problema com nuances distintas. Mesmo que duas pessoas estejam com o mesmo desequilíbrio emocional, como por exemplo o transtorno de ansiedade – digo transtorno porque ter ansiedade é uma emoção natural do ser humano, quando sai do equilíbrio é que vira um problema —, as particularidades, o gatilho causador, a mentalidade, as representações internas (visual, auditivo ou cenestésico) são dissemelhantes. Desse modo, diante de cada caso faço as devidas interpretações das ações, dos conteúdos inconscientes de palavras e produções imaginárias dos clientes, tomando por base as associações livres e a transferência.

Comumente, o processo de hipnoterapia dura dez sessões, contudo não é regra, tenho pacientes que melhoraram com poucas sessões e outros que ultrapassaram as dez sessões. Dezenas de pessoas já realizaram processos de hipnoterapia comigo e posso dizer que 95% dos clientes que passaram pelo processo melhoraram, saíram mais felizes, mais resolvidos e com um *mindset* positivo.

Dentre dezenas de casos, escolhi o da "Estrela" (nome fictício), um dos processos mais marcantes na minha trajetória terapêutica. Estou certa de que você, leitor amigo, também ficará tocado com essa bela história real.

No ano de 2018, fui procurada pela mãe de uma jovem e bela cliente (essa mãe também se tornou cliente). O estado dessa mãe era desesperador, já não sabia como agir e se encontrava em prantos quando a encontrei pela primeira vez. Já havia levado a filha a diversificados profissionais da saúde e, em última instância, resolveu lançar mão da hipnoterapia. Muitas vezes, é assim que as pessoas chegam até o tratamento pela hipnose, após cansativas buscas e muitos fracassos. Recebi inúmeros clientes que se sentam na minha poltrona e me dizem: é minha última tentativa, já não acredito em mais nada.

Estrela estava bastante debilitada, enfraquecida em cima de uma cama, à base de soro há semanas. Havia sido internada algumas vezes, mas sempre retornava do hospital sentindo os mesmos sintomas e sem se alimentar. Nem mesmo nos momentos de internação conseguiam fazer com que ela se alimentasse e o pouco que comia logo vomitava. Sofria com dores no estômago, mal conseguia ficar em pé, estava fraca e muito magra. Aceitei o desafio e fui até a casa dela – a Estrela não conseguia ir até a clínica - fazer as duas primeiras sessões.

Wall Rocha

Encontrei-a em seu leito, pálida e com voz fraca. Essa imagem ainda vive em minha mente, senti naquele momento compaixão e vontade de ajudar aquela jovem. Uma mulher linda, doce e inteligente. Tinha uma profissão consolidada, bem estabelecida no mercado de trabalho, fez o curso superior que se adequava perfeitamente ao seu perfil, mas ao mesmo tempo tão fragilizada, insegura, melancólica e repleta de dores na alma.

As dificuldades eram imensas, a mãe da Estrela adorou a minha presença, contudo encontrava-se preocupada com os valores das sessões. Pois já havia gasto exorbitantemente com internações, viagens, psiquiatra, psicólogo, medicamentos, dentre outros. Copiosa e acanhada, a mãe me disse que não sabia como pagar os meus honorários. No entanto, naquele dado instante o único propósito que me instigava era conseguir resolver aquela situação dramática e assustadora. Afinal, Estrela corria risco de morte e eu não admitiria perdê-la sem ao menos tentar. Foi então que disse para a mãe: "Não se preocupe com isso, o meu único desejo é ajudar, não existe dinheiro no mundo capaz de suprir a minha felicidade caso consiga retirá-la dessa situação problemática".

Iniciei o processo *pro bono*, o que já é uma prática minha, pois sempre deixo na minha agenda vagas para quem não pode pagar. Mas esse, sem dúvida, foi o melhor *pro bono* que já fiz. Na primeira sessão geralmente avalio, escuto tudo o que o cliente tem a dizer e realizo perguntas investigativas. Ele busca na memória situações que vivenciou no passado, que acredita ter deixado marcas negativas, bloqueios, traumas que muitas vezes geram dores, falta de perdão e medos. Diferentemente de outros clientes, não havia como fazer a avaliação completa com a Estrela, uma vez que ela não conseguia falar muito. Sua voz estava relativamente fraca, cansava-se rápido e as lágrimas não paravam de correr pela face esmaecida e olhos fundos, de uma pessoa que só dormia à base de calmantes farmacêuticos.

Nos primeiros minutos, a transferência aconteceu, um *rapport* extraordinário se deu ali. A empatia era recíproca, uma intensa conexão fora estabelecida entre Estrela e eu. Apesar de não ter conseguido extrair muitos dados na avaliação, fiz o que tinha que ser feito, coloquei-a em transe hipnótico e, em seguida, comecei a enviar sugestões à sua mente. Estrela trazia uma dor muito grande da infância, a trágica morte do seu pai (suicídio). E almejava a todo custo tê-lo novamente em seus braços. Sua criança interior gritava no peito e questionava assim: por que ele me deixou?

Então, aproveitei aquela carga emocional de saudade, dor e revolta relacionada ao pai, o que tornou muito fácil um transe profundo.

Ser extraordinário

Sugeri a visualização de seu pai, e ele veio nítido em sua mente, pedi que falasse em voz alta tudo o que desejava dizer ao genitor, usei o psicodrama, dei-lhe um travesseiro e deixei que o abraçasse bem forte e se despedisse do pai. Fui sugerindo nesse momento ideias de aceitação e visualização da sua partida. Encerrei a sessão, como sempre faço, com o *reiki* nos principais campos de forças energéticos. A mudança da fisiologia foi imediata, o rosto asserenou-se e adormeceu. A Estrela sempre me diz que ver o pai novamente foi uma das melhores experiências da sua vida.

No dia seguinte, retornei a sua casa para uma nova sessão, pois a Estrela necessitava de socorro rápido. Ela já conseguia falar, conversamos um pouco, consegui abstrair novos dados importantes ao processo. Estava mais positiva e um leve sorriso já brotava em seu belo rosto. Entretanto, ainda não conseguia alimentar, comia e vomitava, essa situação deprimente tornou-se rotina. Ela vivia à base de soro fisiológico injetável. Trabalhamos algumas situações, removemos alguns lixinhos mentais e nesse dia já a deixei no sofá da sala. Antes de sair, alertei que na próxima sessão a atenderia em meu consultório, era importante a retirada dela do ambiente onde havia se fechado por dias. No intervalo entre uma sessão e outra, ela ficou ainda mais enfraquecida e se fez necessária nova internação na cidade vizinha, sem sucesso. O hospital insistia pela alimentação via sonda, mas Estrela resistia e a família não tinha coragem de contrariá-la. Ainda na cidade vizinha, fizemos uma sessão *online*, produtiva, mas o problema de o alimento não parar em seu estômago ainda não havia cessado, sequer o sentimento de culpa inexplicável que tomava conta do seu íntimo.

O fato desencadeador dessa última recaída da Estrela – no passado houve outros momentos parecidos – foi o término de um relacionamento amoroso, que na verdade era tóxico e lhe fazia grande mal. Esse relacionamento contribuía para a manutenção da sua baixa autoestima, deixava-a insegura, deprimida e com a imagem pessoal distorcida.

Ao retornar da cidade vizinha, bastante enfraquecida, continuava sem conseguir manter alimentos no estômago. E como acordado, Estrela foi à clínica em que trabalho. Quando cheguei, encontrei-a já deitada na poltrona do meu consultório com a mãe ao lado justificando a fraqueza da filha, dizendo que não sabia se Estrela conseguiria fazer a sessão. Pedi à mãe que esperasse lá fora e nesse dia fizemos uma regressão de vidas passadas. Voltamos a existências passadas diretamente relacionadas à alimentação. Em uma delas, ela se mostrou uma mulher obesa e que se culpava após comer cada alimento. O interessante é que Estrela, nas sessões anteriores, dizia que sentia uma culpa, mas não sabia de onde vinha. Na mesma sessão, regredimos a uma outra existência, nessa segunda, era um escravo acorrentado em um navio e se alimentava de uma gororoba, como chamamos por aqui no norte de Minas Gerais uma comida ruim e feia. Sentimentos de humilhação, raiva, tristeza e revolta vieram fortemente à tona. Nas duas situações, ressignifiquei com metáforas, fiz âncoras positivas e ponte para o futuro. Após o término da sessão, ela pediu para que a mãe a levasse a uma padaria, comeu três salgados e não vomitou. Aliás, após esse dia, voltou a se alimentar normalmente, sem culpa, sem vômitos, sem prisões mentais.

Na sessão seguinte, quando cheguei à antessala do consultório, fiquei extasiada com o que vi, juro que não a reconheci. Uma linda mulher de cabelos cortados estilo *Chanel*, unhas feitas (a cor do esmalte era azul royal), de vestido, salto e maquiagem. Um belo sorriso enfeitava seu delicado rosto. Abracei-a tão forte, um sentimento de capacidade tomou conta do meu ser. Como amo cada momento desse, ali obtive a ratificação da minha missão de vida. A cada sessão, fomos esvaziando os lixos mentais e reprogramando a sua mente para um *mindset* positivo. Hoje, a Estrela segue trabalhando, se descobrindo, se encontrando, sendo gente que cai e levanta, degrau por degrau vai subindo a escada evolutiva da sua incrível vida.

Abaixo, trago na literalidade o depoimento de Estrela após o término do processo de hipnoterapia:

> *A hipnoterapia foi fundamental para o sucesso do meu tratamento, uma vez que permitiu compreender minha história, e a me conhecer melhor. Em um dos momentos mais críticos que passei, após conflitos de relacionamento, trabalho, perda familiar e várias crises de ansiedade e depressão, passei por várias sessões de hipnoterapia, mas já na primeira me senti aliviada. Passei por regressões, e pude entender os motivos das minhas dificuldades. Tive acesso, também, a duas reencarnações, a partir daí tive uma melhora gradativa. Durante todo o processo, foi solucionada cada uma das questões que me causava sofrimento. Dessa forma, consegui recuperar minha saúde física e mental. Hoje, consigo tomar decisões de uma forma mais consciente, com base no autoconhecimento adquirido.*

Amigos, comecem a exercitar o olhar do coração. Vejam além do corpo físico, das palavras, dos movimentos e das atitudes. E como já nos disse Carl Gustav Jung: "Conheça todas as teorias, domine todas as técnicas, mas ao tocar uma alma humana seja apenas outra alma humana".

Ser extraordinário

Capítulo 38

Como alcançar a plenitude contando uma nova história para a sua vida

O modo como você está vivendo hoje é resultado de tudo o que viu, ouviu e sentiu na infância. A sugestão é fazer uma revisita a sua trajetória para entender como os acontecimentos daquela época influenciam a maneira como vive hoje. As sugestões de reprogramação mental deste capítulo irão ajudá-lo a alcançar a plenitude e ensiná-lo a contar uma história de sucesso.

Wanicleide Leite

Ser extraordinário

Wanicleide Leite

Médica ginecologista, terapeuta de casais e da sexualidade, com título de sexóloga pela Febrasgo e AMB. Especialista em Psiquiatria Clínica pela Faculdade Maurício de Nassau e Psicologia Clínica em Análise Bioenergética pela Fundação Libertas e Institute of Bioenergetic Analysis (IBA). *Master coach* pela Febracis. Certificada nos cursos Master Mind LINCE e Eneagrama (The Napoleon Hill Foundation) e Processo Hoffman da Quadrinidade (Centro Hoffman). Desde 2013 é colunista do quadro semanal *Papo Íntimo* no programa *Bom Dia Paraíba*, da TV Cabo Branco, afiliada da Rede Globo. Idealizadora e realizadora do treinamento para mulheres *Ser plena: conquiste o sucesso nas áreas profissional, financeiro e sexual.*

Contatos
www.wanicleideleite.com.br
wanicleideleite@gmail.com
(83) 99144-7039 / (83) 98666-2967

Wanicleide Leite

Escrever é a arte de materializar o mais profundo de nós e fazer este capítulo me traz muita alegria e satisfação. A minha inspiração é muito voltada ao público feminino, mas tenho plena convicção de que também será apreciado pelo público masculino.

A razão disso é que tenho percebido em minhas palestras e no quadro da televisão que participo semanalmente, voltado para o público feminino, a interação e *feedback* dos homens, demonstrando cada vez mais o interesse deles por assuntos direcionados a mulheres. Acredito que o fato se deve à expansão delas nas diversas áreas e também por eles estarem, diariamente, dividindo cada vez mais espaços de convivência com as mulheres, principalmente nos campos profissional, financeiro e sexual.

Há quase três décadas acompanho todos os dias dezenas de mulheres em consulta médica e, há uma década, em terapia sexual, e é preocupante a evolução das queixas das mulheres nos últimos anos. Expressões como "estou morta de cansada", "estou estressada", "estou tensa", "estou com dificuldade para dormir", "acordo muito cansada", "estou sem desejo sexual", "estou impaciente com os filhos", "estou rendendo pouco no trabalho", "estou sem tempo para mim", "não consigo dar conta" estão cada vez mais comuns. De fato, a mulher está exausta de tantas atribuições e o motivo para tal é a multiplicidade de tarefas que ela tem que dar conta diariamente. Desde ser mãe, esposa, profissional, empreendedora, empresária, linda, cuidada, depilada, unhas e cabelos arrumados... ufa! São muitas tarefas em um curto período de tempo.

É evidente que essa sobrecarga afeta diretamente o seu bem-estar físico, emocional e mental, e culmina com o comprometimento da sua autoestima, autoimagem, autoconfiança e autoaceitação.

É fato que todo ser humano quer ser extraordinário e levar uma vida abundante material e espiritualmente. As pessoas querem aproveitar a vida com alegria, ter coragem de agir, enfrentar o medo de se expor, se libertar da vergonha e criar vínculos reais com outras pessoas. A mulher, ao longo da história da humanidade, tem arduamente buscado esse lugar de plenitude.

É louvável o investimento gigante que as mulheres no mundo todo vêm realizando para conquistar a tão desejada plenitude. Essa busca in-

Ser extraordinário

tensificou-se nas últimas seis décadas, desde a revolução feminista nos anos 1960. Já experimentamos muitos ganhos, mas os resultados práticos de qualidade de vida para muitas mulheres ainda não foram alcançados. Percebo que ainda existe uma incoerência nesse sentido, muitas mulheres têm sucesso profissional e financeiro, mas a preço de uma saúde deficiente, pagando com doenças provocadas pelo estresse diário, como: hipertensão, diabetes, câncer, obesidade e, mais recentemente, a depressão.

Mas o que impede a mulher de ser extraordinária e ter uma vida de plenitude?

Os motivos são inúmeros, pois o agir está além da vontade, do querer fazer. Quantas querem, mas não conseguem? Quantas até tentam, mas falham? O que está por trás dessa dificuldade? Já posso afirmar com muita convicção: é a nossa programação mental.

De forma prática vou elencar três aspectos da formação da personalidade humana. As bases são: a autopercepção, que constrói a autoestima e autoimagem; a autoexpressão, que constitui a autoconfiança; e o autodomínio das emoções, que se relaciona com a nossa autoaceitação.

A neurociência já comprova que os nossos pensamentos geram sentimentos, e que estimulam o sistema neuroendócrino a produzir substâncias químicas responsáveis pela ativação de um estado interno manifestado por meio de um comportamento. É esse comportamento que manifestamos primeiro para nós mesmas, e está dentro do que chamamos de relação intrapessoal; consequentemente, as atitudes direcionadas aos outros fazem parte das relações interpessoais.

As percepções do ser começam na vida intrauterina, vai do nascimento até os sete anos de idade de forma inconsciente e, a partir dessa idade, se desenvolve de forma mais consciente até a puberdade. Tudo o que a criança vê, ouve e sente forma os padrões de pensamento e sentimento a seu respeito, criando as imagens mentais sobre si, o ambiente, as pessoas e os acontecimentos, formando assim sua autoestima e autoimagem.

À medida que a autopercepção vai acontecendo, o sistema de linguagem dessa criança vai se desenvolvendo concomitantemente. O processo de autoexpressão, que é a conversa consigo (o que pensa e sente), forma as imagens mentais, e isso leva a uma comunicação, uma fala, um diálogo interno, que vai determinar a postura corporal.

Essa postura corporal informa o nível de autoconfiança que a criança tem sobre si e, consequentemente, o nível de confiança que passa para o mundo. Esse comportamento postural a segue na vida adulta.

Para responder à pergunta "O que impede a mulher de ser extraordinária e ter uma vida de plenitude?", apresento a seguir três comportamentos que nos farão compreender essa dinâmica psicológica.

Wanicleide Leite

A autoestima e a autoconfiança estabelecem o autodomínio, que é a capacidade de fazer escolhas e dominar as emoções.

1) Baixa autoestima

Quando pensamos em baixa autoestima, precisamos entender como ela é formada.

A baixa autoestima determina o nosso comportamento nas diversas áreas. Vou contar um fato que aconteceu comigo e como reagi a ele:

Aos sete anos de idade fui enviada para longe da minha família, numa distância de dois mil quilômetros, em uma viagem de três dias de ônibus, com a promessa de que, indo para aquela cidade, teria uma vida maravilhosa, que iria estudar, morar numa cidade grande, ter roupas novas etc. Foi tudo enganação pois, na verdade, fui ser empregada doméstica e babá de uma criança de quatro meses. Cuidava de um apartamento e passava o dia inteiro com as portas fechadas, pois o casal saía às 6h da manhã e chegava às 19h, e assim passaram-se dois anos. Dos sete aos nove anos fiquei fora da escola e fazendo trabalho de adulto. Quando fiquei doente de catapora e não servia mais para o trabalho, fui enviada de volta para a casa dos meus pais. Ao retornar para a minha família, minha autoestima para relacionamentos, para permitir ser cuidada e amada estava completamente destruída, pois existia em mim desconfiança e medo das pessoas, e um sentimento de não-pertencimento para com aquela família, pois não a reconhecia mais como a minha. E o que eu pensava sobre mim mesma? Que eu não era alguém digna de amor. A carência me levou a um adoecimento físico, então tive asma até os trinta anos de idade, como se a intenção no meu subconsciente fosse de chamar a atenção para ser amada e cuidada.

Foi necessária a compreensão desse fato e reconhecer a programação mental que eu tinha a respeito da minha autoestima e autoimagem, a partir disso pude trabalhar a reprogramação da minha autoestima para relacionamento e, dessa forma, pude me curar física e emocionalmente.

2) O diálogo interno

Os pensamentos geram os sentimentos e eles criam uma conversa dentro da nossa mente. O que deixamos de realizar não é devido às nossas limitações físicas, falta de recursos ou qualquer outra justificativa que queremos dar. O que nos impede de ir adiante é a conversa que temos entre os nossos dois ouvidos. Aquela voz que fala que você não pode, que vai dar errado, que não consegue.

Para as mulheres, esse diálogo interno é muito mais intenso. O comportamento da mulher ainda está muito atrelado aos critérios

Ser extraordinário

biológicos, socioculturais e psicológicos. Para muitas famílias, ainda existem diferenças na criação e educação das meninas e meninos e a questão biológica interfere nessas diferenças. Por exemplo: o menino na fase da puberdade tem total liberdade de manipular seus genitais e muitas vezes é até incentivado, pois isso representa um "sinal de masculinidade". A masturbação é um fenômeno muito "normal" para o menino e, quando passa da puberdade para a adolescência, o marco é a primeira ejaculação, que representa uma sensação de poder e prazer.

Já para a menina, o toque nos genitais não é incentivado; pelo contrário, é motivo de alerta, cuidado e repreensão. A masturbação é um assunto constrangedor e não comentado. O fenômeno da menarca (primeira menstruação) é um acontecimento doloroso, marcado por cólicas, sangue e alteração do humor (a famosa TPM).

3) A programação mental negativa

O resultado da autopercepção negativa (autoestima e autoimagem), da autoexpressão negativa (diálogo interno e imagens mentais) e do autodomínio das emoções justifica a vida de reclamação, de baixa qualidade, de insatisfação e doença. Para exemplificar uma programação negativa, vou contar mais uma situação que aconteceu comigo.

Pela percepção negativa que tive na infância de que não era amada pela minha família, de forma inconsciente, utilizei a doença como uma estratégia para receber amor e atenção. Isso me custou caro pois, aos 25 anos, quando engravidei, entrei em um processo de fragilidade e carência e durante toda a gestação tive asma. Isso resultou em uma gravidez complicada, pois a minha filha teve uma hipóxia cerebral (falta de oxigênio no cérebro) e nasceu com o quadro de paralisia cerebral. Hoje, ela é uma mulher adulta; cadeirante, porém feliz.

Toda essa experiência serviu ao meu autoconhecimento e crescimento como pessoa. Desenvolvi algumas estratégicas de reprogramação mental que mudaram minha percepção de vida e vou compartilhar com você.

Reprogramação mental

Para atingir o estado de plenitude, é necessário desativar as conexões neurais de suas percepções e comunicações negativas, que o levaram a esse estado de insatisfação, doença, estresse, medo, pânico etc., e criar novas redes neurais de saúde, paz, tranquilidade, alegria e bem-estar.

A estratégia é simples:

Você precisa se disponibilizar para fazer isso! A proposta é escrever uma nova história para si. Não significa que negará o que aconteceu; pelo contrário, você vai compreender e valorizar cada momento, por mais terrível e doloroso que possa ter sido. A proposta é vivenciar na sua mente cada situação traumática e dar um novo significado.

Wanicleide Leite

Você vai aprender a escrever uma nova história, livre de emoções tóxicas, aceitando o seu passado como aprendizado e se libertando da vitimização, sem a necessidade de estar presa ao que passou, podendo viver o presente como um presente e usufrui-lo com toda sua energia, tendo condições de projetar um futuro próspero sem ansiedades e medos. A decisão de mudança é pessoal e intransferível. Rever a sua infância, buscar o filme mental e se conectar com os bons momentos e os traumas, são ações que dependem de cada um. Para quem quiser utilizar essa técnica saiba que, quanto mais rica em detalhes for a experiência, mais fácil será a reprogramação.

Etapas para construir sua nova história:

1. Procure um lugar de privacidade e coloque uma música instrumental inspiradora;
2. Utilize a respiração profunda (inspirar contando até quatro, segurar a respiração contando até quatro e expirar contando até quatro). Repita esse processo por quatro vezes;
3. Faça uma viagem mental até a sua infância e relembre com o máximo de detalhes os acontecimentos, vendo o que viu, ouvindo o que você ouviu e sentindo o que sentiu naquela cena;
4. Ao finalizar a viagem, escreva tudo o que passou. Ao terminar, respire novamente e vamos para a segunda viagem;
5. Agora você vai passar pelas mesmas cenas e visualizar como seria de forma positiva. Com o máximo de detalhes possíveis, você vai ver o que viu, ouvir o que ouviu e sentir o que você sentiu, agora de forma positiva;
6. Esse passo é muito importante: você vai escrever e desenhar a sua nova história, procure fazer com lápis coloridos e bastantes detalhes;
7. Repita o 5º passo quantas vezes forem necessárias, até você acreditar que tudo o que aconteceu foi positivo, reconhecendo que antes teve a autopercepção e a comunicação dos fatos de forma equivocada.

O meu convite é que você utilize essa ferramenta durante o tempo necessário para a sua reprogramação mental. Lembrando que a sabedoria é o conhecimento colocado em prática. Procure ser generoso(a) com você, se ame e aceite os acontecimentos de sua vida como sendo o que Deus reservou para você ser extraordinário, e que tudo foi para o seu crescimento. Agradeça tudo o que lhe aconteceu e ressignifique os acontecimentos numa perspectiva positiva. Desejo que aproveite e faça a escolha de se aceitar e recontar a sua história de forma extraordinária.

Conclusão

Ao chegar à conclusão deste livro, você certamente leu centenas de vezes a palavra "extraordinário". Permita-me repeti-la mais algumas vezes. Em meu livro *Meu trabalho, meu ministério*, abordo esse assunto e defino uma pessoa extraordinária da seguinte maneira:

> Alguém extraordinário está sempre disposto a fazer o extra: superar as expectativas, fazer além do que é esperado. Hoje em dia, as pessoas são contratadas e promovidas por fazer esse extra que a maioria não está disposta a fazer! O extra é o diferencial que fará com que você seja distinguido e destacado sobre as demais pessoas, empresas ou negócios.

Em outras palavras, o que torna uma pessoa extraordinária é o extra que ela está disposta a fazer, que a destacará sobre as demais pessoas e profissionais do mercado. Vou além, fazendo uma declaração que poderá chocar a muitos: este livro não será útil para a sua vida e não servirá para nada, se você não utilizar uma outra palavra que também começa com as letras ex: executar.

Você leu conceitos maravilhosos de escritores fantásticos que tiveram suas vidas, famílias e negócios transformados. Porém, para que a história se repita, você precisa executar, colocar em prática, agir e fazer acontecer. Nenhuma pessoa foi extraordinária somente no intelecto. Ela transformou ensinamentos extraordinários em ações extraordinárias. O Mestre dos Mestres ensinou isso há milhares de anos:

> Portanto, quem ouve estas minhas palavras e as pratica é como um homem prudente que construiu a sua casa sobre a rocha. Caiu a chuva, transbordaram os rios, sopraram os ventos e deram contra aquela casa, e ela não caiu, porque tinha seus alicerces na rocha.

EXecute o que você leu e aprendeu. Seja extraordinário!
Um grande abraço e muito sucesso.

Mário Kaschel Simões
Escritor e palestrante internacional
www.mariosimoes.com